Kapitel aus der Geschichte des Sozialstaates

FRANTIŠEK STELLNER

Kapitel aus der Geschichte des Sozialstaates

PETER LANG
Frankfurt am Main · Berlin · Bern · Bruxelles · New York · Oxford · Wien

Bibliografische Information der Deutschen Nationalbibliothek
Die Deutsche Nationalbibliothek verzeichnet diese Publikation in der Deutschen Nationalbibliografie; detaillierte bibliografische Daten sind im Internet über http://dnb.d-nb.de abrufbar.

Gedruckt auf alterungsbeständigem,
säurefreiem Papier.

ISBN 978-3-631-63701-2

www.peterlang.de

Inhaltverzeichnis

Einleitung

Die vorliegende Monografie entstand auf Initiative der Mitarbeiter des Lehrstuhls für Wirtschaftsgeschichte an der Fakultät für Volkswirtschaft und Öffentliche Verwaltung der Wirtschaftsuniversität in Prag. Das Autorenkollektiv wird von Fachleuten gebildet, und zwar von der Fakultät für Volkswirtschaft und Öffentliche Verwaltung der Wirtschaftsuniversität in Prag; der Philosophischen Fakultät der Karls-Universität Prag und der Fachhochschule für Handel Prag.

Das Ziel der Monografie ist die Analyse der wichtigsten Themen der Sozial- und Wirtschaftsgeschichte des 20. Jahrhunderts. Die Monografie setzt sich theoretisch mit dem Problem auseinander, wie der analytische Rahmen zu definieren ist; dieser sollte helfen zu verstehen, welche Faktoren im Laufe der konkreten historischen Entwicklung eines Sozialstaates die Hauptrolle spielen konnten. Bei der Erforschung des Sozialstaats und der sozialen Frage im Zeitalter des Nationalstaats konzentriert man sich auf die Entstehung und Entfaltung des britischen Wohlfahrtsstaates, und Beveridges Bericht sowie die Pläne über den Nachkriegswiederaufbau Großbritanniens, die Sozialpolitik der britischen Labour Party und der Torys in den Jahren 1945-1951 werden analysiert. Aufmerksamkeit wird auch dem nordischen Wohlfahrtstaat gewidmet, wobei die Entstehung des schwedischen Modells analysiert wird. Die Analyse des tschechoslowakischen Sozialstaats konzentrierte sich auf den Vergleich Komparation der Sozialausgaben im Staatshaushalt in ausgewählten europäischen Ländern von 1918 bis 1938, die Struktur und Haupttendenzen des Tourismus in der Tschechoslowakei der Zwischenkriegszeit und die sozial und arbeitsrechtlichen Probleme der Tschechoslowakei von Oktober 1938 bis März 1939. Ein drittes, bedeutendes Forschungsgebiet stellt die Frage des Sozialstaats in totalitären Regimes dar. Die Monografie setzt sich mit der Entstehung der zentral geleiteten Wirtschaft und der sozialen Frage in der UdSSR, ferner mit der Frage der Anfänge der kommunistischen Gestalt des Sozialstaates in der Nachkriegs-Tschechoslowakei und Problemen der Sozialpolitik in der DDR in den 70er und 80er Jahren auseinander. Außereuropäische Erfahrungen mit dem Aufbau des Sozialstaats werden am Beispiel Japans nach dem Zweiten Weltkrieg analysiert.

Die Monografie basiert methodologisch auf der Verbindung der Wirtschafts- und Sozialgeschichte sowie den theoretischen Ansätzen der 1960er und 1970er Jahre, versteht die Wirtschafts- und Sozialgeschichte als eine Brücke zwischen verschiedenen methodologischen Ansätzen und in gewisser Hinsicht auch als Gegengewicht zur dominierenden politischen Geschichte. Zum Teil schlägt sich darin auch die Öffnung der Wirtschafts- und Sozialgeschichte neuen methodologischen Ansätzen gegenüber nieder, die in der historischen Anthropologie,

Urbanisierung, Modernisierung, der institutionellen Ökonomie und der Evolutionsökonomie zur Anwendung kommen.

Für die Hilfe bei der Manuskriptbearbeitung und den Übersetzungen danken wir PhDr. Šárka Stellnerová (Goethe-Institut Prag) und Mgr. Martin Klement (Philosophische Fakultät der Karls-Universität Prag).

Sozialstaat: Die Sicht der Ökonomie

Der Sozialstaat, oder der Wohlfahrtsstaat, ist ein Phänomen, dessen Entstehung üblicherweise mit der wachsenden Rolle des Staates in der Gesellschaft ab Ende des 19. Jahrhunderts, bzw. im Laufe des 20. Jahrhunderts verbunden wird. Solch eine Ansicht folgt aus der übermäßigen Konzentration auf die messbaren Manifestationen des Wohlfahrtsstaates, wie z. B. den Ausgabenanteil der öffentlichen Haushalte am Bruttoinlandsprodukt, den Anteil der im öffentlichen Sektor Beschäftigten usw. Wenn wir uns aber auf die Ursachen dieser Änderungen konzentrieren, würden wir wesentliche Tendenzen entdecken, die sich – obschon in unterschiedlichem Maße und unregelmäßig – herausgebildet haben und sich seit dem Entstehen der Staatsgebilde bemerkbar machten. Somit kann die Differenzierung der Staaten in gewöhnliche auf der einen Seite und Sozialstaaten auf der anderen als weniger begründet scheinen. Wie der amerikanische Soziologe Jack Douglas schrieb: „Welcher Staat wurde jemals von seinen Herrschern oder anderen Verteidigern als „unsozialer Staat“ präsentiert? Ist es überhaupt für jemanden mit gesundem Verstand denkbar, dass ein Herrscher, der daran interessiert ist, Herrscher zu bleiben, seinen Untertanen mitteilt: ‚Ich herrsche nicht deswegen, damit ich ihren Wohlstand hebe, sondern damit ich das Gegenteil verursache – Not, Leiden, Schmerzen und großes Zähneknirschen?′ (…). Obgleich es nicht offensichtlich ist, scheint es gleichzeitig wahrscheinlich, dass fast alle Herrscher selber dachten, dass ihre Macht für den Wohlstand des ganzen Staates unabkömmlich ist.“[1]

Es besteht Anlass zu vermuten, dass die Ziele sämtlicher Herrscher in der Geschichte auffallend ähnlich waren und sich nur die konkret benutzten Mittel änderten, und zwar infolge der historischen Veränderungen der Umgebung, seien es der Wandel von Laune- und Denkart der Untertanen oder Feinde, oder z. B. Veränderungen technologischer Art.[2] Im weiteren Text werden also die Begriffe Staat und Sozialstaat als Synonyme verwendet.[3]

In diesem Kapitel soll versucht werden, den analytischen Rahmen zu definieren; dieser sollte helfen zu verstehen, welche Faktoren im Laufe der konkreten historischen Entwicklung eines Sozialstaates die Hauptrolle spielen konnten.

---

1 J. D. Douglas, The Myth of the Welfare State. New Brunswick 1991, 7.

2 Ebd. 59-71.

3 Selbst in traditioneller nicht synonymer Auffassung gilt endlich, dass sämtliche Staaten tendieren Sozialstaaten zu werden. Die Akzeptanz oder Nichtakzeptanz der These, dass jeder Staat im Grunde ein Sozialstaat ist, hat einen Einfluss auf den Sinn des Restes dieses Kapitels.

I. Formaler Rahmen der Überlegung

Der Sozialstaat ist ohne Zweifel eine menschliche Kreation. Als Summe der gesellschaftlichen Kräfte kann man ihn als Konsequenz des Mitwirkens derer, die ihn wollen (oder nicht), und derer, die ihn bilden und repräsentieren, verstehen. Während man die erste Gruppe als „Nachfrage“ nach dem Sozialstaat bezeichnen kann, kann die zweite Gruppe für das „Angebot“ des Sozialstaates stehen.

Durch diesen Basisschritt gelangt man auf ein Gebiet, auf dem nicht nur verschiedene Einflüsse auf beide Seiten dieses Prozesses analysiert werden können, sondern wo die für uns grundsätzliche Frage analysierbar ist – ob die Entwicklung des Sozialstaates in Folge des Druckes derer, die die Nachfrage bilden, oder derer, die ihn anbieten, erfolgt.

Diese Unterscheidung kann den Eindruck hervorrufen, nur für den Fall eines demokratischen Staats brauchbar zu sein. Obgleich es wahr ist, dass hier der Mechanismus der Auswahl der Herrscher am ehesten an die Interaktion der traditionellen Nachfrage und des Angebots am Markt (obgleich sie in wesentlichen Merkmalen diesem sehr entfernt ist) erinnert, ist die Demokratie keine notwendige Bedingung für eine sinnvolle Anwendung dieses Rahmens. Jeder Staat existiert nämlich, wie bereits David Hume bemerkte, auf der Grundlage einer gewissen Zustimmung.[4]

Der Staat wird traditionell als Monopol auf eine legitime Anwendung von Gewalt im Rahmen eines bestimmten Territoriums verstanden.[5] Gewalt und Legitimität sind hiermit zwei notwendige Bedingungen seiner Existenz. Soll kein Zwang geltend gemacht werden, handelt es sich um eine freiwillige Vereinigung, nicht um einen Staat. Falls dann der Zwang nicht als legitim verstanden wird, bildet sich keine Ordnung, es handelt sich dann um einen Kriegszustand. Von der Existenz des Staates kann in solch einem Fall ebenfalls keine Rede sein.

Analytisch kann man die Entstehung des Staates auf zweierlei Weise betrachten. Die Staaten können als Ergebnis der Auseinandersetzung von zwei Gruppen, in der eine siegt, sich die andere unterwirft und zur herrschenden Klasse wird[6], oder als Konsequenz der Wechselwirkungen im Rahmen einer Gruppe von Einwohnern entstehen. Im letztgenannten Fall können die Staaten entweder durch einen gesellschaftlichen Kontrakt oder durch einen Prozess der Koordinierung, in dem die Entstehung des Staates zu einer Konvention wird, die die Lösung eines Koordinationsspieles darstellt, entstehen.[7] Wie auch immer der

---

4 D. Hume, Essays, Moral, Political, and Literary. Indianapolis, 1987.

5 M. Weber, Politik als Beruf. Ditzingen 1992.

6 R. Carneiro, A Theory of the Origin of the State, in: Science 169 , 1970, No. 3947.

7 H. P. Young, Economics of Convention, in: Journal of Economic Perspectives 10, 1996, No. 2.

Staat entsteht, als Konsequenz bilden sich immer zwei Bevölkerungsgruppen – die herrschende Klasse und die Klasse der Beherrschten.

II. Die Nachfrage

Im Einklang mit der traditionellen Auffassung der Nachfrage in der Ökonomie wird die Nachfrage nach dem Staat als Abhängigkeit der „Menge" des (Sozial-) Staates, die von den Mitgliedern der Gesellschaft nachgefragt wird, von dem „Preis" der Einheit betrachtet. Eine derartige Ansicht ruft höchstwahrscheinlich gleich am Anfang viele Fragen hervor. Während bei der konventionellen Applikation dieses Konzeptes auf eine Marktware die Interpretation der Menge und des Preises keine Probleme mit sich bringt, muss man im Falle des Staates diese Kategorien genau definieren.

Unter der Menge des Staates wird der Umfang seiner Aktivitäten, das Ausmaß, in dem die autonomen Entscheidungen der Einzelpersonen durch die institutionellen Strukturen des Staates ersetzt werden, verstanden. Solch ein Konzept zu messen ist kompliziert. Man kann aber verschiedene Proxy-Variablen, wie z. B. den Umfang des Staatsbesitzes, die Anzahl der Arbeitnehmer im Staatsapparat, den Anteil des staatlichen Sektors an der wirtschaftlichen Tätigkeit, die Unabhängigkeit der Medien, das Ausmaß der Verbindung des Staates mit der Unternehmertätigkeit oder das Ausmaß der Umverteilung, die insgesamt die Größe des Staates ausreichend repräsentieren, verwenden. Je stärker diese Faktoren, desto größer – ceteris paribus – wird die „Menge" des Staates. Darüber hinaus ist intuitiv offensichtlich, dass selbst wenn eine präzise Messung ausgeschlossen ist, zumindest der Trend der Veränderungen in der Zeit beurteilt werden kann, besonders dann, wenn keine entgegengesetzten Tendenzen bei einzelnen Faktoren gleichzeitig eintreten. In jedem Fall ist aber klar, dass die Menge des Staates links durch eine Gesellschaft ohne Staat beschränkt ist, und rechts durch den idealen Typ eines allesumfassenden Staates, in dem jede Entscheidungeiner Einzelperson völlig durch seine Position innerhalb der institutionellen Struktur des Staates bestimmt wird, in dem es keine Aktivität ohne Ausübung des Staatseinflusses gibt.

Die zweite Größe mit nicht ganz klarer Interpretation für den Fall des Staates ist sein Preis. Hier bieten sich als vertretende Variable für den Preis die Steuerabgaben der Einwohner, die man dazu noch relativ gut quantifizieren kann, direkt zur Verwendung an. Die Situation ist aber dadurch kompliziert, dass nicht sämtliche Kosten der Existenz und der Tätigkeit des Staates durch die Steuerabgaben erfasst sind. Die Wirkung des Staates kann für die Einzelperson auch anders als nur durch bloßes Zahlen der Steuern teuer werden. Es können hier Abgaben nicht-steuerlichen Charakters bestehen: z. B. in Form einer zwangsweisen Arbeit (Militärdienst usw.) oder physischer Ware (Erzeugnisse) oder die

Zahlung für die Waren und Dienstleistungen vom Staat, zu deren Kauf die Menschen gezwungen sind (Gebühr für die Ausstellung des Personalausweises usw.). Weiterhin werden hier die Kosten in Verbindung mit der Existenz und Aktivität des Staates bestehen, die zwar Ausgaben auf der Seite der Mitglieder der Gesellschaft, aber keine Einnahmen des Staates sind (Kosten der Ausarbeitung der Steuererklärungen, statistischer Meldungen oder Lizenzerwerbung für bestimmte unternehmerische Tätigkeiten). Am Ende werden hier noch weitere Kosten auf die Mitglieder der Gesellschaft dadurch erhoben, dass der Staat bestimmte Aktivitäten verhindert oder beschränkt. Anstatt um Ausgaben auf der Seite der Mitglieder der Gesellschaft geht es dabei vielmehr um unrealisierte Einnahmen, und zwar geldlicher sowie sachlicher Art. Das Verbot bestimmter unternehmerischer Tätigkeit oder z. B. einer Religion bedeutet für den Staat keine Einnahmen, für die betroffenen Mitglieder der Gesellschaft keine Ausgaben, und trotzdem gibt es Schäden, die in den Preis des Staates gehören.

Der Preis der betreffenden Einheit des Staates sollte sämtliche Formen des Vermögens einbeziehen, die der Existenz des Staates geopfert werden, nicht nur Steuern, die nur einen Bestandteil darstellen. Auch hier gilt, dass die Genauigkeit der Messung für diese Zwecke nicht unabdingbar ist. Selbst hier (sowie im Fall der „Menge" des Staates) ist es zumindest möglich, auf die Änderungen des Preises in der Zeit zu schließen. Vielleicht noch wesentlicher als die Höhe des Preises an sich ist die Empfindung des Preises durch die Einzelpersonen. Es handelt sich hier nicht um die tatsächliche – genaue oder ungefähre – Höhe des Preises, sondern darum, wie hoch die Menschen den Preis empfinden. In deren Auffassung wird es sich meistens nur um ungefähre Vorstellungen handeln, weil die Konsequenzen der Existenz des Staates ohne entsprechende Kenntnisse der Theorie seines Funktionierens nicht aufgedeckt werden können.[8]

Und so nehmen die Menschen den Staat als Institution wahr, dessen Menge sie im Zusammenhang damit nachfragen, wie kostbar ihnen die Existenz der Grenzeinheit dieser Institution erscheint. Bei hohem Preis möchten sie nur wenig, während bei der Senkung des Preises sie gerne die Erweiterung der Aktivitäten des Staates sehen würden. Selbst bei einem Nullpreis muss es aber nicht passieren, dass die nachgefragte Menge unendlich wird, das heißt dass sich die Leute mit dem Staat völlig identifizieren möchten.

Im Augenblick, wo man die Hauptkategorien der Nachfrage nach dem Staat klar abgegrenzt hat, kann zu dem traditionell wichtigsten Teil der Analyse übergangen werden und zwar zu den sonstigen Faktoren, die die nachgefragte Menge des Staates beeinflussen können. Bei Änderung dieser Faktoren ändert sich die

---

8 In konventionellen Applikationen der Nachfrage ist die Dichotomie zwischen tatsächlichem und dem empfundenen Preis keineswegs dramatisch, weil sie meistens nur rein geldliche und explizite Komponente hat.

Nachfragekurve. Allgemein gehören zu diesen Faktoren die Vorstellung über die Existenz und die Preise der Substitute und Komplemente und die Vorstellung über die Beschaffenheit des nachgefragten Gutes. Ein Substitut des Staates wäre eine freiwillige Kontrahierungslösung. Inwieweit die Menschen den Staat nachfragen werden, ist davon abhängig, welche Vorstellung sie über die Möglichkeiten und Kosten der freiwilligen (oder Markt-) Lösungen haben. Je zugänglicher diese Lösungen verstanden werden, desto kleiner wird die Nachfrage nach dem Staat. Im Falle der Komplemente gilt das Gegenteil. Falls irgendein Gut, das im Hinblick auf den Staat komplementär wird, besteht, dann bedeutet dessen höhere Erreichbarkeit eine höhere Nachfrage nach dem Staat.

III. Die Beschaffenheit des Gutes

Die Nachfrage nach konkreten Funktionen des Staates kann aus zwei unterschiedlichen Quellen entspringen. Menschen können den Staat nachfragen, weil sie diesen an sich für gut halten ohne Rücksicht darauf, ob er ihnen konkret einen Nutzen bringt. Das Gemeinwohl kann hier als deontologisches Prinzip – Richtigkeit, Einklang mit der natürlichen Ordnung oder mit dem Gottesgebot – oder im Gegenteil als konsequentionalistisches Prinzip, verstanden werden. Im ersten Falle hält man den Staat für einen Wert ohne Rücksicht darauf, welche Konsequenzen seine Existenz mit sich bringt, im zweiten Falle ist der Staat gut, weil er gesellschaftlich positive Konsequenzen mit sich bringt.

Auf der anderen Seite muss man auch die Möglichkeit bedenken, dass die Menschen im Sozialstaat ein Mittel zur Erreichung ihrer persönlichen Ziele sehen können. Hier muss man zwei weitere Fälle unterscheiden. Im ersten ist der Staat als Mittel und im zweiten als Verbrauchsgut wahrgenommen – seine Existenz an sich bringt einen Nutzen. Die letztgenannte Möglichkeit wird oft außer Acht gelassen. Eine der komplexen Betrachtungen dieser Art der Präferenzen ist in Daniel Kleins Konzept (The People's Romance, nachfolgend nur TPR) enthalten.[9] Klein geht von der Erkenntnis aus, die zumindest zu Adam Smith zurückreicht, und zwar, dass Menschen gesellschaftliche Wesen sind und daran interessiert sind mit den anderen etwas zu teilen, den Zusammenhalt zu unterstützen und mit den anderen in geistigem Einklang und Kontakt zu bleiben. Der Ausdruck dieser Interessen sind die freiwilligen Vereinigungen (Kirchen, Vereine, Klubs usw.) Das TPR ist der Ausdruck dieser Präferenz im Falle, wenn zum Ziel der Einzelpersonen, die nach Zusammengehörigkeit streben, die Gesellschaft als ein Ganzes wird. Das Konzept, zu welchem dann diese Personen natürlich tendieren, sind der Staat und die Regierung. Klein spricht über das TPR

9 D. Klein, The People's Romance: Why People Love Government (as Much as They Do), in: The Independent Review 10, 2005, No. 1.

als über „das Streben nach dominanter und sich erweiternder Abstimmung der Denkart, das Streben unterstützt vor allem durch das Gefühl, dass manche Einzelpersonen diese Empfindungen nicht teilen. Solcher Drang strebt nach Konformität und Eingliederung und duldet keinen Unterschied, Zwiespalt und Uneinigkeit. Die „zweite" Gruppe (…) ist durch das Denken dargestellt, dass man hindern, unterdrücken und beseitigen muss. Das TPR gibt sich nicht zufrieden mit der bloßen Erreichung der gemeinsamen Denkart unter den Menschen, die sich einspielen lassen; es strebt nach der Ausrottung jedes Missklangs in der Denkart. Es neigt zur Eigenliebe und falls sich die bloße Begeisterung als unbefriedigend zeigt, wird es schlagkräftig und aggressiv."[10]

Das TPR betrifft die abstrakte Ebene der Denkart über die Zusammengehörigkeit und das gemeinsame Interesse und Ziel. Aus dem TPR entspringt das Gefühl der Befriedigung aus der Existenz des Staates, der Befriedigung aus dem gemeinsamen und dem geteilten Erlebnis. Im Hinblick darauf, dass diese Befriedigung durch die, die sich dem Zusammengehörigkeitsgefühl verweigern, gestört wird, erfordert das gemeinsame Erlebnis der Befriedigung aus dem TPR eine bestimmte Menge an Zwang. Das ist der Grund, warum der Zwang seitens des Staates in einer ganz anderen – benevolenteren – Ebene als der Zwang durch eine Einzelperson empfunden wird. Und nicht nur das. Nicht nur, dass der Zwang nicht als böse empfunden wird, manchmal kann er die Befriedigung aus dem TPR steigern. Die Gewalttätigkeit gegenüber den Gegnern des Staates, denen, die gegen die durch den Staat durchgesetzten und erzwungenen Regeln kämpfen, ist die Quelle der Befriedigung aus dem Gefühl der gemeinsamen Denkart, deren Verkörperung der Staat ist. Und schließlich gehört zu der großen Quelle der Befriedigung aus dem TPR auch der Kampf gegen den äußeren Gegner, sei es gegen den natürlichen oder den menschlichen. Wonnegefühle der Zusammengehörigkeit während einer Naturkatastrophe oder während des Krieges gehören zu typischen Gründen des Aufschauens zum Staat.[11]

Klein beschäftigt sich auch mit den möglichen Motiven des TPR´s und den Gründen seiner Erweiterung und offeriert einige Möglichkeiten.[12] Die erste ist die soziobiologische und kulturelle Revolution und das TPR als Atavismus. Die Millionen Jahre menschlicher Entwicklung in Gruppen könnten die Propagierung von Einzelpersonen mit höherem TPR verursacht haben sowie die Eliminierung derer, die sich unterschieden.[13] Zu weiteren möglichen Quellen des TPR´s können verschiedene Analogien, auf die sich die Menschen in ihren Vor-

---

10 Ebd. 11.

11 Zu einer der Erscheinungen des TPR´s könnte auch die Popularität der Demokratie gehören, s. H.-H.Hoppe, Demokratie: Der Gott, der keiner ist. Leipzig 2005.

12 Klein, The People's Romance (wie Anm. 9), 21f.

13 P. Rubin, Folk Economics, in: Southern Economic Journal 70, 2003.

stellungen stützen, gehören: die Gesellschaft kann mit der Familie verglichen werden, mit einem Wesen oder mit einer Organisation und der Staat (die Regierung) kann somit als ein Elternteil in der Familie, der Kopf eines Wesens oder Direktor einer Organisation verstanden werden. Klein zeigt, dass diese Themen in der Geschichte der politischen und gesellschaftlichen Territorien in vielen Varianten auftreten.

Dass die Bezeichnung „TPR“ eine passende ist, wird schon daraus ersichtlich, dass auf der Seite der Gesellschaftsmitglieder ein bestimmter Bedarf besteht, der durch die bloße Existenz (und Gedeihen und Stärkung) des Staates und die Praktizierung der mit seiner Existenz verbundenen Rituale befriedigt wird. Dieser Bedarf und seine Befriedigung überschreiten das, was üblicherweise mit der Rolle des Staates in einer rationellen Debatte verbunden wird: Recht, Ordnung, Gerechtigkeit usw. Die Menschen können somit die Existenz des Staates nicht nur fordern, weil sie sich technisch die Sicherstellung vieler Dienstleistungen, mit denen sie ihren Wohlstand verbinden, ohne Staat nicht vorstellen können (von der Polizei bis z. B. zur Postzustellung), sondern wegen anderer Dinge: wegen der Freude aus dem Gefühl der Zusammengehörigkeit und der Teilung der gemeinsamen Erlebnisse und Gefühle. Das bedeutet nicht, dass die Menschen überall und immer gierig nach einem konkreten Staat sind. Die Enttäuschung, die sich aus dem Charakter der Politik ergibt, wendet sich aber in solchem Fall gegen die konkreten Personen und ganz selten gegen ihre Rollen, das heißt gegen das System – den Staat – als solchen.

Ob die Motive der Nachfrage nach dem Staat eigennützig sind oder nicht, aus der Sicht jeder Einzelperson scheint, hier die Vorstellung – ob richtig oder falsch – als wesentlich, was der Staat ist und was man mit seiner Hilfe erreichen kann. Das Naturell dieser Vorstellung kann unterschiedlich sein. In manchen Fällen kann sie und in anderen muss sie theoretische Kenntnisse der kausalen Zusammenhänge erfordern. Falls der Mensch den Staat nachfragt, weil er einen direkten Transfer der Befriedigung erwartet (Sozialleistung, Straße, Theater, Schule), dann ist die Verbindung zwischen dem Mittel und dem Ziel (der Ursache und der Wirkung) unmittelbar offensichtlich. Falls aber der Staat nachgefragt wird, weil die Sicherstellung des Wohlstandes, der Gerechtigkeit oder z. B. eines hohen Wertes des Geldes oder der Ausbildung erwartet wird, ist für die Beurteilung der Angemessenheit der Verwendung des Mittels in Form des Staates eine mehr oder weniger komplexe Theorie notwendig.

Im Falle der konkreten Transfere werden deswegen die Vorstellungen von den Möglichkeiten einer staatlichen Institution recht realistisch beurteilt und das Potential des Staates weder systematisch über- noch unterschätzt. Auf der anderen Seite neigen die Menschen in der Frage der Produktion viel mehr zu Irrtümern und Mythen und überschätzen systematisch die Potenz des Staates.

Die Unterschiede in der Richtigkeit der Vorstellungen werden durch zwei Tatsachen verursacht. Erstens ist das Begreifen der Mechanismen, infolge derer der Staat für einen konkreten Menschen nützlich oder unnütz sein kann, relativ einfach und intellektuell nicht anspruchsvoll, weil es sich hier um die direkten Folgen in der Form eines Transfers handelt. Die Fragen der Auswirkung der Existenz des Staates und seine Bedeutung für die „Organisation der Gesellschaft" oder „Sicherstellung der Koordination" oder die Produktion der „öffentlichen Güter" hingegen beinhalten mögliche nicht beabsichtigte Folgen und Nebeneffekte, und diese sämtlichen indirekten Beziehungen fordern ein intellektuelles Training und eine spezifische Ausbildung[14], die der Mehrheit der Mitglieder der Gesellschaft fehlt.

Der zweite Grund für die unterschiedliche Richtigkeit der Vorstellungen über die Fähigkeiten und die Rolle des Staates sind die Kosten, die eine Einzelperson in Folge ihrer falschen Vorstellungen tragen muss. Falls sich die Einzelperson in den Fragen der direkten Auswirkungen auf sie irrt, ist sie genötigt einen großen Teil der damit verbundenen Kosten zu tragen, und das motiviert sie wiederum dazu, sich mit diesen Folgen ausführlich bekannt zu machen. Auf der anderen Seite führen die Irrtümer in dem Begreifen der Folgen der Staatsexistenz für die Gesellschaft als Ganzheit zu Kosten (Verlusten), die – im großen Ausmaß – von allen Mitgliedern der Gesellschaft gemeinsam getragen werden und der Teil, der auf die Einzelperson entfällt, kann ab einer bestimmten Anzahl an Gesellschaftsmitgliedern unerheblich sein. Die Einzelperson gewinnt somit nicht viel durch die Investition in die Kenntnis dieser Mechanismen, und dem entspricht auch das maßgebende niedrige Niveau ihrer Kenntnisse.[15]

Aus oben angeführten Gründen werden zu den analytisch interessantesten Faktoren der Nachfrage nach dem Staat die gehören, die sich auf die Theorie des Funktionieren des Staates stützen und nicht auf die unmittelbar ersichtlichen kausalen Zusammenhänge. Der erste Typ dieser Faktoren ist die Überzeugung, dass der Staat der beste Versicherer bestimmter Dienstleistungen oder Funktio-

---

14 In der Ökonomie datiert sich die Unterscheidung dieser Situationen in die Mitte des 19. Jahrhunderts, damals wurde sie von Frédéric Bastiat als Unterschied zwischen den Folgen die „sichtbar" und denen, die „unsichtbar" sind, beschrieben, s. F. Bastiat/M. Diem/C. Diem, Der Staat die große Fiktion. Ein Claude-Frederic-Bastiat-Brevier. Bern 2001. Natürlich deutete Bastiat an, dass im richtigen Verstehen von Folgen, die unsichtbar sind, das ökonomische Denken und die ökonomische Ausbildung eine Rolle spielen. Über Bastiat ebenfalls kurz gefasstes Werk von D. Doering, Frédéric Bastiat. Potsdam 1997.

15 Dieses Argument erinnert an die Erläuterung der niedrigeren Rationalität der Menschen in der Rolle der Wähler in der Demokratie im Vergleich mit deren viel rationellerer Rolle als Verbraucher von Bryan Caplan, s. B. Caplan, The Myth of Rational Voter: Why Democracies Choose Bad Policies. Princeton 2007.

nen ist, der zweite ist dann die Überzeugung von objektiver Richtigkeit (moralischem Wert) der Existenz des Staates. Zum ersten Faktor: Auf die unabkömmlichen Funktionen des Staates stützen sich die rationalistischen Begründungen seiner Existenz. Einbezogen sind immer Dienstleistungen wie der Vollzug der Gerechtigkeit (Polizei, Gericht) und die Verteidigung des Gebiets, keinesfalls beschränken sie sich aber nur auf diese. Der Staat kann für den Besten (oder den einzigen richtigen) Postzusteller, Alkoholverkäufer, Arzt, Lehrer oder Stromerzeuger gehalten werden.

Obwohl diese Ansichten der Gesellschaftsmitglieder als durchdacht erscheinen, stützen sich diese oft auf falsche Vorstellungen über die Alternativen. Über die Alternativen in den traditionellen Bereichen der staatlichen Funktionen (Rechtsordnung usw.) haben sie meistens keine Kenntnis, obwohl solche Alternativen – ob in der Geschichte oder zumindest theoretisch – bestehen.[16] Im Bereich der Wirtschaftspolitik (die am Anfang nicht auf der Liste der Funktionen des Staates stand und eher zu neuzeitlichen, sich ständig erweiternden Funktionen des Staates gehört) hat die Vorurteile auf der Grundlage der Forschungen der öffentlichen Meinung Bryan Caplan beschrieben.[17] In den Meinungen der Mehrheit der Gesellschaftsmitglieder sieht man die Tendenz zur Unterschätzung der Vorteile, die der Gesellschaft der Marktmechanismus bringt (Unterschätzung der Nutzbarkeit der Substitute des Staates). Das Eigentum und der Preismechanismus werden bloß als Mittel der Bereicherung der einen zum Nachteil der anderen verstanden. Staatliches Eigentum oder die Gewährung der Sachen „umsonst“ wird deswegen für die vornehmere und gerechtere Art der Sicherung vieler Bedürfnisse gehalten. Die Menschen unterschätzen weiter die Vorteile der Zusammenarbeit mit dem Ausland (Ausländer), überschätzen die Bedeutung ihrer Arbeitsstellen für den eigenen Wohlstand und nehmen die Realität systematisch pessimistisch wahr.[18] In Folge dieser Vorurteile können die Menschen fordern, immer weitere Funktionen den Händen des Staates anzuvertrauen, weil sie es für vernünftig und effizient halten.

IV. Angebot

Wie die Nachfrage ist auch das Angebot eine Beziehung zwischen Menge und Preis; in diesem Falle zwischen der Menge des Staates und dem Preis, den seine Repräsentanten für die Gewährung der Dienstleistungen des Staates bekommen.

---

16 Mehr über die Gesellschaften, wo selbst diese Bereiche nach dem Marktprinzip funktionieren in Hoppe, Demokratie (wie Anm. 11).

17 Caplan, The Myth (wie Anm. 15).

18 Ebd.

Es gilt: je mehr man für die Produktion eines Gutes bekommt, desto mehr wird angeboten. Ähnlich wie im Fall der Nachfrage, hat auch hier der Preis nicht nur monetären Charakter. Den Preis bilden nicht nur die Steuern und sonstige Einnahmen, die der Staat als Zahlungen für seine Dienstleistungen erzwingt. Auch hier spielen die psychischen Einnahmen aus der Tätigkeit an sich eine Rolle. Es kann z. B. gelten, dass der Vertreter des Staates einen Nutzen daraus schöpft, dass er die anderen beherrscht, dass er die Gesellschaft „leitet“, dass ihm als einer Institution die Achtung gezeigt wird usw.

Von welchen Faktoren ist das Angebot abhängig? Ohne Zweifel ist es von der Technologie abhängig. Die Person, die an der Spitze des Staates als hierarchisch organisierter Struktur steht, löst ein organisatorisches Problem. Anders gesagt, sie muss die Informationen darüber sammeln, wie sie zu entscheiden hat (Allokation der Ressourcen) und weiter auch wie die Umsetzung eigener Entscheidungen gesichert werden sollen. Sie hat also das Problem der Kenntnisse und das Problem des Gebens der richtigen Anregungen. Die Kosten beider Faktoren, die die Kosten der Gewährung der Dienstleistungen des Staates bestimmen, sind von der verfügbaren Technologie abhängig.

Ein weiterer Aspekt ist die Präferenz für die Aktivität an sich. Wie bereits oben angedeutet wurde, können die Menschen einen Nutzen aus der Aktivität an sich haben, nicht nur aus deren Früchten. So wie sie manchmal nicht nur deshalb arbeiten, weil sie die Lebenshaltungskosten decken müssen, sondern auch, weil sie an der Arbeit Spaß haben oder, und dass ist für uns in diesem Zusammenhang wichtiger, dass sie in ihr eine höhere Bedeutung finden, so können wir einen ähnlichen Effekt im Zusammenhang mit der Betreibung des Staates voraussetzen. Falls die Menschen, die den Staat bilden, glauben, dass dieser die Verkörperung des Guten ist, wird das Angebot höher als wenn sie denken würden, dass die Aktivität des Staates moralisch verwerflich ist.

Diese Zuordnung des Wertes des Staats an sich kann eine sehr wichtige Rolle spielen, hauptsächlich wenn es sich nicht um bloße Präferenz handelt, sondern um ein Ergebnis der rationellen Zielauswertung der Handlung.[19] Dass die Menschen den Staat als gut wahrnehmen, bedeutet noch nicht notwendig, dass sie ein Gefühl oder Instinkt haben, der sie dazu führt, sondern dass sie denken, dass es Gründe gibt, die diese Beschlüsse rechtfertigen. Diese Gründe können, ähnlich wie bei der Nachfrage, einen moralischen oder ökonomischen Charakter haben. Der Staat wird als gut wahrgenommen, falls die Überzeugung herrscht, dass jedes rationale Wesen einsehen muss, dass die Unterwerfung unter den Staat richtig ist, sei es aus konsequentionalistischen oder deontologischen Gründen.

---

19 Ch. Taylor, What Is Human Agency, in: ders., Human Agency and Language. Cambridge 1985.

Das Angebot des Staates ist somit nicht nur davon abhängig, welchen „instrumentalen" Wert er den Anbietern bringt (der bezahlte Preis), sondern auch davon, ob die Menschen davon überzeugt sind, dass das was sie tun, richtig oder nützlich ist. Ähnlich wie im Falle der Nachfrage gilt auch hier, dass ein Zwiespalt zwischen dem tatsächlichen Gesamtpreis, den ich als Repräsentant des Staates bekomme, und meiner Vorstellung über diesen, besteht. Falls man falsche Kenntnisse der Ökonomie und der Moral (unter der Voraussetzung der Zulassung der Existenz von objektiven Moralregeln) hat, und in Folge dessen man dem Staat einen Wert beimisst, den er in der Tat nicht besitzt, hat man als Vertreter des Staates aus eigener Stellung einen höheren Nutzen als man haben würde, hätte man die richtigen Kenntnisse.

Ein weiteres Problem, womit man rechnen muss, ist die Frage der Benevolenz. Bisher haben wir unterschieden, ob ich das Gut anbiete, weil es die anderen wollen und bereit sind, mir für dieses mit Geld oder anders zu bezahlen, oder weil es meiner Meinung nach einen Wert an sich hat. Es bietet sich aber noch eine Sicht an. Ich kann für mein Verhalten benevolente oder malevolente Gründe haben. Ich kann ein tatsächliches Gut anbieten, welches die Menschen wollen, oder ein imaginäres Gut[20] – eine Sache oder Dienstleistung von der ich weiß, dass sie nicht funktioniert, aber über welche ich die Überzeugung zu erwecken versuche, dass sie funktioniert. Nehmen wir an, dass auf der Seite des Angebots solch eine malevolente Motivierung bestehen kann, bedeutet es, dass der Staat interessiert ist, die Nachfrage nach eigenen Produkten „künstlich" zu schaffen, indem er die Menschen dazu auffordert und die Vorstellung pflegt, dass was er bietet, das ist, was sie wollen, das heißt ein Gut, welches ihre reellen Bedürfnisse befriedigt. Die Unterstützung des TPR wird in dem Fall ein Interesse des Staates, gleichzeitig mit der Erweckung des Gefühls der Unsicherheit, der Senkung des Wertes von alternativen Lösungen (Substituten), der Überschätzung der Erfolge der staatlichen Lösungen usw. sein.[21]Als besonders wirksam kann diese Strategie während Krisen erweisen, wenn die Unsicherheit und das Gefühl der Außergewöhnlichkeit der Situation die Fähigkeit zur unvoreingenommenen Auswertung der Situation paralysiert. Nur selten wird bezweifelt, dass es zu einer sprunghaften Steigerung der Unterstützung des Staates und häufiger auch der Menge des Staates gerade während außergewöhnlicher und Krisensituationen kommt.[22]

---

20 C. Menger, Grundsätze der Volkswirtschaftslehre. Wien 1871.

21 Mit den Mythen, auf denen alle erfolgreichen Staaten bauten und bauen, und solchen, die diese Mythen absichtlich aufgebaut haben und bauen, beschäftigt sich Douglas, The Myth (wie Anm. 1), 78-94. Die wichtige Rolle des Sentiments für die Erhaltung der Macht wird z. B. von V. Pareto, The Rise and Fall of Elites. London 2006 diskutiert.

22 R. Higgs, Against Leviathan: Government Power and a Free Society. Oakland 2004. Noch in einer anderen Weise kann der Staat die Nachfrage beeinflussen. Durch seine Politik

Man kann sich noch eine dritte Situation vorstellen, in der die Politiker den Menschen kein Gut bieten, sondern nur sich selbst die Mittel überweisen. Peter Leeson und Chris Coyne sprechen in diesem Zusammenhang von der Existenz einer Diskretionssphäre der Entscheidungstätigkeit.[23] Das ist ein Bereich, den die Bürger nicht als Bestandteil der „politischen" Entscheidungen in dem Sinne, dass er durch die Bürger kontrolliert werden sollte, verstehen. Es ist ein Bereich, der sie nicht interessiert. Aus der Sicht des untersuchten Problems bedeutet es, dass dadurch der Staat teurer wird, weil aus den Steuern nicht nur die Güter (ob reell oder imaginär), sondern auch Privatgüter der Politiker bezahlt werden.[24]

kann er die Struktur der Nachfrage so verändern, dass er alle, die seine (imaginäre) Güter nicht nachfragen, aus seinem Territorium eliminiert. Dadurch kann sein Funktionieren effizienter werden. Ausführlicher E. L. Glaeser/A. Shleifer, The Curley Effect: The Economics of Shaping the Electorate, in: Journal of Law, Economics, and Organization 21, 2005, No. 1.

23 P. T. Leeson/Ch. Coyne, How Do Rulers Choose? Dual Domains of Discretion in Political Decision Making, in: Journal of Economic 42, 2008, No. 3. Neben der Diskretionssphäre des Entscheidungsprozesses des Staates gibt es die diskretionsfreie Sphäre, wo die Politiker direkt die Wünsche der Wähler reflektieren (in der Demokratie), da die Wiederwahl davon abhängig ist.

24 Aus praktischer Sicht ist es egal, ob der Bürger ein billiges imaginäres Gut oder ein tatsächliches Gut zum höheren Preis infolge der Existenz des Diskretionsbereiches bezahlt. Analytisch ist es aber zweckmäßig diese beiden Situationen zu trennen.

Wie soll der Sozialstaat bezahlt werden

Komparation von Sozialausgaben im Staatshaushalt in ausgewählten europäischen Ländern 1918-1938

I. Einleitung ins Thema

Während des ganzen 20. Jahrhunderts waren wir Zeugen, wie die Regierungen entwickelter Länder ihren Einfluss auf die Staatsökonomie steigerten. Dieser Trend spiegelt sich im Wachstum von Regierungsausgaben und Besteuerungen, im zunehmenden Anteil des für Transfer und Auszahlungen von Rentenaushilfe ausgesonderten Nationaleinkommens, sowie im Anwachsen rechtlicher und Regeleingriffe ins ökonomische Leben wider. Mit dem Prozess der Herausbildung des Steuersystems und der Struktur öffentlicher Ausgaben befasst sich die Fiskalpolitik. Diese zusammen mit der monetären Politik stellt zwei grundlegende Instrumente dar, mit deren Hilfe die Regierungen bemüht sind, die ökonomischen Aktivitäten im Lande zu beeinflussen. Als die Rechnung ihrer Fiskalpolitik und ihre Aufzeichnung erstellen die Regierungen den Staatshaushalt.

Während die Fiskalpolitik heute als ein Komplex von Instrumenten bezeichnet wird, welche Besteuerung und die Regierungsausgaben zur Regulierung von ökonomischen Prozessen, bzw. zur Regulierung des Aggregatsniveaus von ökonomischen Aktivitäten verwenden, begann sich die Auffassung des Staatshaushaltes als eines der wichtigsten Instrumente für Staatseingriffe in die Ökonomik in der Zwischenkriegszeit erst durchzusetzen. Als Hauptgrundsatz der Haushaltspolitik galt der Grundsatz der Ausgeglichenheit des Staatshaushaltes, charakterisiert als die goldene Regel der Staatswirtschaft. Überschüsse des Staatshaushaltes wurden in der Regel für eine wünschenswerte, die gesunde Entwicklung der Ökonomik des Landes bezeugende Erscheinung gehalten, und dem Haushaltsdefizit schrieb man ungeachtet des aktuellen Zustandes und der Entwicklungstendenzen der Wirtschaft des Landes ausschließlich Eigenschaften eines Inflationsfaktors und eines Ausdrucks von unerwünschten und ungesunden Tendenzen zu.

Die folgenden Ausführungen sind als eine Übersicht von zeitgemäßen Gewohnheiten in der Fiskalpraxis und ein Vergleich der formellen Seite von Staatshaushalten zu versehen, wobei jedoch versucht wird, die Frage zu beantworten, welchen Teil von Aufgaben im Sozialbereich die Staaten auf sich genommen haben oder Ambitionen hatten, auf sich zu nehmen. Des Weiteren wird untersucht, wie breit die öffentlichen Ausgaben für den Sozialbereich definiert wurden und wer konnte sie also in Anspruch nehmen.

II. Zu Methode und Quellen der Arbeit

Für diese Studie wurde die Komparationsmethode gewählt, ihre Elemente bilden Staatshaushalte einiger ausgewählter europäischer Länder: Großbritannien, Frankreich, Deutschland, Italien, Österreich und der Tschechoslowakei; zeitlich ist die Komparation auf den zwanzigjährigen Zeitraum zwischen den beiden Weltkriegen begrenzt, die Komparationsachse stellen Sozialausgaben dar. Die gewählte Methode stellt vor den Forscher gleich mehrere Hindernisse: Vergleich von vergleichbaren Daten (traditionelle Schwierigkeit einer jeden Komparation) und das Problem der Materialerfassung. Gearbeitet wurde mit elektronischen Datenbasen von Parlamenten der zu vergleichenden Länder, mit statistischen Jahrbüchern dieser Länder und mit statistischen Übersichten des Völkerbundes. Die statistischen Jahrbücher einzelner Länder unterscheiden sich jedoch bezüglich Umfang, Anordnung sowie Übersichtlichkeit der zu den Regierungshaushalten veröffentlichten Informationen beträchtlich. Darüber hinaus fehlen in den deutschen Statistiken die Haushalte aus der zweiten Hälfte der 30er Jahre vollkommen; angefangen mit dem Jahr 1939 wurde das statistische Jahrbuch zu einen streng geheimen Dokument, dessen Verbreitung ausgenommen Dienstzwecke verboten war.

Ein weiteres Problem, das im Zuge des internationalen Vergleichs zu regeln war, waren die Kennzahlen für das Nationaleinkommen und das Bruttoinlandsprodukt (nachfolgend nur BIP). Diese Größen wurden in den 20er und 30er Jahren in der Regel nicht ermittelt und daher auch nicht veröffentlicht, es musste zu einem gegenwärtigen Nachschlagewerk gegriffen werden. Um größtmögliche Ähnlichkeit bei der Informationserfassung über einzelne Länder zu erzielen, wurden alle Angaben aus European Historical Statistics von Brian R. Mitchell (Ausgabe aus dem Jahr 1981) übernommen. Auch wenn die Bruttoinlandsprodukt-Angaben hier nicht für alle Länder zu stabilen Preisen desselben Jahres ausgewiesen werden, kann dies eine zur Bestimmung des staatlichen Anteils an den Umverteilungsprozessen in der jeweiligen Volkswirtschaft ausreichende Quelle darstellen.

III. Zeitgemäße Abgrenzung von Regierungsausgaben

Der Staatshaushalt wurde am häufigsten mit dem Wort Budget bezeichnet, in den deutschsprachigen Gebieten war zunächst der Begriff Etat typisch, aber in dem hier verfolgten Zeitraum war der Ausdruck Staatshaushalt üblich, der bis auf den heutigen Tag im Sprachgebrauch erhalten blieb. Sein Wesen stellte ein Wirtschaftsplan für ein bestimmtes Ganzes in einem bestimmten Zeitraum dar. Man kann sagen, dass der Staatshaushalt ein detaillierter Einnahmen- und Ausgabenplan eines Staates war, gegliedert in diverse Kapitel, Paragraphen und Titel, mit verschiedenem Detaillierungsgrad und mit Regeln, welche die Beziehungen zwischen einzelnen Ausgaben und Einnahmen festlegten.

Historisch wurden in Mitteleuropa (Deutschland, Österreich, Tschechoslowakei) die Wirtschaft des Staates als Finanzwirtschaft und die diesbezügliche Wissenschaft als Finanzwissenschaft bezeichnet.[1] Ihr ursprünglicher Zweck war nur die Lehre von Staatseinnahmen, weil die allererste Anregung zur Entwicklung der Finanzwirtschaft die Bemühungen des Herrschers waren, von der Bevölkerung möglichst viele Mittel zur Hoferhaltung einzunehmen. Wie die Aufgaben des Staates sich entwickelten, schloss auch die Finanzwirtschaft weitere Interessenbereiche ein. Die meisten Autoren in diesem Milieu waren in der Zwischenkriegszeit der Auffassung, dass nur Einnahmen in die Sparte der Finanzwissenschaft gehörten, weil die Finanzwirtschaft einnahmenorientiert war, und dass Probleme im Zusammenhang mit den Ausgaben (welche Dienstleistungen der Staat zu übernehmen hat, wie diese zu organisieren sind, welche Wichtigkeit ihnen zukommen soll) anderen Wissenschaften zuzuordnen wären – Verwaltungswissenschaft, Volkswirtschaft (falls selbständig) und Soziologie.[2]

Im angelsächsischen und französischen Bereich war die Finanzwissenschaft kein Bestandteil der volkswirtschaftlichen Wissenschaft, die schloss auch die Ausgabenlehre ein. Das Herangehen englischer Ökonomen an den Staatshaushalt wies als gemeinsamen Zug die Auffassung auf, dass es unmöglich war, Maßnahmen in öffentlichen Finanzen zu bewerten, ohne dass die beiden Seiten – die Einnahmen und Ausgaben – verglichen wären; also die Steuerlast und der Vorteil daraus. Üblich war also der Standpunkt, dass die Finanzwissenschaft sind nicht nur mit der Einnahmenseite der öffentlichen Wirtschaft, sondern mit der ganzen Wirtschaft befassen muss.[3]

Die Finanzpolitik bezeichnete schließlich die praktische Anwendung der Grundsätze der Finanzwirtschaft und der Normen des Finanzrechtes auf das wirtschaftliche Leben eines bestimmten konkreten Staates in der Weise, um den Zweck dieser Grundsätze und Normen tatsächlich zu erreichen, das heißt die Erstattung von Ausgaben öffentlicher Verbände. Der Staatshaushalt bekam aber darin nicht viel Freiraum zugewiesen. Zu Beginn der 20er Jahre des vergangenen Jahrhunderts baute er auf einer derartigen Beziehung zwischen den Einnahmen und den Ausgaben auf, wobei die Einnahmen den geforderten Ausgaben anzupassen waren. Alle fassten dies als einen kurzfristigen Staatswirtschaftsplan auf.

1 V. Funk, Základy přednášek: Finanční věda se zvláštním zřetelem k československému právu finančnímu [Grundlage der Vorträge: Finanzwissenschaft mit speziellem Rücksicht auf Tschechoslowakischen Finanzrecht] Bd. 1. Praha 1922, 9.

2 J. Caha, Finanční právo [Finanzrecht]. Brno 1932, 13.

3 Ch. F. Bastable, Veřejné finance [Öffentliche Finanzen]. Praha 1927.

IV. Sozialausgaben in den Staatshaushalten ausgewählter Länder

Die heute übliche Aufteilung von Regierungsausgaben besteht in der Unterscheidung der Regierungseinkäufe von Waren und Dienstleistungen und von den sog. Transferzahlungen. Die Waren- und Dienstleistungsausgaben bedeuten Staatseinkäufe im Privatsektor – Haushalte und Firmen. Die Transfers[4] unterscheiden sich wesentlich dadurch, dass der Staat dafür keinen Gegenwert erhält und sind der reinen Umverteilung von Staatsmitteln gleichzusetzen. In der zeitgemäßen Denkweise handelt es sich um den Teil der durch den Staat erworbenen Mittel, welchen der Staat für die Fürsorge von sozial Schwächeren und Bedürftigen ausgibt; die Bevölkerung offenbart dadurch ihre „Solidarität". Das öffentliche Ausgabenvolumen für Transferleistungen hängt davon ab, wie viele Personen den für ihren Bezug gesetzlich festgelegten Bedingungen entsprechen. Zusammenfassend geht es immer um die gesetzlich festgelegten Fixbeiträge für bestimmte im Gesetz definierte Personen. Ihre Anzahl nahm in der Zwischenkriegszeit in einigen Fällen ab, wie bei den Kriegsgeschädigten, typischerweise steigt sie aber – dies betrifft Arbeitslose und diverse Versicherungsarten. Die älteste Versicherungsart war dabei die Krankenversicherung; die Versicherungsbeiträge wurden zu gleichen Teilen vom Arbeitgeber und dem Versicherten geleistet.[5] Damals gab es die pflichtgemäße Arbeitslosenversicherung nicht, in Kraft war nur das sog. Genter System; dabei ging es um eine freiwillige Arbeitslosenversicherung unter den Gewerkschaftlern, an die der Staat im Bedarfsfall den durch dieses System aufgewendeten Mitteln proportionale Beiträge leistete.

Betrachten wir nun die Struktur der Staatshaushalte in einzelnen Ländern und die Bedeutung, welche den Sozialausgaben unter den Ausgaben zukam. Einen genauen Vergleich von Staatshaushalten verschiedener Länder ist beinahe unmöglich zu erzielen. Die größten Komplikationen bereiten erstens die unterschiedliche Haushaltsperiode, die im Grunde genommen die Komparation für ein Kalenderjahr unmöglich macht, zweitens dann abweichende Kompetenzen von staatlichen und autonomen Ganzen in einzelnen europäischen Ländern, drittens die unterschiedliche Abrechnung und andere Aufteilung von Staatshaushaltskapiteln und schließlich viertens die Tatsache, dass diese Sozialausgaben zahlreichen Kapitel und Unterkapiteln des Staatshaushalts zugeordnet werden.

„Der tschechoslowakische Staatshaushalt" wurde seit dem Jahr 1919 für ein Kalenderjahr erstellt, und seine Struktur wandelte sich im Laufe der Zwischenkriegszeit mehrmals – sowohl Positionen, als auch Kapitel wurden geändert und

4 Alters- und Invalidenrente, Sozialleitungen an Arme, Arbeitslosengeld.

5 In der Tschechoslowakei wurde sie durch Novellierungen aus den Jahren 1919 und 1920 zur Grundlage der pflichtgemäßen Sozialversicherung aller unselbständig erwerbstätigen Arbeiter sowohl für den Fall von Krankheit, als auch Invalidität und Alter.

verschoben.[6] Seit dem Jahr 1927 war eine vom damaligen Finanzminister Karel Engliš entworfene Konstruktion im Einsatz, welche den Staatshaushalt in vier Gruppen gliederte – die eigentliche Staatsverwaltung, die Verwaltung von Staatsunternehmen, Anteil an Selbstverwaltungsverbänden und Fonds und Verwaltung der Staatsschuld.[7] Der verabschiedete Staatshaushalt teilte sich formell in das Finanzgesetz und den Staatshaushalt in engerem Sinne des Wortes. Das Finanzgesetz war ein Einnahmen- und Ausgabenplan des Staates für einen vorbestimmten Zeitraum, gegliedert in mehrere Artikel – insbesondere über die Einnahmen- und Ausgabengesamthöhe und über die Ermächtigung des Finanzministers zur Deckung eines bestimmten Ausgabenteils durch Kreditgeschäfte in einer genau festgelegten Höhe.

Sozialausgaben findet man in der Gruppe der eigentlichen Staatsverwaltung in mehreren Kapiteln „zerstreut": Renten- und Vorsorgezahlungen, Ministerium für öffentliche Arbeiten, Ministerium für soziale Fürsorge, Versorgungsministerium und Kriegs- und Nachkriegsmaßnahmen, wobei diese Maßnahmen nicht definiert waren und selbst die Dauer der Übergangsperiode nach dem Krieg nicht spezifiziert war; zu finden sind hier insbesondere Militärzahlungen, diese sind aber auch im Kapitel Renten- und Vorsorgezahlungen eingeschlossen. Die Sozialausgaben sind auch noch in weiteren Kapiteln eingeschlossen – Nationalverteidigung, Volksbindungswesen, Landwirtschaft, Handel, Gesundheitswesen, Versorgung, Auswärtige Angelegenheiten und sogar auch Präsidialräte. Der Grund ist einfach: das damalige Sozialnetz erstreckte sich vor allem auf Staatsangestellte, und diese waren in allen Ministerien tätig. Darauf ist jedoch eine wichtige Schlussfolgerung für den Vergleich mit den Ausgaben in anderen Ländern zurückzuführen: es muss nämlich auch noch ein Teil von Ausgaben der Staatsunternehmen in Betracht gezogen werden, weil auch dort Staatsangestellte beschäftigt waren; in dem staatlichen Eisenbahnunternehmen kamen unter Position „Allgemeine Beschäftigtenausgaben" Renten, Invalidenrenten, Gnadengaben, Teuerungszulagen an nichtaktive Beschäftigte und ihre Hinterbliebenen. Unter den tschechoslowakischen Bedingungen bildeten Renten der Staatsangestellten die Hälfte der Sozialausgaben (im breiteren Sinne des Wortes) des Staates. Zu den Staatsunternehmen[8] in der Tschechoslowakei gehörten auch die Eisenbahn (Staatsbahn), die Post, das Pressebüro, die Staatdruckerei, Militärflugzeugfabrik, Tabakregie (Monopol), Staatsforstverwaltung und Staatsgüter,

---

6 A. Doležalová, Rašín, Engliš a ti druzí. Československé státní rozpočty v letech 1918-1938 [Rašín, Engliš und die Anderen. Tschechoslowakische Staatshaushalte in den Jahren 1918-1938]. Praha 2007, 95-121.

7 Ebd. 149f.

8 Für die Analyse der Staatsunternehmen vgl. A. Doležalová, Státní podniky v meziválečném Československu [Staatsunternehmen in der Tschechoslowakei zwischen der Weltkriegen], in: Historický časopis [Historische Zeitschrift]. Bratislava, in Druck.

Staatsberg- und Hüttenwerke, Staatliche Badeanstalten; alle waren total vom Staat geführt, und bis auf das Tabakmonopol waren alle stark defizitär und von den Staatsdotationen abhängig.

„Österreichische Haushaltspraxis" ging von den gleichen Wurzeln und Grundsätzen wie die tschechoslowakische aus.[9] Bereits zur Zeit der Monarchie stellten neben der Repräsentation nach außen hin die Personalkosten der Staatsverwaltung samt Versicherung von Staatsangestellten, Ausgaben für Arbeiter in Staatsunternehmen und Witwen nach Staatsangestellten usw. die größten Ausgabenpositionen dar. Von Sonderbedeutung waren Subventionen und Dotationen an diverse Fonds – religiöse, Volksbildungsfonds, Fonds für öffentliche Arbeiten, zinsfreie Notdarlehen, Unterstützung für Mobilisierte, Militärtaxen und Invalidengehälter (aber auch Vergütungen an Angeber). Österreich behielt diesen Umfang von Transferzahlungen, es wurde lediglich eine formelle Anpassung des Staatshaushaltes durchgeführt: eingeschlossen wurde ein gesondertes Kapitel für Renten sowie Sozialfürsorge (darunter z. B. auch Kindergeldpauschale), und es ist hinzuzufügen, dass dies traditionell zwei größte Ausgabengruppen auf der gesamtstaatlichen Ebene waren, gefolgt jedoch von Staatsunternehmen. Die Staatsunternehmen umfassten stark gewinnbringende Monopole, stark defizitäre Eisenbahnen und ausgeglichene sog. Bundesunternehmen.[10]

In Deutschland wurde zwischen den Staatshaushalten und Landeshaushalten unterschieden. Der Staatshaushalt umfasste die allgemeine Reichsverwaltung, das heißt Ministerien mit gesamtstaatlicher Wirksamkeit, aber auch noch die öffentliche Fürsorge und Renten. Die zweite Gruppe des Staatshaushalts bestand aus den sog. Kriegslasten, welche die mit dem Kriegsende verbundenen Ausgaben einschlossen, auch hier erscheinen Positionen der staatlichen Sozialfürsorge (im breiteren Sinne des Wortes). Genauso die Haushalte einzelner Länder wiesen zwei Gruppen auf. Die erste Gruppe, allgemein und Staatsunternehmen, enthielt eine veränderliche Firmengruppe, welche in dem jeweiligen Land als Staatsunternehmen geführt wurden.[11] Die zweite Gruppe, Staatsverwaltung, umfasste Ausgaben einzelner Landesministerien, samt Ministerium für Soziales, welche unterschiedliche Namen trugen und auch unterschiedliche Ausgabengruppen einschlossen.

Während auf der Staatshaushaltsebene den Sozialausgaben öffentliche Fürsorge und Renten zugeordnet werden können, auf der Landesebene wird die Situation ziemlich kompliziert; einzelne Bundesländer genossen auf dem Gebiet der Staatshaushaltserstellung umfassende Autonomie. In Hessen z. B. wies der Staatshaushalt 10 Kapitel auf, und die Sozialausgaben sind unter den Ausgaben

---

9 Näher in Doležalová, Rašín (wie Anm. 6), 86-92.

10 Vgl. z. B. Statistisches Handbuch für die Republik Österreich. Wien 1921.

11 Vgl. z. B. Statistisches Jahresbuch für das Deutsche Reich. Berlin 1923.

des Ministeriums für öffentliche Arbeiten und Wirtschaft zu finden. In Preisen hatte der Staatshaushalt mehr als 20 Kapitel, darunter ist direkt das Ministerium für Sozialfürsorge bezeichnet. Seine Ausgaben entsprachen jedoch der Ausgabenhöhe der Staatlichen Forstwirtschaft, erreichten die Hälfte im Vergleich mit dem Innenministerium und ein Drittel gegenüber dem Ministerium für Wissenschaft, Kunst und Volksbildung. In den sächsischen Haushalten findet man sowohl die Position Renten, als auch den Haushalt der Ministerien für Innere, Arbeit und Sozialfürsorge und Wirtschaft, welcher 28 Kapitel umfasste und den größten Staatshaushaltsteil verteilte. Unter Sozialausgaben im breiteren Sinne des Wortes lassen sich neben Renten auch Notstandsaushilfen für Beamte (auch entlassene Beamte) zuordnen. In Baden lassen sich Sozialausgaben aus der Staatsausgabenstruktur gar nicht herauslesen.[12]

Es wurde auf ein beträchtliches Autonomiemaß in Fragen der Errichtung von Staatsunternehmen hingewiesen, deren Budgets durch Leistungshöhe an Staatsangestellte die Sozialausgaben von Staaten erhöhen mussten; das einzige Staatsunternehmen auf der zentralen Ebene war die Post. In Bayern waren in Staatshänden die Forstverwaltung und Staatsgüter, Berg-, Hüttenunternehmen und Salzbergwerke, die Staatsbank und die Münzanstalt; sie alle waren verlustbringend. Staatsunternehmen in Hessen wurden nur durch Staatsgüter repräsentiert, welche im wesentlichen Gewinn brachten. In Preisen gab es acht Staatsunternehmen – Staatsgüter, Forstverwaltung, Hengstdepot, Staatslotterie, Staatsbank, Münzanstalten, Bergwerke, Hüttenwerke und staatliche Porzellanfabrik.

Der Staatshaushalt von Frankreich teilte sich in zwei Gruppen, nämlich in den Allgemeinen Haushalt und die Nebenhaushalte. In der zweiten Gruppe entsprachen Ausgaben den Einnahmen, sodass es eigentlich um Staatsunternehmen ging. Dazu zählten in Frankreich die Staatliche Münzanstalt und Druckerei, staatliche Fabriken in Elsass und Lothringen, Ehrenlegion, der Sprengstoffmonopol, die Post, Staatssparkasse, aber auch die Eisenbahnen und Häfen von Réunion oder die Centrale (Ecole Centrale des Arts et Manufactures). Die Sozialausgaben sind in den beiden Gruppen zu erwarten, wobei sie im Rahmen des Allgemeinen Haushaltes im Budget des Ministeriums für Arbeit, des Gesundheitsministeriums und des Ministeriums für Soziales einerseits und des Rentenministeriums andererseits eingeschlossen sind.[13]

Aus unserer Sicht ist die Haushaltspraxis in Italien am wenigsten übersichtlich. Die Haushaltsperiode begann am 1. Juli und endete zum 30. Juni des nachfolgenden Kalenderjahres. Darüber hinaus war die wirtschaftliche Buchführung

---

12 [online] [zit. 20. 08. 2010]. Zur Verfügung unter: http://www.psp.cz/eknih/1925ns/ps/tisky/t1260_01htm.

13 [online] [zit. 20. 08. 2010]. Zur Verfügung unter http://www.psp.cz/eknih/1925ns/ps/tisky/t1260_01htm.

des Staates vollkommen abweichend. Man unterschied sog. Einnahmen und Ausgaben und Einnahmen und Ausgaben in Kapitalbewegung; im Rahmen der beiden Gruppen wurden weiter ordentliche und außerordentliche Positionen unterschieden und schließlich Einnahmen und Ausgaben bei durchlaufenden Positionen. Der italienische Haushalt kannte Teilbudgets nach einzelnen Ministerien nicht; sämtliche Einnahmen wurden im einheitlichen Haushalt nach den Hauptkriterien für Einnahmen aufgeteilt. Genauso bildeten die Ausgaben keine gesonderten Kapitel, im Gegenteil findet man sie in Ausgaben-Teilbudgets einzelner Ministerien zerstreut eingeschlossen. Der eigentliche Staatshaushalt bestand daher in der I. Haushaltskategorie, ordentliche und außerordentliche Einnahmen und Ausgaben, während die II. Kategorie, Einnahmen und Ausgaben in Kapitalbewegung, diesen lediglich ergänzte und die Bewegung aller aktiven und passiven Kreditgeschäfte des Staates widerspiegelte. Die III. Haushaltskategorie, sog. durchlaufende Positionen, war an und für sich unbedeutend, ausgewiesen wurde sie nur bis zum Jahr 1926/27, als ihre Positionen in die I. Kategorie aufgenommen wurden.

Angaben zu Sozialausgaben in jenem engeren Sinne des Wortes werden in den italienischen Staatshaushalten völlig vermisst. Zu finden sind hier nur Renten, in Gliederung Kriegs- und normale Renten. Dieses Staatshaushaltskapitel umfasste jedoch alle präliminierten Positionen, wie Renten in den Budgets einzelner Ministerien.

In der italienischen Wirtschaft waren Eisenbahn, Post, Telegraphen und Telefone selbständige Unternehmen mit selbständigen Haushalten, welche als Anlagen zum Haushalt des Verkehrsministeriums erstellt wurden. Im eigentlichen Staatshaushalt werden nur vorhersehbare Überschüsse dieser einzelnen Unternehmen ausgewiesen.

Die Staatshaushaltsstruktur in Großbritannien wich völlig von allem, was bisher festgestellt wurde, ab. Der Staatshaushalt wurde für die Periode vom 1. April zum 31. März erstellt. Der Staatshaushalt umfasste Ausgaben, welche heute als mandatorische Ausgaben (Consolidated Fund Services) bezeichnet werden, nämlich Ausgaben, deren Höhe aufgrund von bestimmten Gesetzen festgelegt wurde, und sofern keine Gesetzänderung erfolgte, blieben von Jahr zu Jahr diese Ausgaben unverändert und wurden dem Parlament zur Billigung nicht vorgelegt. Enthalten waren Positionen Nationalschuld, Zahlungen für interne Darlehen, Straßenfonds, Ausgaben der königlichen Familie. Einen zweiten Staatshaushaltsteil stellten Positionen dar, welche jedes Jahr vom Parlament genehmigt werden mussten: die Staatsverwaltung (Civil Service Estimate), dazu zählten auch Renten – zusammen mit der zentralen Regierung und den Finanzen, dem Schulwesen, Gesundheitswesen, Versicherungen. Der Staatshaushalt unterschied also im Sozialausgabenbereich zwischen Renten (Rentenministerium, Kriegsrenten, Rentenzulage für die Königliche Polizei in Irland), welche die

die Bedürfnisse von Staatsangestellten befriedigten, und der Versicherung und Unterstützung, welche als Ausgaben des Ministeriums für Arbeit (Arbeitslosengeld, Witwen- und Waisenversicherung, Altersversicherung) ausgezahlt wurden; darüber hinaus verteilte das Finanzministerium karitative Mittel (durch karitative Vereine). Die erste Gruppe, die Renten, lang in Summe über der zweiten Gruppe, aber der Unterschied war keinesfalls dramatisch.[14]

Das Problem mit den Beschäftigten von Staatsunternehmen war in Großbritannien im Vergleich z. B. mit der Tschechoslowakei minimal, weil es nur ein klassisches Staatsunternehmen gab – die Staatspost. Die Wirtschaftsführung dieses Unternehmens unterlag darüber hinaus den Grundsätzen für Privatunternehmungen, sodass der Postminister am Ende der Haushaltsperiode sog. Bilanz und Ergebnis Rechnung (Commercial Account and Balance Sheet), also eine ausführliche Handelsrechnung mit Bilanz veröffentlichen musste.

Die folgende Tabelle zeigt Sozialausgaben als BIP-Anteil des jeweiligen Landes, wobei jedoch nur offiziell angeführte Sozialausgaben herangezogen wurden.[15]

	1920		1924		1929		1933		1937	
Deutschland	8 087,20	-	1 363,80	2,91 %	1 065,40	2,06 %	1 019,80	2,15 %	-	-
Österreich	3 128,80	-	137,60	1,34 %	70,00	0,58 %	206,10	2,28 %	119,40	1,22 %
Frankreich	2 460,00	0,09 %	884,00	0,02 %	1 251,60	0,03 %	3 049,90	0,08 %	3 152,50	0,08 %
Großbritannien	72,50	1,67 %	64,50	1,48 %	85,80	1,75 %	150,70	3,19 %	161,60	2,88 %
Italien	-	-	-	-	-	-	-	-	-	-
Tschecho-slowakei	3 877,90	8,89 %	1 574,90	2,87 %	1 721,50	2,35 %	1 888,20	3,00 %	2 043,10	2,83 %

14 Vgl. z. B.: Statistisches Jahrbuch für Vereinigtes Königtum (Statistical abstract for the United Kingdom), London 1933

15 Angaben für Deutschland sind angeführt in allen Tabellen in Millionen Mark, für Österreich im Jahr 1920 in Millionen Kronen, weiter dann in Millionen Schilling, für Frankreich in Millionen Frank, für England in Millionen Pfund, für Italien in Milliarden Lire, für die Tschechoslowakei in Millionen Kronen. Alle Angaben für Deutschland in der Spalte 1933 beziehen sich auf das Jahr 1934. Die zur Berechnung des BIP-Anteils an den öffentlichen Ausgaben verwendeten BIP-Angaben sind für Frankreich, Italien und England in stabilen Preisen 1938, für Deutschland in stabilen Preisen 1913, für Österreich in stabilen Preisen 1937, für die Tschechoslowakei in stabilen Preisen 1929 angeführt.

Graphik I: Sozialausgaben und ihr Anteil am BIP in ausgewählten Ländern[16]

Aus der Tabelle ergibt sich enorme Höhe von Ausgaben, welche man als Sozialausgaben bezeichnen kann, im Zeitraum unmittelbar nach dem Kriegsende. Das zeigen zumindest absolute Angaben aller Länder, ausgenommen Großbritannien. Für Deutschland und Österreich gibt es jedoch keine BIP-Kennzahlen für das Jahr 1920. Der extrem hohe Anteil von Sozialausgaben im Jahr 1920 war sicher nicht auf soziale Politik zurückzuführen, eher ist er einerseits als Anstrengungen des Staates zu verstehen, Sozialunruhen vorzubeugen, und andererseits durch seine Unfähigkeit zu erklären, Leistungen aus den Kriegsjahren von sich abzuwälzen – in der Tschechoslowakei gelang es übrigens nur zum Preis von Ressortverschiebungen im Staatshaushalt. Viel interessanter aus der Sicht der Konstituierung der Sozialpolitik ist der Vergleich des Ausgabenanstiegs im Zusammenhang mit der großen Wirtschaftskrise, wobei es schien, dass während sich das Anwachsen von absoluten Werten gegen Ende der 20er Jahre und zu Beginn der 30er Jahre in übrigen Ländern bemerkbar machte, in der Tschechoslowakei der Anstieg erst in der zweiten Hälfte der 30er Jahre zum Vorschein kam, was andeutet, dass es in den verfolgten Ländern mit mehr Erfolg gelang, das umzusetzen, was die ökonomische Wissenschaft Stabilisierungsfunktion des Staatshaushaltes nennt.

V. Zum Charakter der Sozialausgaben

Abschließend kann festgestellt werden, dass die Haushaltspolitik keine aktive Rolle im Sinne der Beeinflussung des realen Aggregatoutputs spielte, lediglich die Privatausgaben vermittels Besteuerung passiv zu Regierungsausgaben umwandelte. Die Vorgehen, mit welchen die Staaten für ihre Vorstellung über So-

16 Statistisches Jahresbuch für das Deutsche Reich. Berlin 1923, 351-357; Statistisches Jahresbuch für das Deutsche Reich. Berlin 1924/5, 344-350; Statistisches Jahresbuch für das Deutsche Reich. Berlin 1932, 434-440; Statistisches Jahresbuch für das Deutsche Reich. Berlin 1936, 445-450; Statistisches Jahresbuch für das Deutsche Reich. Berlin 1937, 261-264; Statistisches Handbuch für die Republik Österreich. Wien 1921, 125-128; Statistisches Handbuch für die Republik Österreich. Wien 1925, 163-164; Annuaire statistique. Paris 1923, 377-379; Annuaire statistique. Paris 1926, 419-425; Annuaire statistique. Paris 1939, 396-401, 405-406; Statistical abstract for the United Kingdom. London 1933, 128-135, 188-193, 200-205; Statistical abstract for the United Kingdom. London 1939, 168-175, 231-237; Annuario statistico Italiano. Roma 1921, 64; Annuario statistico Italiano. Roma 1926, 358-360; Annuario statistico Italiano. Roma 1925, 462; Annuario statistico Italiano. Roma 1931, 415-420; Annuario statistico Italiano. Roma 1932, 615; Annuario statistico Italiano. Roma 1935, 210; Annuario statistico Italiano. Roma 1939, 257-262; B. R. Mitchell, European Historical Statistics 1750-1975. London 1981, 819-826.

zialversicherung der Bevölkerung zahlen mussten, können durch folgende Punkte charakterisiert werden:

Die Sozialpolitik wurde durch die Umverteilung der durch den Staat ausgewählten Mittel auf zwei Ebenen realisiert – auf der des Staates und des Landes. Jedes der europäischen Länder räumte jedoch ein verschiedenes Autonomiemaß an seine Verwaltungseinheiten sowohl im Bereich der Steuereinnahme, als auch im Bereich der Beschlussfassung über ihre nachfolgende Benutzung. Während in der Tschechoslowakei eine hohe Zentralisierungsstufe der Staatsmacht beobachtet werden konnte, spielten in übrigen Ländern Selbstverwaltungseinheiten eine grundlegende Rolle in den Umverteilungsprozessen; es kann festgestellt werden, dass der Staat auf der Zentralebene nur die Sicherstellung grundlegender Staatsfunktionen (auswärtige Beziehungen, Verteidigung, Gerichtswesen) behielt und die Ausübung sonstiger Funktionen – samt Sozialversicherung – auf niedrigere Stufen delegierte. Die Landeshaushalte trugen aber häufig sehr bedeutend zur Finanzierung einiger gesundheitlicher und Sozialprogramme bei.

Die Staaten waren bemüht, ihre Finanzierung in die der Vorkriegszeit entsprechenden Grenzen wieder zurückzuführen, erstens deshalb legten sie dem Parlament zur Billigung immer ausgeglichene Staatshaushalte vor. Im Laufe des Haushaltsjahres kam es dann zu zwei Situationen: entweder wurden die im Staatshaushalt geschätzten Einnahmen tief unter dem wahrscheinlichen Ertrag bewertet und die wirklichen Einnahmen viel höher zu liegen kamen – und das machte für die Staatsfinanzverwaltung möglich, im Laufe des Haushaltsjahres die Haushaltsausgaben ohne weitere Billigung durch das Parlament zu überschreiten (typisches Beispiel dieser Strategie war Italien), oder wurden die Ausgaben unterbewertet und das zunehmende Defizit wurde in selbständige „außerordentliche" Kapitel (wie in der Tschechoslowakei) übertragen. In Folge dieses Vorgehens entfernte sich das Staatshaushalt in den Schlussrechnungen von der ursprünglich gebilligten Version des Staatshaushaltes sehr, und das Parlament hatte beschränkte Möglichkeiten zur Einflussnahme. Zweitens strebten die Staaten weiter das übliche Maß an Umverteilungsprozessen einzuhalten – und dieses lag vor dem Krieg zwischen 10 % und 15 % BIP. Daher versuchten die Staaten, den allfälligen defizitären Charakter ihrer Finanzierung zu verstecken, und hieraus ergibt sich die dritte Schlussfolgerung:

Die Staaten bekannten sich zu derart hohen Ausgaben, wie aus den Schlussrechnungen hervorging, nicht und versteckten den wahren Stand ihrer Finanzen verschiedenartig. Als den üblichsten Weg kann man die hartnäckige Bilanzkosmetik bezeichnen: Übertragung von Kapiteln, unterlassene Angabe aller Ausgaben gleicher Art im Rahmen eines Ministeriums und eines Kapitels, Umbenennung von Positionen. Der einfachste Weg zur Erreichung des Ziels war jedoch die Aufteilung von Positionen Einnahmen sowie Ausgaben in ordentliche und außerordentliche Positionen. Dies war ein Überbleibsel aus der Zeit vor dem 1.

Weltkrieg. Z. B. wurden im Rahmen der österreichisch-ungarischen Monarchie meistens die Bedürfnisse als außerordentlich ausgewiesen, welche für eine bestimmte zeitweilige Aktion bestimmt waren, welche aus der laufenden staatlichen Wirtschaftsführung ausschweifte und deren Ergebnis ein Buchungsjahr überschritt. Darüber hinaus wurde die Gliederung in feststehende und zeitweilige Ausgaben verwendet, wovon die zuletzt genannten in den Krisenzeiten zur Geltung kamen, zum Beispiel während des Krieges. Ausgenommen Großbritannien behielten die Staaten diese Praxis und gliederten sowohl auf der Staatsebene, als auch auf der Ebene einzelner Länder den Haushalt oder einzelne Haushaltspositionen in ordentliche und außerordentliche, in Hessen in ordentliche und Investitionspositionen, in Württemberg in Dauer- und Einmalpositionen, in Frankreich in ordentliche, außerordentliche und zeitweilige Positionen. Eine durchaus extreme Situation trat im tschechoslowakischen Haushalt im Jahr 1919 ein, indem der Großteil von Ausgaben außerordentlichen Charakter trug – volle zwei Drittel![17]

Die Bewegungen zwischen den ordentlichen und außerordentlichen Ausgaben kann als eine marginale Angelegenheit erscheinen, aber das Gegenteil ist wahr: gerade dies ist der erste Schlüssel zum Verständnis, wie in der Zwischenkriegszeit für den Sozialstaat gezahlt wurde. In der Nachkriegszeit gibt es sicher eine Reihe mit dem Krieg verbundener Ausgaben, auf der anderen Seite ist aber auch die Tatsache in Betracht zu ziehen, dass bestimmte Ausgaben in den einschlägigen, die Vorkriegsusancen berücksichtigenden Kapiteln keinen Platz fanden. Wie dann aus einem Teil außerordentlicher Ausgaben ordentliche geworden sind, zeigt daher wie sich die Ausgabensumme ausdehnte, welche der Staat für seine anhaltenden Aufgaben hielt. Die Ursachen für das Anwachsen von Sozialausgaben lagen begreiflicherweise in der Wandlung von sozialen und politischen Standpunkten an der Wende des neunzehnten und zwanzigsten Jahrhunderts, zu welchen sich nach dem Krieg alle Regierungen quer durch Europa bekannten. Trotzdem ergibt sich aus der Tabelle, dass die Transferzahlungen nur in den ersten Nachkriegsjahren eine völlig wesentliche Position darstellten. Nach dem Jahr 1920 wiederholte sich nicht noch einmal die Gesamthöhe der Sozialausgaben; es ist also klar, dass die Sozialtransfer verschiedenartige Kriegsgeschädigte und ihre Familien und insbesondere Rentenauszahlungen und Teuerungszulagen an Staatsangestellte betrafen. Die Anfänge der Arbeitslosenfürsorge sind mit der Kreditdeckung verbunden; ihre Positionen in den Staatshaushalten etablierten sich erst an der Wende der 20er und 30er Jahre. Sie erreichten bei weitem nicht die Ausgabenhöhe für die Kriegsbeschädigtenfürsorge, welche zwar allmählich sank, aber immerhin um ein Mehrfaches über den

---

17 [online] [zit. 20. 08. 2010]. Zur Verfügung unter: http://www.psp.cz/eknih/1923ns/ps/stenoprot/228schuz/.

Ausgaben zur Lösung von Arbeitslosenproblemen lag. Im Laufe der Jahre nahmen die Ausgaben für die Sozialversicherung zu, und im Gegenteil nahmen Kosten der Bau- und Wohnungsfürsorge ab (zu ihren Effekten sind günstige Haussteuersätze zuzuordnen). In den nachfolgenden Jahren stabilisierten sich diese Ausgaben, und ihr Anteil am BIP war unerheblich.

Die Entstehung des Schwedischen Modells

Eine exakte Definition des Begriffs „Schwedisches Modell“ zu finden ist eine große Herausforderung. Der Begriff wurde auf verschiedene Weise verwendet; fünf Hauptgruppen lassen sich zusammenfassen.

Erstens und im engeren Sinne bezeichnet der Begriff gewöhnlich das spezifische, von friedlichen, kooperativen und zentralisierten Lohnverhandlungen gekennzeichnete Beziehungssystem zwischen Arbeitgebern und Arbeitnehmern, das seinen Ursprung im Saltsjöbaden-Abkommen von 1938 hat. Zweitens wurde der Begriff auch in Bezug auf die schwedische Sozialpolitik verwendet, die den Bürgern „großzügige“ und universale staatliche Sozialleistungen gewährte, die über eine hohe und progressive Besteuerung finanziert wurden. Drittens wird das Schwedische Modell als ein Wirtschaftssystem betrachtet, das Marktwirtschaft mit planwirtschaftlichen Elementen kombiniert. Viertens wurde das Schwedische Modell oft gleichgesetzt mit dem Rehn-Meidner-Modell, einer makroökonomischen Theorie, die in Schweden während der ersten Jahrzehnte nach dem Zweiten Weltkrieg entwickelt und auch in hohem Maße angewandt wurde. Fünftens und im weiteren Sinne verweist der Begriff auf ein ziemlich kompliziertes System politischer Programme vor allem im Bereich der Sozial-, Arbeitsmarkt- und Fiskalpolitik, dessen zentrale Aufgabe darin bestand, einen hohen Lebensstandard für alle, Vollbeschäftigung, wirtschaftliche Effizienz und hohes Wachstum zu erreichen.

Im folgenden Text wird der Terminus „Schwedisches Modell“ mit Bezug auf die fünfte und letzte Darstellung verwendet, die zu einem gewissen Grade die vier vorhergehenden Punkte beinhaltet. Das Ziel ist, die Entstehung des Schwedischen Modells darzustellen. Der Text beschreibt die historischen Umstände und skizziert die verschiedenen Kräfte, die zur Gestaltung des Modells bis zu seiner Hochphase in den 50er und 60er Jahren beitrugen.

Das Aufkommen des Modells

Der Prozess der Industrialisierung setzte in Schweden relativ spät ein. Noch im Jahre 1870 arbeiteten mehr als 70 % der erwerbstätigen Bevölkerung im primären Sektor, der vornehmlich aus Land- und Forstwirtschaft bestand. Da sich die Industrialisierung überwiegend auf Eisen und Holz stützte, fand sie eher auf dem Land als in den großen Städten statt.[1]

Bereits in der Frühphase der Industrialisierung bestand eine enge Kooperation zwischen den Gewerkschaften und der Sozialdemokratischen Partei. Mehr als

1 W. Korpi, The Working Class in Welfare Capitalism. London 1978, 56.

zwei Drittel der Organisationen, die die Gründung der Partei im Jahre 1889 förderten, waren Ortsverbände der Gewerkschaften, und die Partei wurde sogleich auf dem Gebiet der Gewerkschaftsorganisation tätig. Sehr bald konnte sie auch in einigen der bisher unpolitischen oder liberalen Fachgewerkschaften Einfluss gewinnen.[2] Im Jahre 1898 wurde der schwedische Gewerkschaftsdachverband (Landesorganisationen, nachfolgend nur LO) gegründet und ein Sozialdemokrat zum Vorsitzenden gewählt. Aufgrund der späten Industrialisierung wuchsen die neuen Arbeitergenerationen bereits mit einer sehr engen Verbindung zwischen Gewerkschaften und Sozialdemokratie auf. Eine der zentralen Aufgaben der nationalen Gewerkschaftsorganisationen bestand darin, den Grad der Gewerkschaftsmitgliedschaft bei den Arbeitern zu steigern, um so gleichzeitig zur Schaffung der politischen Machtbasis der Sozialdemokratischen Partei beizutragen.[3]

Nach der Jahrhundertwende stieg der gewerkschaftliche Organisationsgrad rapide an. Im Jahre 1930 waren bereits 36 % aller Lohnempfänger Gewerkschaftsmitglieder und im Jahre 1980 erreichte dieser Wert 92 % und machte damit Schweden zu einem der am stärksten gewerkschaftlich organisierten Länder in der kapitalistischen Welt.[4]

Die starke und gut organisierte Arbeiterbewegung in Schweden zog eine weitere Konsequenz nach sich: Während die Gewerkschaften an Macht gewannen und es immer häufiger zu Arbeitskämpfen kam, wurde deutlich, dass die Arbeitgeber eine ebenso starke Organisation brauchten.[5] Dies führte 1902 zur Bildung des schwedischen Arbeitgeberverbandes (Svenska Arbetsgivareföreningen, nachfolgend nur SAF).

Nach Walter Korpi gibt es verschiedene Erklärungsmöglichkeiten für die Entwicklung der starken und gut organisierten Arbeiterklasse in Schweden. Ein möglicher Grund ist die ethnische und religiöse Homogenität der schwedischen Arbeiterklasse. Laut Korpi zeigen Erfahrungen aus anderen Ländern, dass Kontroversen und Konflikte zwischen verschiedenen ethnischen Gruppen (wie in den USA) oder verschiedenen Glaubensrichtungen (wie Protestanten und Katholiken in Holland und Deutschland ein kollektives Handeln der Arbeiterklasse wesentlich erschweren). Ein weiterer Grund könnte darin liegen, dass die schwedischen Arbeiter eine Spaltung der Arbeiterklasse in reformistische und revolutionäre Strömungen, wie es nach dem Ersten Weltkrieg in einigen europäischen Ländern der Fall war, relativ erfolgreich verhindern konnten. Überdies konnten we-

2 Ebd. 70.
3 Ebd. 71.
4 Ebd. 72.
5 Ebd. 72.

der die starken faschistischen Gruppen in Schweden noch die beiden Weltkriege der Einheit der schwedischen Arbeiterbewegung Schaden zufügen.[6]

Die Sozialdemokratie und das Volksheim

Die traditionellen Prinzipien der schwedischen Sozialdemokraten wurden häufig durch die Symbole der Französischen Revolution verdeutlicht: Freiheit, Gleichheit, Brüderlichkeit.[7] Sie bevorzugten eine Gesellschaft, die es einem Individuum ermöglicht, sein eigenes Potential vollständig zu entwickeln. Gleichzeitig würde die Gesellschaft die Solidarität unter ihren Bürgern fördern. Die schwedischen Sozialdemokraten stellten die Gleichheit nicht der Freiheit gegenüber, sondern sahen die Gleichheit auch als Gleichheit in Freiheit.[8]

Zu Beginn konzentrierten sich die Sozialdemokraten in ihrem Programm auf Verbesserungen für die ärmeren Gesellschaftsschichten. Die wesentlich vom Chef der Sozialdemokratischen Partei, Hjalmar Branting, gestaltete Rentenreform von 1916 galt als erster Schritt zu einem starken schwedischen Wohlfahrtsstaat. Branting war ein großer Befürworter einer universellen Volksrente sowie des „Volkspartei"-Modells, in dessen Rahmen die Sozialdemokratische Partei als „Verband" der „kleinen Leute" – Arbeiter und Bauern – gesehen wurde.[9]

In Anlehnung an Karl Marx forderten sie die Abschaffung des Privateigentums an Produktionsfaktoren und kämpften taktisch für das allgemeine Wahlrecht, um so der Arbeiterklasse, die einen großen Teil der Bevölkerung stellte, politische Einflussnahme zu verschaffen.[10] Parlamentarismus und allgemeines Wahlrecht wurden schließlich 1918 durchgesetzt und ebneten den Sozialdemokraten ihren Weg zur Macht.[11]

In den 20er Jahren verließen die Sozialdemokraten allmählich den Plan einer Sozialisierung der Gesellschaft, waren jedoch nicht in der Lage, eine Alternative zur Verstaatlichung der Produktionsmittel anzubieten. Der Partei schien es an Ideologie zu fehlen und sie erlitt Wahlniederlagen. Die Sozialdemokraten erkannten, dass sie trotz der starken Arbeiterbewegung als reine Klassenpartei nicht erfolgreich sein würden.[12]

---

6 Ebd. 74.

7 G. Esping-Andersen, The Making of a Social Democratic Welfare State, in: K. Misgeld/K. Amark (Eds.), Creating Social Democracy. University Park 1992, 40.

8 Ebd. 40.

9 Ebd. 41.

10 Korpi, The Working Class (wie Anm. 1), 77.

11 Ebd. 78.

12 Ebd.

Nach der Wahlniederlage 1928 begannen die Sozialdemokraten, sich deutlicher in Richtung pragmatischer Reformismus zu bewegen. Begünstigt durch die herrschende Massenarbeitslosigkeit gelang es der Sozialdemokratischen Partei mit der Idee des Volksheims (Folkhemmet), formuliert vom Parteivorsitzenden Per Albin Hansson, eine breitere Wählerbasis zu mobilisieren. In den Wahlen von 1932 erhielten die Sozialdemokraten fast 42 % der Wählerstimmen, und obwohl sie nicht die absolute Mehrheit hatten, bildeten sie die neue Regierung.[13]

Der Schritt von einer Klassenpartei hin zu einer Partei mit einer breiteren Basis für einfache Leute wurde 1933 durch die Abmachung mit der Agrarpartei weiter gestärkt/bekräftigt. Um ihre politische Linie durchzusetzen, benötigte die sozialdemokratische Regierung nach den Wahlen 1932 einen Partner im Parlament. Nachdem die Kommunisten und die Rechte bereits eliminiert waren, schien dies unmöglich. Die verbleibende Agrarpartei hatte traditionell wenig Sinn für Gewerkschaftsbewegung und Sozialgesetzgebung, zudem schien sie sich eher zu faschistischem denn zu solidarischem Ideengut hingezogen zu fühlen. Dennoch stimmten die Agrarier schließlich zu, die durch Staatschulden finanzierten Beschäftigungsprogramme der Sozialdemokraten zu unterstützen, während diese im Gegenzug Preisstützungen für die von der internationalen Krise schwer betroffenen Bauern versprachen.[14]

Diese Vereinbarung markierte den Anfang der außergewöhnlichen 44-jährigen Ära sozialdemokratischer Dominanz in Schweden.[15] Gøsta Esping-Andersen äußerte sich dazu folgendermaßen: „Die zwei Hauptgründe, die die skandinavische Sozialdemokratie im 20. Jahrhundert an die Macht brachten, waren seine Fähigkeit, mit der "Volksheim"-Wohlfahrtspolitik eine rot-grüne Koalition aufzubauen und auf die Verstaatlichung zu verzichten und stattdessen auf der Grundlage keynesianischer Wirtschaftspolitik ein Abkommen mit den Betrieben auszuhandeln."[16]

Die Ideologie des Volksheims basierte auf der Vorstellung, dass der Staat wie ein Heim sein solle; wie eine Familie, in der Solidarität und gegenseitige Hilfe natürlicherweise vorhanden sind. Im „guten Heim herrschten Gleichheit, Fürsorglichkeit, Zusammenarbeit und Hilfsbereitschaft“[17], sagte Per Albin Hansson in seiner berühmten Volksheim-Rede. Das Volksheim setzte eine klassenübergreifende nationale Solidarität voraus. Wie Gøsta Esping-Andersen bemerkt, bildete es nicht nur die Basis der sozialdemokratischen Macht, sondern wurde auch zu einem Grundpfeiler der universalistischen Sozialpolitik.[18]

---

13 G. Esping-Andersen, Politics Against Markets. Princeton 1985, 86.

14 Ebd. 87.

15 Ebd.

16 Esping-Andersen, The Making (wie Anm. 7), 40.

17 L. Magnusson, An Economic History of Sweden. London 2000, 233.

18 Ebd.

Es ist wahrscheinlich das Programm vom Volksheim, in dem sich die Ursprünge für das Schwedische Modell finden. Neben den bereits erwähnten Agrarpreisstützen beinhaltete das „Volksheim-Paket" noch zwei weitere wichtige Wesensmerkmale: ein antizyklisches Vollbeschäftigungsprogramm und ein Sozialreformprogramm.[19]

Vor 1930 reagierte die Regierung eher zögerlich auf wirtschaftliche Entwicklungen. Zu dieser Zeit gab es weder Ideen noch einen Apparat um die Depression zu bekämpfen und die Markterholung zu stimulieren. Damals begann man in Schweden, wie auch in vielen anderen Ländern, intensiv die Möglichkeiten der Kontrolle des Konjunkturzyklus als Politikum zu diskutieren. Das antizyklische Vollbeschäftigungsprogramm wurde im Jahre 1933 als eine Maßnahme zur Bekämpfung der Krise verfolgt. Diese Strategie wurde hauptsächlich unterstützt von Finanzminister Ernst Wigforss und einer Gruppe Ökonomen der renommierten Stockholmer Handelshochschule, wie z. B. Bertil Ohlin und Gunnar Myrdal.[20]

Nach Erik Lundberg tauchte die Diskussion über Möglichkeiten, die Konjunktur zu stabilisieren in der Stockholmer Schule parallel zu ähnlichen Bewegungen in anderen Ländern, besonders in England, auf. Wesentlich wichtiger ist jedoch, dass die Sozialdemokraten sich diesen Ansichten anschlossen und sie in ihren Programmen anwandten. Bereits 1930, noch bevor die schwedische Wirtschaft von der Krise erfasst wurde, schlug eine Gruppe von Sozialdemokraten im Parlament die Schaffung öffentlicher Aufträge vor, um so die Arbeitslosigkeit zu senken. Die aktive Steuer- und Beschäftigungspolitik, die nach dem Wahlsieg von 1932 verfolgt wurde, kann als erste Komponente des Schwedischen Modells betrachtet werden. Diese neuen Auffassungen von politischer Intervention in wirtschaftliche Ereignisse waren wesentlich realistischer als die marxistische Sozialisierung und passten daher sehr gut in das neue sozialdemokratische Konzept einer Planwirtschaft.[21]

Ein weiteres wichtiges Merkmal des Schwedischen Modells, der großzügige schwedische Wohlfahrtsstaat, hatte ebenfalls seinen Ursprung im Volksheim-Programm. Der Gedanke des Volksheims diente als Anregung für den Aufbau eines Sozialsystems, das Armut und soziale Not beseitigen sollte. Der Sozialminister Gustav Möller wurde zum Hauptarchitekten des sozialdemokratischen Wohlfahrtsstaates. Es waren hauptsächlich seine Reformen, die Schweden schrittweise zu einem Wohlfahrtsstaat transformierten. Nach Gustav Möller sollte der Staat nicht nur Nachtwächterstaat, sondern auch Wohlfahrtsstaat sein, der

19 Esping-Andersen, The Making (wie Anm. 7), 44.

20 Magnusson, An Economic History (wie Anm. 17), 238; E. Lundberg, The Rise and Fall of the Swedish Model, in: Journal of Economic Literature1985, No. 23, 10-11.

21 P. M. Meyerson, Eurosclerosis. Stockholm 1985, 29; Lundberg, The Rise (wie Anm. 20), 10-11.

nicht nur die Verantwortung, sondern die Pflicht hat, das Wohl der Bürger in jeder Hinsicht zu garantieren.[22]

Das Reformprogramm, das Gustav Möller in den dreißiger Jahren initiierte, umfasste Arbeitslosenversicherung, Mutter-Kind-Heime, die Arbeitsvermittlung der Regierung, Wohnungsbau für Familien mit Kindern und eine Woche Jahresurlaub für alle. Diese Leistungen sollten gesetzlich verankert werden und allen zur Verfügung stehen. Die Wohlfahrtsprogramme basierten jedoch nicht allein auf Solidarität, sondern beinhalteten eine Verbindung von Gleichheit und wirtschaftlicher Effizienz. Das Prinzip von Universalrechten und Pauschalleistungen, das durch progressive Besteuerung finanziert wurde, sollte Gleichheit steigern, während die präventive Sozialpolitik, die Gunnar und Alva Myrdal unterstützten, die Effizienz fördern sollte.[23]

Im Gegensatz zu Möller plädierten die Myrdals für selektivere Lösungen, bei denen die Ärmsten bevorzugt würden. In ihren Arbeiten sprachen sie sich für eine durch Wissenschaftlichkeit, Ordnung und Planung gekennzeichnete, streng rationalistische Sozialpolitik aus. Myrdals präventive Sozialpolitik betonte die Bevorzugung vor Beschäftigung gegenüber direkter finanzieller Unterstützung. Als Hauptargument wurde angeführt, dass erstens „Arbeiter soziale Ressourcen, Gesundheit und Bildung benötigten, um effektiv als sozialistische Bürger mitzuwirken" und zweitens „die Sozialpolitik nicht nur emanzipatorisch ist, sondern auch eine Vorrausetzung für wirtschaftliche Effizienz."[24] Infolgedessen wurde die „produktivistische" Sozialpolitik zur Strategie der Sozialdemokratie, um Gleichheit und Effizienz miteinander zu kombinieren. Neu war außerdem, dass Frauen – nach Myrdals Publikation „The population crisis" von 1934 – in das neue Volksheim als vollwertige und produktive Mitglieder miteinbezogen wurden.[25]

Die frühe Phase des Schwedischen Modells kann weder als besonders universalistisch noch besonders gleichheitsfördernd bezeichnet werden.[26] Viele soziale Leistungen waren einkommensabhängig. Die Sozialleistungen waren bescheiden; der Wohlfahrtsstaat sollte nur eine Grundversorgung gewährleisten und unterstützte keine Arbeitsunlust. Trotz Mängeln in der ersten Phase hatte das Konzept des Volksheims gleichwohl eine verstärkte Solidarität zur Folge. Ferner verlieh es den Frauen einen gewissen Grad an wirtschaftlicher Unabhängigkeit und stärkte die Gleichberechtigung der Geschlechter. Wie später noch

---

22 Möller's speech, s. Esping-Andersen, The Making (wie Anm. 7), 45.

23 Magnusson, An Economic History (wie Anm. 17), 235; Esping-Andersen, The Making (wie Anm. 7), 35-66.

24 G. Esping-Andersen, The Three Worlds of Welfare Capitalism. Cambridge 1990, 12.

25 Magnusson, An Economic History (wie Anm. 17), 233; Esping-Andersen, The Making (wie Anm. 7), 35-66.

26 Esping-Andersen, The Making (wie Anm. 7), 47.

erläutert wird, garantierte diese Art Wohlfahrtsstaat einen gewissen Grad an Sicherheit, konnte aber vorerst kaum „Dekomodifizierung" anbieten. Darüber hinaus war der Wohlfahrtsstaat der 1930er und 40er Jahre noch zu bescheiden, um bei der schwedischen Mittelschicht Gefallen zu finden.[27]

Das Abkommen von Saltsjöbaden

Die 1920er und frühen 1930er Jahre waren geprägt von Arbeitskämpfen. Diese Konflikte brachten weder für Arbeitgeber noch für Arbeitnehmer positive Resultate, und für einen langen Zeitraum schien es keine Anzeichen für eine Versöhnung zu geben. Allmählich zeigten sich jedoch auf beiden Seiten Bemühungen, die Streitigkeiten zu schlichten. 1928 wurde eine Konferenz für den Arbeitsfrieden organisiert, um beide Arbeitsmarktparteien zusammenzubringen und eine Einigung zu erzielen, doch am Ende stand wieder nur Enttäuschung.[28]

Die Sozialdemokraten sahen den Arbeitsfrieden in den 30er Jahren als wichtige Ergänzung, um den Erfolg ihrer Krisenprogramme zu sichern, und befürchteten, dass ein Arbeitskampf ihrem politischen Rückhalt schaden könnte. Darum versuchte die Regierung, beide Seiten per Gesetz zu Gesprächen zu zwingen. Die SAF, die die Arbeitgeber repräsentierte, widersetzte sich einer solchen Lösung und entschied sich für eine andere Strategie. Sie vertrat die Auffassung, dass es besser sei, die Organisationen des Arbeitsmarktes bewahrten politische Neutralität und fungierten als Gegengewicht zu den politischen Parteien und dem Staat.[29]

Im Jahre 1936 traten die SAF und LO in Verhandlungen ein und beschlossen, eine von der Regierung unabhängige Einigung auszuhandeln. Das Ergebnis war ein zentrales Abkommen in Saltsjöbaden. Das Saltsjöbaden-Abkommen legte eine Tarifverhandlungs-Prozedur zur Konfliktlösung fest und machte es erheblich schwieriger, Streiks oder Aussperrungen zu beginnen. Die Bedeutung des Saltsjöbaden-Abkommens war jedoch noch wesentlich weitreichender. Es leitete eine lang anhaltende Konsensatmosphäre ein, die den Abschluss etlicher Vereinbarungen im Laufe der 40er Jahre auf den Weg brachte. Diese Verhandlungen schufen ein einzigartiges Klima der Kooperation, das fast vier Jahrzehnte andauerte und zur zentralen Voraussetzung für die schnelle wirtschaftliche und soziale Entwicklung der Nachkriegszeit und zu einem der Eckpfeiler des Schwedischen Modells wurde. Das Abkommen stellte nicht nur zwischen den Arbeitsmarktparteien ein Machtgleichgewicht her, sondern auch zwischen die-

---

27 Ebd.

28 Magnusson, An Economic History (wie Anm. 17), 234.

29 Magnusson, An Economic History (wie Anm. 17), 234; Korpi, The Working Class (wie Anm. 1), 86.

sen beiden Parteien und der Zentralregierung. Grundlage dieses Machtgleichgewichts war die Abmachung, dass die Regierung bei Arbeitsmarktangelegenheiten nicht intervenieren würde, sondern dass Probleme von den Arbeitgebern und Arbeitnehmern selbst geregelt werden. Die Regierung versprach, den Arbeitsmarkt nicht zu regulieren, sofern beide Seiten sich verantwortlich verhielten.[30]

Zu Beginn der erfolgreichen Zusammenarbeit war es unerlässlich, dass die Gewerkschaftsführer einsahen, dass – wenn sie im Kampf um höhere Löhne für die Arbeiter Erfolg haben wollten – die Firmeninhaber zunächst Gewinne erwirtschaften mussten und dies auch bedeutete, schmerzhafte, aber notwendige Maßnahmen zu ergreifen, um die Effizienz zu verbessern und die Rationalisierung zu fördern.[31] Eine derartige Einsicht war in der Gewerkschaftsbewegung nicht selbstverständlich und blieb problematisch bis zum Zweiten Weltkrieg.

Eine weitere wichtige Folge der zentralisierten Tarifverhandlungs-Prozedur zwischen den Gewerkschaften und den Arbeitgebern war die Tatsache, dass sie den Gewerkschaften größere Macht verlieh, und das nicht nur in Beziehung zu ihrer Gegenpartei, sondern auch über ihre eigenen Mitglieder.[32] Der Gewerkschaftsapparat wuchs stetig und benötigte weitere Fachleute. Dies hatte eine weitere Zentralisierung zur Folge und ermöglichte den nationalen Organisationen, sich auf Kosten der lokalen Organisationen auszudehnen. Das Gesamtresultat waren höchst zentralisierte Verhandlungen, die für alle Seiten von Vorteil waren, einschließlich der Regierung.[33]

Diese Entwicklungen trugen auch zur Schaffung eines der auffälligsten Merkmale der schwedischen Wirtschaft bei: dem Ausmaß der Gewerkschaftsbeteiligung an der makroökonomischen Entwicklung und Politikgestaltung. Sowohl die LO als auch die SAF entwickelten beträchtliche Kompetenz in der makroökonomischen Forschung. In der Konsequenz waren die makroökonomischen Analysen dieser beiden Organisationen so detailliert wie in kaum einem anderen Land.[34]

Die goldenen Jahre des Schwedischen Modells

In den ersten Absätzen wurden die drei wesentlichen Merkmale des Schwedischen Modells vorgestellt: die antizyklischen Vollbeschäftigungsprogramme der sozialdemokratischen Regierung, die Serie sozialer Reformen, die Schweden auf den Weg zu einem Wohlfahrtsstaat brachte, sowie das System zentralisierter

30 Magnusson, An Economic History (wie Anm. 17), 234.

31 Ebd.

32 Korpi, The Working Class (wie Anm. 1), 86.

33 Ebd. 87.

34 D. Robinson, Solidaristic Wage Policy. Paris 1974, 16.

Lohnverhandlungen, das seinen Ursprung im Abkommen zwischen LO und SAF in Saltsjöbaden hat.

Während der frühen Nachkriegszeit war der schwedische Arbeitsmarkt als stabil und harmonisch bekannt. Im Vergleich zu anderen westlichen Ländern waren Arbeitskämpfe relativ selten und nur wenige Arbeitstage gingen deswegen verloren. Ohne die kooperative Atmosphäre zwischen Gewerkschaften und Arbeitgebern hätte sich das Schwedische Modell kaum in dem Maße entwickelt, wie es während seiner goldenen Jahre in den 50ern und 60ern bekannt war.[35]

Ebenso wichtig für die Etablierung des Schwedischen Modells war die Geschlossenheit der starken Sozialdemokratischen Partei und der einflussreichen Gewerkschaftsorganisation. Diese beiden Gruppen teilten dieselben Hauptziele – Vollbeschäftigung und Gleichheit –, die im Nachkriegsprogramm der schwedischen Arbeiterbewegung (Arbetarrörelsens efterkrigsprogram) von 1945 formuliert waren. Diese Ziele wurden zur ideologischen Basis der schwedischen Arbeiterbewegung, repräsentiert von Sozialdemokratie und Gewerkschaften. Nachdem diese Ziele erst einmal gesteckt waren, war deren Durchführung laut Rudolf Meidner nur noch eine Frage von sozialem Ingenieurwesen.[36]

Wie bereits angedeutet wurde, musste die Regierung während der ersten Nachkriegsjahre ein Gleichgewicht zwischen hoher Beschäftigung und Preisstabilität finden. Sie benötigte die Unterstützung der Gewerkschaften, die im Hinblick auf die volkswirtschaftliche Leistung verantwortlich handeln sollten. Zugleich war die Regierung bereit, zumindest teilweise gemäß den Empfehlungen des Rehn-Meidner-Modells der Gewerkschaftsökonomen zu handeln.[37]

Es ist auch erwähnt worden, dass die Gewerkschaftsökonomen sich des potentiellen Konflikts zwischen Vollbeschäftigung und Preisstabilität völlig bewusst waren und seine Lösung als zentrale Aufgabe ihrer Arbeit betrachteten. Bereits kurz nach dem Krieg wurde klar, dass Vollbeschäftigung nur schwer mit Preisstabilität zu vereinen war. Das bedeutete, dass die Arbeitsmarktpolitik antiinflationäre Auswirkungen haben sollte.[38]

Das gemeinsame Interesse von Regierung und Gewerkschaften in Bezug auf Inflation wurde sehr wichtig für die politischen Programme der Nachkriegszeit. Ein solches gemeinsames Interesse bestand auch beim Engagement der Arbeiterbewegung für die Gleichheit. Die allgemeine Sozialpolitik der Regierung und die solidarische Lohnpolitik, ein Element des Rehn-Meidner-Modells, waren

35 Magnusson, An Economic History (wie Anm. 17), 234.

36 R. Meidner, The Swedish Model in an Era of Mass Unemployment, in: Economic and Industrial Democracy, 1997, No. 18, 89.

37 Ebd. 90.

38 L. Erixon, A Swedish Economic Policy - The Theory, Application and Validity of the Rehn-Meidner Model. Stockholm, 2000, 5; Meidner, The Swedish Model (wie Anm. 36), 90.

verschiedene Instrumente für denselben Zweck: die Schaffung einer egalitären Gesellschaft.[39]

Während das erste Ziel, Vollbeschäftigung, mit Inflation in deutlichem Konflikt stand, wurde beim zweiten Ziel, Gleichheit, kein Interessenkonflikt gesehen. Nach Rudolf Meidner gab es keinen klaren Beweis dafür, dass Gleichheit im Widerspruch zur Effizienz stand: „Es gibt keine Phillips-Kurve, die anzeigt, dass Gleichheit nur auf Kosten geringerer Effizienz erreicht werden kann."[40]

Meidner macht geltend, dass gewöhnlich nicht Gleichheit als Ziel kritisiert werde, sondern der Weg, der zur Erreichung dieses Ziels gewählt wird. Demnach bestehe die Aufgabe politischer Entscheidungsträger nur darin, diejenigen Methoden zu finden, die Gleichheit erzielten, ohne die Effizienz zu beeinträchtigen.[41]

Gleichheit wurde also nicht nur als kompatibel mit Effizienz gesehen, sondern auch als Vorbedingung für die Optimierung betrachtet. Eine gleichmäßigere Verteilung der Kaufkraft sollte Voraussetzung für die gesamtwirtschaftliche Leistung sein. Familienpolitik wurde als Investition in das Humankapital betrachtet. Die Gleichverteilung wirtschaftlicher Ressourcen wie Gesundheit oder Bildung sollte die Basis für eine optimale Arbeitsproduktivität bilden. Die solidarische Lohnpolitik und die aktiven Arbeitsmarktprogramme konnten die industrielle Modernisierung fördern. Einkommenssicherheit konnte dazu beitragen, den natürlichen Widerstand der Arbeiter gegenüber Rationalisierungsmaßnahmen zu überwinden. Präventive Sozialpolitik war eine Strategie, um die Verschwendung von Humankapital sowie wirtschaftliche Kosten zu verringern. Gemäß dem Nachkriegsprogramm von 1945 würden Investitionen in das Humankapital mindestens so profitabel sein wie konventionelle materielle Investitionen.[42]

Die folgende Graphik kann als Grundsatz der schwedischen Wirtschafts- und Sozialpolitik für fast drei Nachkriegsjahrzehnte betrachtet werden. Zugleich zeigt sie die Schlüsselelemente des Schwedischen Modells in vereinfachter Form. Anhand der Darstellung wird deutlich, dass keines der Ziele ohne koordinierte Anstrengungen beider Akteure erreicht werden kann. Das bedeutet, dass nicht nur die Regierung, sondern auch die Gewerkschaften durch eine koordinierte Lohnpolitik zu einer nicht-inflationären Vollbeschäftigungspolitik beitragen können. Auf die gleiche Weise ermöglichte die enge Kooperation zwischen den Gewerkschaften und der sozialdemokratischen Regierung, ein umfassendes allgemeines Sozialsystem zu schaffen, um Gleichheit zu fördern. Dieses System

---

39 I. Persson, Generating equality in the welfare state: the Swedish experience. Oslo 1990, 122.

40 Meidner, The Swedish Model (wie Anm. 36), 90.

41 Ebd.

42 Lundberg, The Rise (wie Anm. 20),14; Esping-Andersen, The Making (wie Anm. 7), 38.

beinhaltete den großen öffentlichen Sektor, der großzügige Ausgaben für Gesundheitsdienste, Kinderbetreuung, Altenpflege, Bildung, etc. tätigte. Obwohl Schweden die Verstaatlichung seiner Industrie vermied, so „sozialisierte" das Land doch diese Grundelemente der Konsumption und in diesem Bereich blieb die Rolle des Marktes marginal.[43]

Ziele	Vollbeschäftigung	Gleichheit
Restriktionen →	Preisstabilität	Effizienz/ Wirtschaftlichkeit
Akteure ↓		
Regierung Gewerkschaften	Allgemeine Wirtschaftspolitik Koordinierte Lohnpolitik	Allgemeine Sozialpolitik Solidarische Lohnpolitik

Graphik I: Das Schwedische Modell[44]

Der anfängliche Erfolg des Schwedischen Modells hing hauptsächlich davon ab, dass die überwiegende Mehrheit der schwedischen Bevölkerung mit den beiden Zielen des Modells konform ging. Ein weiterer Grund für den Erfolg war die Stimmigkeit der Ziele des Modells. Nach Rudolf Meidner war das Schwedische Modell ein Versuch, die verschiedenen Ziele kompatibel zu machen, anstatt eins dem anderen zu opfern.[45]

Die neue Strategie bedeutete auch die Aufhebung der traditionellen Trennung von Sozial- und Wirtschaftspolitik. Vollbeschäftigung blieb nicht länger nur eine Angelegenheit von Fiskal- oder Währungspolitik, sondern wurde in die Sozialpolitik integriert. Gleichzeitig wurden Ziele wie Einkommensangleichung zu einer Angelegenheit der Arbeitsmarktpolitik.[46]

43 Meidner, The Swedish Model (wie Anm. 36), 88.
44 Ebd. 89.
45 Ebd.
46 Esping-Andersen, The Making (wie Anm. 7), 52.

Tourismus als soziale Kategorie - Struktur und Hauptttendenzen des Tourismus in der Tschechoslowakei der Zwischenkriegszeit*

Der Tourismus in der Zwischenkriegszeit gehört nicht gerade zu den stark untersuchten Themen. Dies liegt auch daran, dass Aufenthalte von Ausländern nicht ausreichend erfasst sind, das Material torsohaft und sehr zersplittert ist. Der folgende Text stellt so einen Versuch einer Sonde dar, der den Einfluss der sozialen und wirtschaftlichen Veränderungen der Gesellschaft auf das Verhalten von Personen im Bereich des Tourismus untersuchen soll. Das Bestehen eines Sozialstaates schlägt sich sicherlich auch im Leben der Bürger, in ihren Ansprüchen und in der Art der Freizeitgestaltung nieder.

Die Entwicklung des Tourismus (reiner Tourismus und Kurbetrieb) in der Zwischenkriegszeit wurde von den sozialrechtlichen Veränderungen unterstützt, die in der Tschechoslowakei nach dem ersten Weltkrieg als 8-stündige Arbeitszeit und bezahlter Urlaub gipfelten, was einen größeren Raum für Freizeit mit sich brachte. Positiv wirkte so die Nutzung neuer Verkehrsmittel (Automobil, Flugzeug). Trotz allem musste der Tourismus auch mit einer ganzen Reihe von Schwierigkeiten fertig werden. Die Entwicklung wurde durch den neuen Verlauf der Grenzen in Mitteleuropa gebremst, ebenso durch den Mangel an Devisen und verschärften Passformalitäten. Das Reisen und der Tourismus als wichtiges Element der Freizeitaktivitäten haben hohen Aussagewert hinsichtlich des wirtschaftlichen und sozialen Zustands der Gesellschaft. Voraussetzung für den Anteil am Tourismus ist nicht nur ausreichend Freizeit, sondern auch das Vorhandensein freier Finanzmittel für diese Aktivitäten. Der Tourismus als Verbrauchszweig spiegelt somit sehr gut die wirtschaftlichen und sozialen Probleme wider, mit denen eine Gesellschaft zu kämpfen hat.

Im untersuchten Zeitraum wies der Tourismus bereits all seine grundlegenden Formen auf. Am meisten angesehen und vonseiten des Staates auch unterstützt war der aktive (ankommende) Tourismus. Die Bedeutung des einheimischen Tourismus wurde in einem größeren Maße erst mit der großen Wirtschaftskrise der 30er Jahre und durch die Suche nach einer Möglichkeit, wie man wirtschaftlich rückständigen Regionen helfen könnte, entdeckt. Der passive (ausgehende) Tourismus unterlag regulativen Eingriffen und Beschränkungen. Diese sollten zur Begrenzung der Reisen ins Ausland und zu Deviseneinsparungen führen. Doch auch diese Maßnahmen konnten das Wachstum des ausgehenden Tourismus der Tschechoslowaken ins Ausland nicht aufhalten. Der ausge-

* Der Beitrag entstand im Rahmen der Umsetzung des Postdoc-Fördermittelprojekts der Fördermittelagentur der Tschechischen Republik Nr. 409/07/P463.

hende Tourismus war natürlich auch zeitlich und wirtschaftlich aufwändiger. Er bietet in diesem Sinne eine interessante Sichtweise auf die Erhöhung des Lebensstandards der Tschechoslowaken in der Zwischenkriegszeit.

Freizeitfonds

Eine notwendige Voraussetzung für die Möglichkeit, am Tourismus teilzuhaben, ist das Vorhandensein eines Freizeitfonds, das heißt von Zeit, deren Gestaltung voll vom Willen des Einzelnen abhängt. Der Umfang dieses Freizeitfonds beeinflusst die Frequenz und die Länge der Reisen. Eine der ersten sozialen Maßnahmen der Tschechoslowakischen Republik war die Annahme des Gesetzes zur achtstündigen Arbeitszeit Nr. 91/1918 Gesetzblatt (nachfolgend nur GBl.). Neben der Verkürzung des Arbeitstages verlängerte das Gesetz die Sonntagsruhe auf 32 Stunden.[1] Dadurch schuf fas Gesetz das sog. Wochenende, das zeitabhängig den Samstagnachmittag, den Sonntag und eventuell auch den Montagvormittag einschloss. Das Wochenende konnte so zu Ausflügen in die Umgebung der Städte genutzt werden. Mit der Entwicklung der Verkehrsmöglichkeiten erhöhte sich auch der Aktionsradius dieser Ausflüge. Die Tschechoslowakischen Staatsbahnen boten auch Fahrpreisvergünstigungen am Wochenende an. Neue Möglichkeiten brachte auch der sich entwickelnde Automobilverkehr. Man konnte Ausflüge an Orte unternehmen, die nicht mit öffentlichen Verkehrsmitteln erreichbar waren, aber auch an solche in größerer Entfernung.

Der klassische Erholungsurlaub wurde zuerst, wenn man von der Armee absieht, in den Reihen des bürokratischen Apparates durchgesetzt. Beamte erhielten Urlaub in Abhängigkeit von der geleisteten Arbeit und ihrer Position. Nur zur Illustration: am Ende der österreichisch-ungarischen Monarchie betrug der Urlaub für Beamte in der 11. Rangklasse 14 Tage, in Klasse 10 und 9 drei Wochen, in Klasse 8 und 7 vier Wochen und in Klasse sechs und höhe fünf Wochen pro Kalenderjahr.[2] Nach längeren Debatten überwog bereits am Ende des 19. Jahrhunderts die Ansicht, ein Erholungsurlaub sei für alle arbeitenden Menschen allgemein von Vorteil, sei es physisch oder psychisch. Damit der Urlaub seinen Regenerationszweck erfüllen konnte, musste im Laufe des Urlaubs der eigene Lebensstil verändert werden. Als geeignet wurden Ausflüge in die Natur, der Besuch von Sehenswürdigkeiten usw. angeführt. In der cisleithanischen Gesellschaft setzte sich der Erholungsurlaub als Institut von oben nach unten durch.

1 Ottův slovník naučný nové doby [Ottos Populärwissenschaftliches Wörterbuch der Neuzeit], Bd. 8. Praha 1997, 1386.

2 Stenoprotokol z 336 schůze Poslanecké sněmovny Národního shromáždění [Stenografisches Protokoll aus 336 Sitzung des Abgeordnetenhauses der Nationalversammlung], [online] [zit. 26. 02. 2008]. Zur Verfügung unter: http://www.psp.cz/eknih/1920ns/ps/stenprot/336schuz.

Gesetzlich erhielten zuerst die Angestellten im höheren Dienst Urlaub (im Grunde Personen, die nicht körperlich arbeiteten), und zwar per Gesetz Nr. 20/1910 Reichsgesetz über Geschäftshelfer. Urlaub wurde in Abhängigkeit von der Zeit der Beschäftigung im Umfang von zehn Tagen bis zu drei Wochen zugestanden. Der Personenkreis, der Anspruch auf Urlaub hatte, vergrößerte sich erst nach der Entstehung der Tschechoslowakei. Im Jahre 1921 wurde der bezahlte Urlaub auch auf die Bergleute ausgedehnt. Im Unterschied zu den Nachbarstaaten (Österreich 1919, Polen 1922) gelang es in den ersten Nachkriegsjahren nicht, Urlaub für alle Arbeitnehmer flächendeckend durchzusetzen. Der Vorschlag auf Einführung eines allgemeinen, bezahlten Urlaubs gelangte erst im Jahre 1925 auf die Tagesordnung der Nationalversammlung. Das Gesetz Nr. 67/1925 GBl., mit dem der bezahlte Urlaub für Arbeitnehmer eingeführt wurde, garantierte allen Arbeitnehmern einen Anspruch auf bezahlten Urlaub nach einer zwölfmonatigen Wartefrist im Umfang von 6 bis 8 Tagen im Jahr in Abhängigkeit von den geleisteten Arbeitsjahren. Das Gesetz bezog sich nicht auf Landwirtschafts- und Saisonarbeiter.[3] Der Umfang des Urlaubs stellte einen Kompromiss zwischen den Arbeitgeber- und Arbeitnehmerkreisen dar und war niedriger, als wenn es gelungen wäre, den Urlaub in den Revolutionsjahren nach dem ersten Weltkrieg zu verankern.

Die Möglichkeit, den Urlaub auch wirklich auszuschöpfen, war vor allem in Industriebetrieben nicht sonderlich hoch. Nach §12 sollte der Urlaub von Mai bis September ermöglicht werden. Den Urlaubsantritt bestimmte der Arbeitgeber, nach Abstimmung mit Arbeitnehmervertretern zum Umfang wurden auch eventuelle Feiertage eingerechnet. Dieser Zustand verschlechterte sich allgemein im Laufe der Wirtschaftskrise noch mehr.

Der Urlaub von Staatsbeamten wurde Mitte des 20. Jahrhunderts durch das Gehaltsgesetz Nr. 103/1926 GBl. neu geregelt. Die Staatsbeamten hatten einen garantierten bezahlten Urlaub aufgrund ihrer Einordnung in die Gehaltstabelle im Umfang von 2 bis 6 Wochen pro Jahr. Es galt der Grundsatz, je höher ein Staatsbeamter gestellt war, desto mehr Urlaub hatte er.[4] Einen relativ deutlichen Urlaubsumfang bot das Gesetz Nr. 154/1934 GBl., das heißt das Gesetz über private Arbeitnehmer, vom 11. Juli. Das Gesetz ersetzte die oben genannte Vorschrift über Geschäftshelfer aus dem Jahre 1910. Das Gesetz verlängerte den bezahlten Urlaub auf bis zu vier Wochen. Die Länge des Urlaubsanspruchs hing wiederum von der geleisteten Arbeitszeit ab. Das angeführte Gesetz betraf je-

3 Gesetz Nr. 67, in: Sbírka zákonů a nařízení Československé republiky 1925 [Sammlung von Gesetzen und Anordnungen der Tschechoslowakei 1925]. Praha 1925; Ottův slovník naučný nové doby [Ottos Populärwissenschaftliches Wörterbuch der Neuzeit], Bd. 3. Praha 2000, 234.

4 Gesetz Nr. 103, in: Sbírka zákonů a nařízení Československé republiky 1926 [Sammlung von Gesetzen und Anordnungen der Tschechoslowakei 1926]. Praha 1926.

doch in den meisten Fällen höhere Arbeitnehmer in Privatdiensten. Die Wartedauer betrug sechs Monate nach Antritt des Arbeitsverhältnisses.[5]

Die Existenz eines bezahlten Urlaubs an sich bedeutete noch nicht einen Ausschwung des Tourismus. Dies gilt vor allem bei Arbeiterberufen, wo die Inanspruchnahme von Urlaub in Verbindung mit Tourismus eher die Ausnahme war.[6] Für diese soziale Gruppe bestand so im Grunde die einzige Möglichkeit im Wandern oder im tschechoslowakischen Spezifikum des Trampings. Diejenigen, die am Tourismus teilhatten, rekrutierten sich im untersuchten Zeitraum aus den mittleren gesellschaftlichen Schichten, ihre Anzahl und ihre Bedeutung in der Zwischenkriegszeit wuchsen ständig. Die mittleren Schichten waren von der Ausweitung des Urlaubsfonds am meisten betroffen. In Verbindung mit den wachsenden ökonomischen Möglichkeiten und einem sich erhöhenden Freizeitfonds wurden günstige Bedingungen nicht nur für den ankommenden, sondern auch für den ausgehenden Tourismus geschaffen.

Ausgehender Tourismus

Die genaue statistische Erfassung des ausgehenden Tourismus stellt eine fast unerfüllbare Aufgabe dar. Die zur Verfügung stehenden statistischen Angaben bieten nur einige Informationen, die zur Verarbeitung notwendig sind. Eine detaillierte Übersicht steht nur für die dem Verlassen der Republik dienenden Grenzübergänge zur Verfügung. Die am meisten frequentierten Grenzen waren die tschechoslowakisch-deutsche und die tschechoslowakisch-österreichische. Beim damaligen Aussehen der Landkarte Mitteleuropas ist nur schwer zu beurteilen, wohin die Menschen reisten. Allerdings ist festzustellen, dass die meisten tschechoslowakischen Touristen durch Europa reisten. Überwiegend führten die Reisen in den Westen. In den Sommermonaten steigt der Anteil der Reisenden in den warmen Süden. In östliche Richtung begab sich nur ein Bruchteil der Reisenden (doch sicher werden die Besucherzahlen für die UdSSR überraschen, z. B. reisten 1924 nach Angaben des sowjetischen Konsulats 1 013 Personen in dieses Land).

Zur Ausreise aus der Tschechoslowakei war im Grunde ein Reisepass notwendig, bis zur zweiten Hälfte der 20er Jahre normalerweise auch ein Visum für den zu besuchenden Staat. Vorher musste man sich genügend Valuta für den

---

5 Stenoprotokol z 342 schůze Poslanecké sněmovny Národního shromáždění [Stenografisches Protokoll aus 336 Sitzung des Abgeordnetenhauses der Nationalversammlung], [online] [zit. 26. 02. 2008]. Zur Verfügung unter: http//www.psp.cz/eknih/1929ns/ps/stenprot/342schuz/s342001.htm.

6 Man könnte jedoch auch einige Beispiele anführen, die belegen, dass auch Arbeiter am Tourismus teilhatten. Siehe z. B. die mehrtägigen organisierten Reisen des Verbandes der Arbeitertouristen in die Slowakei und die Karpatenukraine.

Auslandsaufenthalt besorgen. Ausländische Valuta konnte man sich entweder in der Tschechoslowakei oder direkt in dem zu besuchenden Land besorgen. In diesem Falle war es sehr angebracht, die Kurse der einzelnen Währungen zu verfolgen. Allgemein akzeptierte Währungen, die eine Garantie darstellten, waren das britische Pfund und der französische Franc. Reisen konnte man auch mit der tschechoslowakischen Krone. In der Zwischenkriegszeit gehörte sie zu den stabilen europäischen Währungen. In Wechselstuben wurde sie auch in außereuropäischen Ländern akzeptiert. Kronen konnte man z. B. in Bombay oder Bagdad tauschen, doch der Wechselkurs war ungünstig.[7]

Die erfolgreiche Konsolidierung der tschechoslowakischen Krone am Beginn der 20er Jahre schuf günstige Bedingungen für den ausgehenden Tourismus. Schwache Währungen in den umliegenden Staaten verbilligten den Aufenthalt. Die Krone wurde zu einer wertvollen Valutawährung, die im Ausland mit unverhohlener Freude angenommen wurde, und zwar nicht nur in den Wechselstuben, sondern auch in normalen Geschäften. Die Krone brachte dem Reisenden die Gunst des polnischen Hoteliers, des österreichischen Zugbegleiters und auch die Sympathie des ungarischen Zöllners ein.[8] Ohne Genehmigung durfte man aus der Tschechoslowakei 3 000 Kč pro Reisepass (waren im Reisepass die Ehefrau oder die Kinder eingetragen, erhöhte sich diese Grenze auf 6 000 Kč) oder die entsprechende Summe in Fremdwährung ausführen.

Eine wichtige Kennziffer der Frequenz des zwischenstaatlichen Verkehrs sind die torsohaften Angaben über die Anzahl der erteilten Visa. Diese Angaben beziehen sich auf die 20er Jahre, als für die meisten Staaten die Visumspflicht galt. Aus der Sicht der Ausreise tschechoslowakischer Bürger wurden im Jahr 1926 42 414 Einreise- und Durchreisevisa nach Deutschland erteilt, im Jahre 1927 dann bereits 50 326 Visa. Die erste Stelle nach der Anzahl der erteilten Visa nahm Österreich ein (87 414 im Jahre 1927), gefolgt von Ungarn (52 960 im Jahre 1927).[9]

Die Entwicklung des passiven Tourismus in der zweiten Hälfte der 20er und der ersten Hälfte der 30er Jahre ist der nachfolgenden Tabelle zu entnehmen. Es handelt sich um Ausreisen, bei denen Ziel und Zweck der Reise nicht spezifiziert sind. Die sinkende Anzahl der Ausreisen kopiert den schleichenden Beginn der Wirtschaftskrise und ist bis zum Jahre 1932 deutlich zu spüren.

---

7 E. Synek, Svět jaký je [Die Welt wie sie ist]. Praha 1938, 452.

8 E. Miller, Z výletu do Polska [Von einem Ausflug nach Polen], in: Hoteliér [Hotelier] 1, 1922-1923, H. 10, 6f.

9 P. Smutný, Platební bilance [Zahlungsbilanz], in: Československý statistický věstník [Tschechoslowakisches Statistisches Blatt] 9, 1928, H. 7-8, 424.

Jahr	1925	1926	1927	1928	1929	1930	1931	1932	1933
Anzahl der Personen (Tausende)	-----	410	320	350	360	350	400	250	100
Ausgaben insgesamt (Mio. Kč)	850	800	640	700	710	700	760	420	167
Durchschnittliche Ausgaben pro Person in Kč	---	1 951	2 000	2 000	1 972	2 000	1 900	1 680	1 670

Graphik I: Statistik des ausgehenden Tourismus in den Jahren 1925 – 1933[10]

Mitte der ersten Hälfte der 30er Jahre führte die Tschechoslowakei im Zusammenhang mit der Wirtschaftskrise ähnlich wie eine Reihe weiterer Staaten für die Zuteilung von Valuta verschärfte Limits ein. Bereits im Jahre 1931 wurde die Ausfuhr von tschechoslowakischem Bargeld verboten. Der Beginn des Jahres 1932 brachte zwar eine leichte Aufweichung dieses Verbotes, wonach maximal 1 000 Kč pro Person in tschechoslowakischen Zahlungsmitteln ausgeführt werden durften, doch ab dem 30. April 1932 kam es zu einer deutlichen Minderung des Freibetrages auf 1 000 Kč pro Person und Monat.[11] In konkreten Fällen konnte die Ausfuhr mit Zustimmung der Tschechoslowakischen Nationalbank erweitert werden. Die Erhöhung wurde auch im Verkehr mit einigen Staaten vertraglich geregelt. Das Verbot ließ sich jedoch recht gut umgehen, denn der Freibetrag konnte auch jeden Monat ins Ausland geschickt werden. Auch die zweite Hälfte der 30er Jahre brachte keine Devisenöffnung. Von dem Freibetrag in Höhe von 1.000 Kč konnte man nur 300-500 Kč in bar ausführen[12], in Abhängigkeit vom besuchten Land. Der Rest musste in Schecks, Reisegutscheinen und ähnlich ausgeführt werden.[13] Zu einem völligen Verbot der Ausfuhr tschechoslowakischer Zahlungsmittel kam es erst recht spät und mit Wirk-

10 Národní archiv Praha [Nationalarchiv Prag] (nachfolgend nur NA), fond Předsednictvo ministerské rady [Fonds des Präsidiums des Ministerrates] Karton 3580, Signatur 841/16, Zpráva Ministerstva průmyslu, obchodu a živností [Bericht des Ministeriums für Industrie, Handel und Gewerbe].

11 Vgl. Verlautbarung Nr. 451/1931 GBl, in: Sbírka zákonů a nařízení Československé republiky 1931 [Sammlung von Gesetzen und Anordnungen der Tschechoslowakei 1931]. Praha 1931; Nr. 41/1932 GBl, in: Sbírka zákonů a nařízení Československé republiky 1932 [Sammlung von Gesetzen und Anordnungen der Tschechoslowakei 1932]. Praha 1932; Nr. 57/1932 GBl, in: ebd.

12 Diese Summe konnte nur in Münzen oder in kleinen Geldscheinen bis 20 Kč ausgeführt werden. Kleingeld wurde im Ausland nur zu einem sehr ungünstigen Kurs getauscht.

13 Hospodářský rok 1937 v Československé republice [Das Wirtschaftsjahr 1937 in der Tschechoslowakischen Republik]. Praha, 71.

samkeit ab dem 30. November 1936 bezog sich auch auf Banknoten, kleine Geldscheine und Münzen.[14]

Die Devisenmöglichkeiten der tschechoslowakischen Touristen waren im Vergleich mit den umliegenden Staaten sehr gut. Die Krone war stark und immer noch gefragt, und es gab auch nur sehr wenige administrative Reisebeschränkungen. Im Vergleich mit dem ankommenden Tourismus war der Rückgang des ausgehenden Tourismus weniger stark, und an einigen ausländischen Ausflugszielen erhöhte sich die Anzahl der tschechoslowakischen Touristen eher, und die Tschechoslowaken belegten in den Statistiken über Besucherzahlen vordere Plätze.

Zur Illustration kann die Adriaküste Jugoslawiens dienen. Das jugoslawische Meer lockte am meisten und ihre Rolle spielten hier auch politische und sprachliche Bindungen. Die Attraktivität der Adria für die tschechoslowakischen Touristen war hoch, auch zur Zeit der Wirtschaftskrise. In der Besucheranzahl hielten diese sich stets auf Rang zwei, und im Jahre 1933 kamen sie sogar auf den ersten Rang.[15] Im folgenden Jahr wurden sie zwar wieder von den Gästen aus Österreich überholt, doch bei den Übernachtungen hielten sie immer noch den ersten Platz. Unten stehende Tabelle vermittelt eine Übersicht über die Anzahl der tschechoslowakischen Touristen an der Adria in der ersten Hälfte der 30er Jahre. Der Anstieg in den Jahren 1933 – 1934 ist sehr stark. Neben Jugoslawien war auch Italien ein sehr beliebtes Sommerreiseziel. Das Land versuchte, mit einer ganzen Reihe von Erleichterungen Touristen anzulocken.

Auch bei der Zuteilung „freier" Valuta musste man das zu besuchende Land anführen. Die Banken sollten in diesem Zusammenhang darauf achten, dass beim Besuch eines Landes, mit dem ein Clearing-Abkommen bestand[16], keine wertvollen westlichen Währungen ausgeführt wurden.

Der monatliche Durchschnitt tschechoslowakischer Staatsangehöriger, die im Jahre 1934 die tschechoslowakische Grenze überschritten, betrug bei der Ausreise aus der Republik 90 187 Personen und bei der Einreise in die Republik 88 713 Personen. Zwei Jahre später erhöhte sich dieser Durchschnitt bei den tschechoslowakischen Bürgern bei der Ausreise auf 128 679 Personen und bei

14 NA, fond Ministerstvo průmyslu, obchodu a živností [Fonds des Ministeriums für Industrie, Handel und Gewerbe] (nachfolgend nur MPOŽ), Karton 2709, Spis č. j. [Akte Nr.] (nachfolgend nur AN) 28486/36.

15 Im Jahre 1933 stellten die Tschechoslowaken 30 % aller Touristen in Jugoslawien und erreichten einen Anteil von 35 % an der Anzahl der Übernachtungen.

16 Zum Clearing-Ausland (dem gebundenen Ausland) gehörten folgende Staaten: Österreich, Deutschland, Italien, Jugoslawien, Ungarn, Rumänien, Bulgarien, Griechenland und die Türkei.

der Einreise auf 118 371 Personen.[17] Mitte der 30-er Jahre nutzten die tschechoslowakischen Staatsangehörigen bei der Ausreise zumeist das Automobil (622 595), an zweiter Stelle folgt mit knappem Abstand die Eisenbahn (612 101), auf den weiteren Rängen folgen mit niedrigen Zahlen der Schiffs- (18 063) und der Flugverkehr (2 743).

Einen neuen Anstoß zur Erfassung des ausgehenden Tourismus brachte die Maßnahme der Tschechoslowakischen Nationalbank Nr. 97/1937 GBl., nach der alle ins Ausland reisenden Personen nach dem 15. Juni 1937 den Zollbeamten eine gesonderte Erklärung abgeben mussten. Die Erklärung musste neben den gewöhnlichen Angaben zum Passinhaber (Name, Beschäftigung, Wohnort) auch das Ziel der geplanten Reise, die Dauer des Aufenthaltes und die auszuführenden Mittel enthalten. Von dieser Erfassung geht die Studie von Pavel Smutný aus[18], der die Daten für den Zeitraum 15. Juni bis 31. Oktober 1937 verarbeitet. In diesem Zeitraum reisten insgesamt 308 000 Personen für mehr als einen Tag ins Ausland. Die meisten reisten im Juli aus (111 000) und die wenigsten (38 000) im Oktober. Von der Gesamtanzahl reisten fast 37 % nach Deutschland, 32% nach Österreich, 11,5 % nach Ungarn, 7 % nach Italien, 6 % nach Jugoslawien, fast 6 % nach Frankreich, über 3 % nach Rumänien, mehr als 2 % nach Polen und in die Schweiz. In andere Staaten reiste weniger als ein Prozent. In mehrere Länder reisten um die 9 % der Touristen. Der Besuch der einzelnen Länder wurde von der Jahreszeit und dem Reisezweck beeinflusst. In den Sommermonaten reisten die Touristen nach Jugoslawien, Italien, Frankreich, Österreich und Rumänien. Das Hauptziel dieser Reisen bestand in touristischen Aufenthalten oder diente Kurzwecken. Im November reisten mehrere Personen nach Deutschland, Ungarn, Polen und Großbritannien. Dies hing damit zusammen, dass es sich hierbei mehr um Geschäftsreisen handelte.[19]

Im angeführten Zeitraum wurden auf der Basis von Devisengenehmigungen 203 000 000 Kč ausgegeben, im Juli waren es 87 000 000 Kč und im Oktober lediglich 18 000 000 Kč. Davon wurden in tschechoslowakischen Kronen etwa 9%, in österreichischen Schilling 27 %, in Reichsmark 15 %, in italienischen Lira 17 %, in jugoslawischen Dinar 9 %, in französischen Franc 7 %, in ungarischen Pengö 6 %, in Schweizer Franken 3 %, in britischen Pfund 2 %, in rumänischen Lei und in amerikanischen Dollar jeweils 1 % ausgegeben. Die meisten Mittel verbrauchten Reisende in Deutschland (mehr als 2/5). In Italien, Jugosla-

17 Statistická ročenka Republiky československé [Statistisches Jahrbuch der Tschechoslowakischen Republik] 1937. Praha 1938, 37; Statistická ročenka Republiky československé [Statistisches Jahrbuch der Tschechoslowakischen Republik] 1938. Praha 1939, 36.

18 P. Smutný, Kam se od nás cestuje a kolik se kde utratí [Wohin man von uns aus reist und wie viel und wo man Geld ausgibt], in: Statistický obzor [Statistische Rundschau], 1938, H. 19, 567-570.

19 Ebd.

wien und Frankreich war es mehr als ein Drittel. Von besuchten Land und dem Reisezweck hing auch der durchschnittliche Verbrauch ab (bei einer Reise in die Vereinigten Staaten führte eine Person umgerechnet 10 600 Kč aus, bei einer Reise nach Deutschland entfielen auf eine Person 300 Kč). Ein niedrigerer Verbrauch bestand in den Sommermonaten bei touristischen Aufenthalten als bei den Dienstreisen im Herbst.[20]

Im Jahre 1937 verbrachten tschechoslowakische Bürger auf Auslandsreisen ca. 3,1 Millionen Nächte. Davon entfielen etwa 2,1 Millionen auf touristische und etwa 1 Million auf dienstliche Aufenthalte. Gegenüber dem Jahre 1936 kam es so zu einem Rückgang um 200 000 Nächte, was durch eine sparsamere Politik bei der Devisenzuteilung bedingt war.[21]

Aufmerksamkeit musste auch den Dingen gewidmet werden, die der Tourist mit sich nahm. Ein mitgebrachter Fotoapparat sollte einem Grenzbeamten gemeldet werden. Bei einer Flugreise musste der Tourist den Fotoapparat im Gepäck haben, denn das Fotografieren in der Luft war streng verboten. Ebenso bestand ein Fotografierverbot bezüglich strategischer Objekte. Im Falle der Einfuhr eines Radios war es günstiger, sich über die Handhabung zu informieren (in Frankreich z. B. war die Einfuhr verboten).[22]

Einheimischer Tourismus

Eine statistische Erfassung des einheimischen Tourismus genauso wie einer Lokalisierung ist sicherlich ein noch schwierigeres Problem als im Falle der Auslandsreisen. In den Tourismus zumindest in dieser Form brachten sich immer breitere soziale Gruppen ein. Die statistische Erfassung in der nachfolgenden Tabelle geht von durch Unterkünfte zur Verfügung gestellten Angaben aus. Der Rückgang der Ausreisen in der ersten Hälfte der 30er Jahre, der durch die tiefe Wirtschaftskrise und den sozialen Verfall verursacht wurde, wurde durch einen erhöhten Anteil am einheimischen Tourismus kompensiert, der trotz geringer Schwankungen bis zum Jahre 1937 ständig stieg, und zwar bis auf einen Rekordwert von 3,75 Millionen Personen. Das Jahr 1938 steht jedoch im Zusammenhang mit der politischen Situation im Zeichen eines starken Rückgangs sowohl des ausländischen als auch des einheimischen Tourismus'.[23] Die durch-

20 Ebd.

22 J. Kose, Hospodářský význam cestovního ruchu [Die wirtschaftliche Bedeutung des Tourismus], in: Sbírka přednášek České národohospodářské společnosti [Sammlung von Vorträgen der Tschechischen volkswirtschaftlichen Gesellschaft], Periode 1940-1941, H. 9, 22.

22 Anweisungen zum Führen von Kraftfahrzeugen im Ausland. Ohne bibliographische Angaben, 10.

23 Kose, Hospodářský význam (wie Anm. 22), 20.

schnittlichen Angaben eines jeden Teilnehmers am einheimischen Tourismus bewegten sich jährlich um die 400 Kč. Die wirtschaftliche Bedeutung des einheimischen Tourismus erreichte so eine Milliarde Kronen. Allerdings ist zu erwähnen, dass sich mehr als 80 % Einwohner der böhmischen Länder am Tourismus beteiligten.

Jahr	Teilnehmer am Tourismus	Anzahl der Nächte
1925	1 547 692	Nicht festzustellen
1926	1 889 364	
1927	1 998 775	
1928	2 366 060	
1929	2 136 002	
1930	2 445 509	
1931	2 344 940	
1932	2 933 680	13 620 922
1933	2 801 805	13 214 104
1934	2 857 606	14 395 295
1935	3 164 310	15 534 837
1936	3 207 816	16 850 904
1937	3 745 107	20 055 461
1938	2 493 220	13 247 858

Graphik II: Einheimischer Tourismus in der Tschechoslowakei in den Jahren 1925 – 1938[24]

Erhöhte Aufmerksamkeit wurde dem einheimischen Tourismus erst ab dem Beginn der 30er Jahre des 20. Jahrhunderts im Zusammenhang mit der Wirtschaftskrise gewidmet. Kennenzulernen, wie schön die Tschechoslowakei ist, sollte ein gewisses Gegengewicht zum ausgehenden Tourismus bilden. Im Jahre 1932 richteten sich die offiziellen Anstrengen darauf, Besucher aus den böhmischen Ländern in die Slowakei und die Karpatenukraine zu bekommen. Propagiert wurde die Losung: „Fahren Sie nicht ins Ausland. Lernen Sie ihre Heimat kennen." Die Aktion hatte wirklich Erfolg, die Anzahl der Besucher aus den böhmischen Ländern in diesen Gebieten wuchs tatsächlich merklich. Reisen in

24 B. V. Černý, Základy poznání cestovního ruchu [Grundlagen zum Studium des Tourismus]. Praha 1945, 101.

die Slowakei unternahmen auch bekannte Persönlichkeiten, die diese dadurch eigentlich auch propagierten. Doch es zeigte sich das absolut unzureichende Dienstleistungsangebot in vollem Licht, was ein großes Hindernis bei der Entwicklung des Tourismus im östlichen Teil der Republik darstellte.[25] Neben der Slowakei, die im Bereich der Entwicklung des Tourismus viel unternahm, und der Karpatenukraine wollten auch weitere Regionen vom einheimischen Tourismus profitieren. Dieses Bemühen wird vor allem in Südböhmen deutlich. Auf die Propagierung des Tourismus in dieser Region orientierte sich das Südböhmische Volkswirtschaftskollegium.

Nährboden für eine Beteiligung am einheimischen Tourismus bildeten die verschiedensten nationalen Manifestationen wie z. B. die Feier zum zehnten Jahrestag der Republik im Jahre 1928, an die sich im darauf folgenden Jahr die großen Feierlichkeiten zum Millennium des Heiligen Wenzel anschlossen. Ein deutlicher Impuls für den einheimischen Tourismus wurden die Sokol- und die Orel-Treffen, genauso wie die Treffen der Agrarjugend, oft in Verbindung mit Trachtenfestivals. Attraktiv waren auch Folkloreveranstaltungen.

Auch im einheimischen Tourismus spielten Kuraufenthalte eine wichtige Rolle. Das Interesse richtete sich jedoch nicht nur auf das westböhmische Bäderdreieck, sondern eher auf Städte im Inneren des Landes. So überwog die tschechische Klientel im mährischen Luhačovice oder in Poděbrady an der Elbe. Gerade Poděbrady erlebte seinen Aufschwung als Kurbad in der Zwischenkriegszeit. Am Beginn der 20er Jahre bewegten sich die jährlichen Besucherzahlen in Hunderten, zehn Jahre später waren es schon in Größenordnung von Tausenden von Gästen. Beliebt waren auch die slowakischen Kurbäder.

---

25 NA, MPOŽ, Karton 2653, AN 85608/32.

Zur Entstehung der zentral geleiteten Wirtschaft und der sozialen Frage in der UdSSR

In diesem Kapitel werden Grundentwicklungsprobleme der sowjetischen Wirtschaft von der Oktoberrevolution bis zum Anfang der dreißiger Jahre zusammengefasst unter Konzentration auf die Sozialproblematik, die Ära des Kriegskommunismus, Neue ökonomische Politik, Umschwung zur Schwerindustrie, Kollektivierung und Hungersnot als deren Folge und Ergebnisse der kommunistischen Wirtschaft in der Stalin-Ära.

I. Die Ära des Kriegskommunismus

Die von Wladimir Iljitsch Lenin angeführten Bolschewiki kamen durch einen Staatsputsch an die Macht, während des Bürgerkriegs[1] ergriffen sie außerordentliche Maßnahmen und erklärten den sog. Kriegskommunismus[2], der in erster Linie die Versorgung der Zivilbevölkerung und der Roten Armee sichern sollte.[3] Er bedeutete eine vollständige Verstaatlichung der Industrie, ein Verbot des Privathandels, sowie die Zentralisierung der Staatsmacht, die zentrale Leitung der Wirtschaft und die Einführung der allgemeinen Arbeitspflicht.[4] Es wurde eine Bodenreform durchgeführt, bei der der Grundbesitz des Adels, der Kirche und des Zaren verstaatlicht und unter den Bauern verteilt wurde, so dass die Groß-

---

1 R. G. Suny (Ed.), The Cambridge History of Russia, Vol. 3: The Twentieth century. Cambridge 2006, 140-167; G. von Rauch, Geschichte des bolschewistischen Russland. Frankfurt am Main/Hamburg 1963, 87-130. Zur Entwicklung der Einwohnerzahlen und Anzahl menschlicher Opfer vgl. M. Matthews, Class and society in Soviet Russia. London 1972, 3-16.

2 R. Lorenz, Sozialgeschichte der Sowjetunion I, 1917-1945. Frankfurt am Main 1981, 94-120; N. Jasny, Soviet economists of the twenties. Names to be remembered. Cambridge 1972, 9-15; E. Zaleski, Planning for economic growth in the Soviet Union, 1918-1932. Chapel Hill 1971, 16-20; F. Haffner, Systemkonträre Beziehungen in der sowjetischen Planwirtschaft. Ein Beitrag zur Theorie der mixed ekonomy. Berlin 1978, 68-72; D. Behruzi, Die Sowjetunion 1917-1924. Revolution - Arbeiterdemokratie - Bürokratisierung. Köln 2001, 101-106.

3 Zu Sozialfragen bei Entstehung der Roten Armee vgl. R. R. Reese, Red commanders. A Social History of the Soviet Army Officer Corps, 1918–1991. Lawrence/Kansas 2005, 12-48.

4 J. G. Gimpelson, Sovetskij rabočij klass 1918-1920 gg. Socialno-političeskije izmenenija. Moskva 1974, 128-149.

produktion verschwand.[5] Der deutsche Historiker Daniel Behruzi kommentierte dies: „Auch wenn die Bolschewiki sich durch die Agrarreform erst einmal die Unterstützung der Bauernmassen sicherten, was in den Bürgerkriegsjahren von entscheidender Bedeutung für den Sieg über die Weißen war, bedeutete dies langfristig eine Stärkung der kleinbürgerlichen, also letztlich antibolschewistischen Elemente auf dem Land.“[6] Gleichzeitig wurde mit der Kollektivierung, also der Umwandlung der Privatwirtschaft in Genossenschaften (Kolchosen) oder Staatsgüter (Sowchosen), angefangen.[7] Die Regierung enteignete sämtliches ausländisches Vermögen ersatzlos und annullierte die Schulden des vorherigen Regimes, so dass Russland sich von den ausländischen Märkten zurückzog und mit ausländischen Investitionen nicht rechnen konnte.[8] Dazu kamen auch noch die Abschaffung des legalen Handels, ein gewaltiger Produktionsrückgang und Rückgang der individuellen Arbeitsleistung, steigende staatliche Kriegsausgaben, schnell sinkende Steuereinnahmen und sich eine vertiefende Inflation.

„Die proletarische Wirtschaftsverwaltung ist eine ′weltgeschichtliche Errungenschaft′ der Oktoberrevolution. Während diese ihr politisches System nach dem historischen Vorbild der Pariser Kommune errichtete, schuf sie sich auf wirtschaftlichem Gebiet eine völlig neue Organisationsform. Die Basis des neuen Wirtschaftsapparates bildeten die Kampforgane der Arbeiter gegen die Unternehmer: die Betriebskomitees, Gewerkschaften und Arbeiterdeputiertenräte, die jetzt immer mehr administrative Funktionen übernahmen. Auf diese Weise wurde die politische Diktatur des Proletariats durch ihr ökonomisches Korrelat ergänzt, ohne dass sie notwendig instabil bleiben musste. Die Bourgeoisie verlor allmählich auch ihre beschränkte Verfügungsgewalt über den Produktionsapparat und damit die Grundlage ihrer politischen Herrschaft.“[9]

Richard Pipes führte dazu an: „Die Ausschließung des Privateigentums sicherte dem Parteiapparat der einzigen Partei die Sicherheit. Im Grunde genommen arbeitete die ganze Population der Sowjetunion – sowie der anderen Län-

5 Behruzi, Die Sowjetunion (wie Anm. 2), 56-61; H. Haumann, Geschichte und Gesellschaftssystem der Sowjetunion. Eine Einführung. Köln 1977, 34-35; Rauch, Geschichte (wie Anm. 1), 71f.

6 Behruzi, Die Sowjetunion (wie Anm. 2), 59.

7 Zur Entwicklung der Landwirtschaft in den 1920er Jahren: R. W. Davies, The industrialisation of Soviet Russia, Vol. 1: The socialist Offensive. The Collectivisation of soviet Agriculture, 1929-1930. Houndmills/Basingstoke/Hampshire/London 1989, 6-28; I. V. Kočetkov, Zernovoje proizvodstvo v gody nepa: dejstvitelnost i vozmožnosti, in: V. A. Vinogradov (Hrsg.), Ekonomičeskaja istorija Rossii XIX - XX vv.: sovremennyj vzgljad. Moskva 2000, 80-104.

8 R. Pipes, Vlastnictví a svoboda [Eigentum und Freiheit]. Praha 2008, 214f.

9 R. Lorenz, Anfänge der bolschewistischen Industriepolitik. Köln 1965, 112.

der, die nach dem Zweiten Weltkrieg, sei es gezwungenermaßen oder freiwillig, ihrem Beispiel folgten – für den Staat. Dies bedeutete, dass bei jedwedem Verdacht von staatfeindlicher Tätigkeit, oder sogar bei bloßen Loyalitätszweifeln der Staat, der der einzige Arbeitgeber im Land war, den Verdächtigen sowie seine Verwandten entlassen oder mindestens degradieren konnte. Um zu überleben, musste der Mensch zusammenarbeiten."[10] Ökonomische Motive wurden von außerökonomischen ersetzt, das heißt die Arbeit wurde zur Pflicht und der Zwangsapparat kontrollierte, ob alle arbeiteten.[11] Der deutsche Fachmann Richard Lorenz kam zum Schluss: „Die revolutionäre Spontaneität der Arbeiter konnte die Wirtschaft des Landes nicht vor dem Chaos bewahren. Die Situation verlangte gebieterisch nach einer zentralen ökonomischen Autorität, die den gesamten Wirtschaftsprozeß planmäßig zu leiten hatte. Die Bolschewiki zogen jedoch keine einheitliche Konsequenz: Während eine Gruppe wirtschaftlich beschlagener bolschewistischer Führer um Osinskij, die dem Prinzip der Arbeiterkontrolle von vornherein kritisch gegenübergestanden hatte, die Einrichtung eines neuen sozialistischen Leitungssystems in Angriff nahm, versuchte Lenin zunächst, den Prozeß der spontanen Inbesitznahme der Betriebe von unten durch optimistische Appelle an den revolutionären Enthusiasmus der Massen zu beschleunigen."[12]

„Den Bürgern fehlte es an Motiven, mehr als das Minimum zu produzieren. Ihre Grundbedürfnisse waren gesichert und mehr zu arbeiten brachte keine besondere Belohnung. Im Gegenteil, es konnte sogar mit höheren Produktionsnormen bestraft werden. Auch wenn ein sowjetischer Bürger ungeachtet dieser Tatsache initiativ gewesen wäre, hätte ihn der bürokratische Apparat unterdrückt, dessen eigene Interessen verlangten, jede unabhängige Initiative zu unterdrücken. Die Konzentration sämtlicher ökonomischer Quellen in den staatlichen Händen unterminierte also die Arbeitsmoral des Volkes und unterdrückte die Modernisierung. Die Ausschaltung des Privateigentums, die mit fanatischem Eifer betrieben und von den Eigeninteressen der Führungselite unterstützt wurde, führte zum „Dahinwelken" von Persönlichkeiten, die der erste Fortschrittsimpuls hätten sein können."[13] Gleichzeitig kam es in der Ära des Kriegskommu-

---

10 Pipes, Vlastnictví (wie Anm. 8), 217. Zur Arbeiterkontrolle vgl. Behruzi, Die Sowjetunion (wie Anm. 2), 82f; Lorenz, Anfänge (wie Anm. 9), 90-103; zur marxistischen Interpretation der Sozialbedingungen der Werktätigen 1918-1920 vgl. Gimpelson, Sovetskij (wie Anm. 4), 240-293.

11 H. Kalt, In Stalins langem Schatten. Zur Geschichte der Sowjetunion und zum Scheitern des sowjetischen Modells. Köln 2010, 63; R. Gellately, Lenin, Stalin and Hitler. The age of social catastrophe. London 2008, 46-61.

12 Lorenz, Anfänge (wie Anm. 9), 103.

13 Pipes, Vlastnictví (wie Anm. 8); zur Stellung von Frauen vgl. Behruzi, Die Sowjetunion (wie Anm. 2), 62f. Zu einem Frauenanzahlzuwachs in der Industrie kam es vor allem im

nismus zur "Spaltung der Wirtschaft in zwei Kreisläufe: einen offiziellen, in dem der Staat verzweifelt versuchte, ein Mindestmaß an Produktion in Gang zu halten, und einen informellen, der durch Schwarzmarkt und Schattenwirtschaft geprägt und für das Überleben weiter Teile der Bevölkerung entscheidend war."[14]

Die Bolschewiki liquidierten zwar den freien Handel[15], wodurch sie die Versorgung der Städte mit lebenswichtigen Waren beeinträchtigten, sie schafften es jedoch nicht eine effektive zentrale Versorgung zu gewährleisten. Es kam zu einem rapiden Rückgang der Agrarproduktion, weil die Provinzen vom Schrecken des Bürgerkriegs, von Unsicherheiten der Eigentumsverhältnisse, der Zersplitterung von profitablen Großbetrieben, einem drastischen Rückgang des Angebots an Konsumgütern und von Finanz- und Geldanarchie geplagt wurden.[16] Es sei erwähnt, dass die Leistung von Bergwerken und Fabriken im Jahr 1921 auf 21 % des Vorkriegsniveaus sank und dass die Agrarproduktion nur 38 % der Friedensproduktion betrug. Es ist also klar, dass in der Zeit, wo der X. Parteitag im Jahr 1921 stattfand, sich das Regime am Abgrund befand.

II. Neue ökonomische Politik

Die Bolschewiki erlitten zwar einen Rückschlag auf allen Gebieten mit Ausnahme des Krieges, wo sie eindeutig erfolgreich waren. Dies bestätigte sie eher in der Ansicht, sie wären befugt weiter zu regieren. Lenin sah einen Ausweg in der vorübergehenden Beschränkung der totalitären Methoden, einer teilweisen Aufhebung des Kriegskommunismus[17] und der Einführung einer vorübergehen-

---

Hüttenwesen, Bergbau, Forstwesen, Druckereiwesen usw. R. W. Davies, The industrialisation of Soviet Russia, Vol. 3: The Soviet Economy in Turmoil, 1929-1930. Houndmills/Basingstoke/Hampshire/London 1989, 10, Anm. 36.

14 J. Happel, Das Schicksal der Revolution: Sozialismus, Gegenrevolution und der Weg in den Stalinismus, in: H. Haumann (Hrsg.), Die Russische Revolution 1917. Köln/Weimar/Wien 2007, 103; zur Entwicklung des Außenhandels 1918-1921 vgl. M. Gotthelf, Außenhandelsentwicklung und Außenhandelsstrategie in der Sowjetunion. Die Entwicklung des Außenhandels der Sowjetunion mit den westlichen Industrienationen und die sowjetische Außenhandelsstrategie in den Jahren 1918-1978. Frankfurt am Main 1979, 29-41.

15 Zum Rückgang des Binnenhandels nach der Revolution und in den 20er Jahren vgl. Davies, The industrialisation, Vol. 3 (wie Anm. 13), 30-32.

16 Vgl. Behruzi, Die Sowjetunion (wie Anm. 2), 97f; zur Veränderung der Arbeiterklasse 1918-1920 vgl. Gimpelson, Sovetskij (wie Anm. 4), 76-127.

17 Happel, Das Schicksal (wie Anm. 14), 103; A. Nove, An Economic History of the U.S.S.R. London 1969, 46-82; H.-H. Schröder, Arbeiterschaft, Wirtschaftsführung und Parteibürokratie während der Neuen Ökonomischen Politik. Eine Sozialgeschichte der bolschewistischen Partei 1920-1928. (Forschungen zur osteuropäischen Geschichte, Bd.

den sog. neuen ökonomischen Politik (nachfolgend nur NÖP).[18] Während dieser Ära wurden wesentliche Zugeständnisse an die Bauern und den Markt gemacht, um die Produktion anzukurbeln. Die Bolschewiki ermöglichten zwar die Wiedereinführung von Marktverhältnissen, sie intensivierten jedoch die Disziplin in den eigenen Reihen und stärkten die Regierung über das Land.[19] Der deutsche Historiker Manfred Hildemeier charakterisierte sie so: „Es war ein Signal an die Bevölkerung, dass die wirtschaftliche Freiheit der vorbolschewistischen Zeit wenigstens teilweise zurückkehren werde."[20]

Martin Malia beurteilte diesen Zeitraum: „Somit hatte Sowjetrussland beim Tod seines Gründers im Januar 1924 eine neuartige Mischwirtschaft entwickelt. Landwirtschaft, Dienstleistungen und Kleinhandel wurden zur Domäne der Privatbauern und einer neuen Unternehmerklasse, des 'NÖP-Mannes' (nepman),

---

31.) Berlin 1982, 21-103; R, Hutchings, Soviet Economic Development, Oxford 1971, 34-36.

18 Eine gründliche Analyse: Lorenz, Sozialgeschichte (wie Anm. 2), 121-181; vgl. Behruzi, Die Sowjetunion (wie Anm. 2), 106-109; J. G. Gimpelson, NEP i sovetskaja političeskaja sistema 20-e gody. Moskva 2000, 18-38; G. von Rauch, Lenin. Rostov-na-Donu 1998, 129f; L. N. Suvorovova, Mnogoukladnaja ekonomika, rynok i gosudarstvo v Rossii v 1920-e gg., in: A. S. Senjavskij (Hrsg.), NEP: ekonomičeskije, političeskije i sociokulturnyje aspekty. Moskva 2006, s. 96-120, 96-120; Nove, An Economic History (wie Anm. 17), 83-159; Suny, The Cambridge history (wie Anm. 1), 168-191; Schröder, Arbeiterschaft (wie Anm. 17), 104-399; E. Marquit, Political and Economic Consequences of the Attempted Socialization of Agriculture in the Soviet Union, in: Nature, Society, and Thought 19, 2006, No. 4, 393-395; M. Hildemeier, Die Sowjetunion 1917-1991. München 2007, 22-34; S. Merl, Die Revolution von oben: Industrialisierungs- und Kollektivierungspolitik, in: R. Schörken (Hrsg.), Russische Revolution und Stalinismus. Stuttgart 1987, 50ff; A. Karger, Die Sowjetunion als Wirtschaftsmacht. Frankfurt am Main/Berlin/München 1980, 11-14; P. R. Gregory, Economic Growth and Structural Change in Czarist Russian and the Soviet Union: a long-term comparsion, in: S. Rosefielde (Hrsg.), Economic welfare and the economics of Soviet socialism. Essays in honor of Abram Bergson. Cambridge 1981, 38-45; Zaleski, Planning (wie Anm. 2), 20-24; Haffner, Systemkonträre (wie Anm. 2), 73-78.

19 Zu Voraussetzungen und Konsequenzen von NEP vgl. H. Schuler-Jung, Ökonomie und Politik in Sowjetrußland 1920-1924. Zum Prozeß der Willensbildung in der KPR(B) in den ersten Jahren der Neuen Ökonomischen Politik. Marburg 1978, 18-53; zum Außenhandel in diesen Zeitraum vgl. Gotthelf, Außenhandelsentwicklung (wie Anm. 14), 42-56; zur Entwicklung der Elite vgl. M. Matthews, Privilege in the Soviet Union. A Study of Elite Life-styles under Communism. London 1978, 59-90, zum sozialen Aufstieg der Unternehmer vgl. Matthews, Privilege (wie Anm. 19), 70-71; Happel, Das Schicksal (wie Anm. 14), 111; zur Sozialpolitik unter NEP vgl. E. H. Carr/R. W. Davies, Foundations of a planned economy 1926-1929, Vol. 1./2. London/Basingstoke 1969, 520-544, 605-623; Jasny, Soviet economists (wie Anm. 2), 19-22; N. Jasny, Soviet industrialization 1928-1952. Chicago 1961, 40-47.

20 Hildemeier, Die Sowjetunion (wie Anm. 18), 25.

während das Kreditwesen und die Schwerindustrie in der Hand des sozialistischen Staates blieben und als bevorrechtigte 'Kommandohöhen' des Gesamtsystems sicherstellten, dass sich keine 'Restauration des Kapitalismus' anbahne. Obwohl der Kompromiß zugunsten des Staates ausfiel, erholte sich das Land in kürzester Zeit von den Schrecken des Bürgerkrieges und den Katastrophen des Kriegskommunismus, und 1924 erfreute sich Russland zum ersten Mal seit dem Vorkriegsjahr 1913 eines soliden, wenn auch bescheidenen Wohlstands.“[21]

Übrigens erreichte die Prosperität der NÖP in der Hälfte der 1920er Jahre nicht nur das Niveau von 1913, sondern aus der Sicht eines einfachen Bauern überschritt sie es sogar. Ein höherer Lebensstandard unter der NÖP ist offensichtlich, insbesondere bei der Versorgung von Lebensmitteln, wonach die Bevölkerung wirklich strebte, und bei der persönlichen Freiheit. Allerdings entstand ein tiefes Ungleichgewicht zwischen Industrie- und Agrarpreisen, der Markt wurde von mangelnden Agrarprodukten und einem plötzlichen Zustrom von Industriewaren gestört, was zu einem heftigen Profitrückgang des Staates führte.[22] Diese Situation änderte sich 1923, als die Bauern der eigenen Überproduktion zum Opfer fielen, während die Fabriken ihre Produktion verlangsamten; die Bauernschaft musste also Profitrückgänge hinnehmen, wodurch ihre Bereitschaft sank, für die Städte zu produzieren. Im Jahr 1924 erzwang der Staat jedoch durch eine Kreditmanipulierung einen Rückgang der Industriepreise und ermöglichte einen Anstieg der Agrarpreise. Infolge dessen erlebte das Land drei „normale“ Jahre, einen gewissen Höhepunkt der NÖP[23], was wiederum ermöglichte, die ersten wesentlichen sozialen Maßnahmen zu ergreifen: „Es gab zwar erste bescheidene soziale Errungenschaften wie Achtstundentag, Krankenversorgung u. ä., es gab Zugang zur Bildung für alle – aber die rasche Bereicherung einiger Weniger stand so eindeutig in Widerspruch zu sozialistischen Prinzipien, dass sich gleichzeitig mit dem unbestreitbaren ökonomischen Fortschritt bedeutender sozialer Sprengstoff ansammeln musste.“[24] Auch aus diesem Grund trat

21 M. Malia, Vollstreckter Wahn. Sowjetunion 1917-1991. Stuttgart 1998, 18; vgl. zur Beurteilung von NEP: M. Lewin, Lenin's last struggle. New York 1968, 21-42; Gimpelson, NEP (wie Anm. 18), 393-400; Hutchings, Soviet (wie Anm. 17), 40-48. Zur Industrialisierung unter NEP bis 1927 vgl. Davies, The industrialisation, Vol. 3 (wie Anm. 13), 46-54; und im Zeitraum 1927-1929 vgl. ebd. 55-94.

22 Vgl. Kalt, In Stalins (wie Anm. 11), 19f.

23 Vgl. E. H. Carr/R. W. Davies, Foundations of a planned economy 1926-1929, I./1. London and Basingstoke 1969, 3-66; Haumann, Geschichte (wie Anm. 5), 37-39; J. A. Osokina, Za fasadom „stalinskogo izobilija“. Raspredelenije i rynok v snabženiji naselenija v gody industrializaciji 1927-1941. Moskva 1998, 47-85. Zur Entwicklung der nichtstaatlichen Industrie vgl. Carr/Davies, Foundations (wie Anm. 23), 385-400.

24 Kalt, In Stalins (wie Anm. 11), 34. 1926-1927 betrug der Außenhandel 36,7 % vom Jahr 1913. Davies, The industrialisation, Vol. 3 (wie Anm. 13), 33. Eine niedriger Angabe in:

Stalin anfangs nicht gegen die NÖP-Politik auf und sagte: „Wir halten an der Neuen Ökonomischen Politik fest, weil sie dem Sozialismus dient, aber sobald sie dem Sozialismus nicht mehr dient, jagen wir sie zum Henker.“[25]

Im Winter 1927-28 kam eine neue Krise. Ökonomische Schwierigkeiten wendeten sich diesmal gegen das Dorf: da der Staat die Produktion von der Leicht- auf die Schwerindustrie umlagerte, sanken die Agrarpreise, während die Nachfrage nach Konsumgütern stieg. Auf den fortlaufenden „Warenhunger“ reagierten die Bauern mit einem „Produktionsstreik“, um den Regierungsausdruck zu verwenden. Statt Getreidequoten gegen feste Preise für den Markt zu liefern, bevorzugten sie den Verkauf an NÖP-Männer auf dem freien Markt oder den Anbau von technischen Pflanzen für den Staat. Oder sie fütterten mit dem Getreide ihr Vieh und dann ließen sie sich ein richtiges Kalb zum Mittagessen schmecken.[26]

Die „Versorgungskrise“ überraschte das Regime unangenehm, denn sie deckte sich mit dem Anfang des ersten Fünfjahresplans[27], der auf dem XV. Parteitag[28] im Dezember 1927 verabschiedet und offiziell im April 1928 in Angriff genommen wurde. Bis zum Sommer verschlechterte sich die Situation dermaßen, dass ein Zuteilungssystem in den Städten eingeführt wurde; es handelte sich um eine wirkliche Blamage, dass das agrarische Russland Getreide einzuführen gezwungen war.[29] Zumindest hinsichtlich der Partei erwies sich die NÖP als „Misserfolg“. Das sowjetische Regime geriet an den Rand einer seine Existenz gefährdende Krise. Die Partei konnte es sich nicht leisten, eine ihre Macht in Frage stellende Politik zu betreiben – eine Kursänderung war unumgänglich und aktuell. Die Regierung ergriff außerordentliche Zwangsmaßnahmen und führte Strafen und Beschlagnahmen bei Vorratshaltung ein, administrative Strafen im

---

M. R. Dohan, The Economic Origins of Soviet Autarky 1927/28-1934, in: Slavic Review 35, 1976, No. 4, 606f.

25 Stalins Rede vom 27. 12. 1929, Zit. nach: J. G. Gimpelson, Počemu svernuli nep?, in: A. S. Senjavskij (Hrsg.), NEP: ekonomičeskije, političeskije i sociokulturnyje aspekty. Moskva 2006, 89.

26 Davies, The industrialisation, Vol. 1 (wie Anm. 7), 39-51, 56-60.

27 Nove, An Economic History (wie Anm. 17), 187-195; Zaleski, Planning (wie Anm. 2), 58-147, 236-255; Carr/Davies, Foundations (wie Anm. 19), 843-897; Jasny, Soviet industrialization (wie Anm. 19), 73-80; H.-W. Niemann, Europäische Wirtschaftsgeschichte. Vom Mittelalter bis heute. Darmstadt 2009, 102; Hildemeier, Die Sowjetunion (wie Anm. 18), 35f.; P. Hanson, The Rise and Fall of the Soviet Economy. An economic history of the USSR from 1945. London 2003, 9f.

28 Jasny, Soviet economists (wie Anm. 2), 38f.

29 1927 kamen 10,3 Millionen Tonnen gegenüber 21,2 Millionen im Jahr 1913 auf den Markt. Die Getreidepreise stiegen auf den freien Märkten um ein Mehrfaches des staatlichen Preises. H. Raupach, Geschichte der Sowjetwirtschaft. Reibek bei Hamburg 1964, 74.

Strafgesetzbuch wurden in drakonische Freiheitsstrafen umgewandelt, wobei ähnlich wie im Kriegskommunismus materielle Interessen der Dorfarmen auf Kosten der reichen Grundbesitzer mobilisiert wurden.[30]

Ende 1929 wurde die NÖP tatsächlich aufgegeben.[31] Über die Berufung auf die Gefahren seitens der kapitalistischen westlichen Staaten, die nach der kommunistischen Doktrin die Vernichtung des „Arbeiterstaates" angestrebt haben sollen, schreibt der deutsche Sowjetologe Manfred von Boetticher: „Die These der Interventionsgefahr erschien zugleich – ebenso wie die Behauptung der 'Schädlingstätigkeit' innerhalb des Landes – als ein Mittel der Sowjetführung, die Verantwortung für die innenpolitische Entwicklung auf einen fiktiven Gegner zu übertragen und als im Sicherheitsinteresse des Staates unvermeidlich zu legitimieren."[32] Eine schnelle und umfangreiche Modernisierung und Aufbau einer neu aufgerüsteten Armee sollten eine gesteigerte Wirtschaftszentralisierung und -militarisierung, die Kollektivierung, eine gewaltige Industrialisierung und eine konsequente Planung[33] sicherstellen. Stalin zwang dem Land die sog. „große Wende" oder die „zweite" bzw. „stalinistische" Revolution auf.

III. Umschwung zur Schwerindustrie

Zur Priorität der Industrialisierung erklärte die kommunistische Partei die Entwicklung der Schwerindustrie. Zu den wichtigsten Projekten und überdimensionierten „Bauten des Sozialismus" gehörten das Ural-Kusbass-Kombinat, das Eisengießereien in der Uralstadt Magnitogorsk mit dem Kohlengebiet von Kusnezk verband, die Traktorfabrik in Stalingrad (heute Wolgograd), die Automobilfabrik in Nischni Nowgorod (Gorkij) und die Moskauer U-Bahn. Die

30 S. Merl, Die Anfänge der Kollektivierung in der Sowjetunion. Der Übergang zur staatlichen Reglementierung der Produktions- und Marktbeziehungen im Dorf (1928-1930). Wiesbaden 1985, 74-84.

31 E. H. Carr, Foundations of a planned economy 1926-1929, Vol. 2. London/Basingstoke 1971, 54-74; zur alternativen Entwicklung vgl. Gimpelson, Počemu (wie Anm. 25), 90-93. Zu innenparteilichen Streitigkeiten vgl. Carr, Foundations (wie Anm. 31), 3-53, 75-99.

32 M. von Boetticher, Industrialisierungspolitik und Verteidigungskonzeption der UdSSR 1926-1930. Herausbildung des Stalinismus und „äußere Bedrohung". Düsseldorf 1979, 307. Vgl. zur Interpretation der Kriegsgefahren in den 1920er Jahren ebd. 17-93; zur Frage der äußeren Gefahr bei der Entstehung des ersten Fünfjahresplans ebd. 198-262.

33 Beschreibung der Grundprinzipien des sowjetischen Planung vgl. Carr/Davies, Foundations (wie Anm. 19), 787-808; Zaleski, Planning, (wie Anm. 2), xxii-xxxiv, 3-12; A. Nove, The Soviet Economic System. London/Boston/Sydney 1978, 31-38. Der amerikanische Historiker Jasny bezeichnete sie treffend als „Bacchanalian Planning" Jasny, Soviet industrialization (wie Anm. 19), 73.

Elektrifizierungsentwicklung[34] symbolisierte der gewaltige Staudamm Dneprostroj in der Ukraine. Der britisch-amerikanische Historiker Paul Kennedy führte dazu an: „Konzentrieren wir uns auf den Zeitraum der ersten zwei Fünfjahrespläne (1928-37), stellen wir fest, dass das russische Nationaleinkommen damals von 24,4 Milliarden auf 96,3 Milliarden Rubel stieg, die Kohlenförderung sich von 35 400 000 auf 128 000 000 Tonnen erhöhte und die Stahlproduktion von 4 Millionen auf 17 700 000 Tonnen stieg. Die Stromproduktion erhöhte sich 7x, die Anzahl der produzierten Werkzeugmaschinen war mehr als zwanzigfach höher, und es wurden fast 40fach mehr Traktoren hergestellt. Die russische Industrieproduktion überschritt also Ende der 1930er Jahre nicht nur die französische, japanische und italienische, sondern wahrscheinlich auch die britische."[35] Die Organisation der sowjetischen Wirtschaft am Anfang des Planungszeitraums konzentrierte sich prinzipiell auf eine möglichst größte Unabhängigkeit vom Ausland, trotzdem existierte in manchen Industriegebieten eine starke Abhängigkeit von ausländischen Firmen, Industrieausrüstung und Fachkenntnissen, insbesondere von amerikanischen. Von großer Bedeutung war in den ersten Stadien der Industriemechanisierung das Anwerben von technischen Fachleuten und Beratern.[36]

Die auf dem Führerprinzip basierende sowjetische Wirtschaft war extrem zentralisiert, militarisiert, politisiert und durch von der kommunistischen Partei ernannten Bürokraten geführt. Davon zeugt auch die Tatsache, dass 1925 die sowjetische Bürokratie zahlreicher war als die ehemalige Bürokratie im zaristischen Russland! Es können Begriffe wie „Befehlswirtschaft" oder „administratives Befehlssystem" benutzt werden. Am häufigsten spricht man von der „zentral geleiteten (bzw. Befehls-) Wirtschaft", in der im Unterschied zur Markwirtschaft das Staats- und Genossenschaftseigentum überwogen und die Rolle des Marktes unterdrückt oder ganz eliminiert war. Sie zeichnete sich durch aktive Staatseingriffe in die Wirtschaftsleitung insbesondere durch die zentrale Planung, einschließlich Preisbildung, Investitionsplanung und Ressourcenallokation

34 H. Haumann, Beginn der Planwirtschaft. Elektrifizierung, Wirtschaftsplanung und gesellschaftliche Entwicklung Sowjetrußlands 1917–1921. Düsseldorf 1974.

35 P. Kennedy, Vzestup a pád velmocí. Ekonomické změny a vojenské konflikty v letech 1500-2000 [Aufstieg und Fall der Großmächte. Ökonomische Veränderungen und Militärkonflikte in den Jahren 1500-2000]. Praha 1996, 394. Vgl. zur Stellung der Arbeiter 1929-1930 Davies, The industrialisation, Vol. 3 (wie Anm. 13), 125-133. Zu sowjetisch-britischen Handelsbeziehungen 1926-1929 vgl. E. H. Carr, Foundations of a planned economy 1926-1929, Vol. 3/1. London/Basingstoke 1976, 18-35; zu sowjetisch-deutschen Handelsbeziehungen vgl. ebd. 36-60; H. Wassmund, Expansion und Erstarrung. Innen- und Außenpolitik der Sowjetunion in Wechselverhältnis, in: W. Gagel (Hrsg.), Friedenssicherung und Sicherheitspolitik. Stuttgart 1985, 66.

36 Raupach, Geschichte (wie Anm. 29), 86. Vgl. S. White, British labour in Soviet Russia, 1920, in: English Historical Review 109, 1994, No. 432, 621-640.

usw. aus. Aktivistenkampagnen, sozialistische Wettbewerbe[37] und Säuberungsaktionen beeinträchtigten die Produktion, überlasteten Maschinen sowie das Material und unterstützten die Produktion von Ausschusswaren.

IV. Kollektivierung und Hungersnot als deren Folge

Zur Industrieentwicklung benötigte der Staat gigantische Finanzmittel, die er nicht durch ausländische Kredite decken konnte, so dass ihm nichts anderes übrig blieb, als sie auf Kosten der Bauern vom einheimischen Konsumgütermarkt zu beschaffen.[38] Die kommunistische Partei fing mit der Kollektivierung im Winter 1929 an.[39] Wohlhabende Bauern (sog. Kulaken) wehrten sich gegen die gewaltsame Kollektivierung, so dass sie als Regimefeinde bezeichnet wurden. Sie durften den Kolchosen nicht beitreten, wurden ausgesiedelt und verloren ihr ganzes Vermögen.[40] Häufig wurden ganze Familien in Güterwagen nach Sibirien oder Mittelasien deportiert, bzw. in Arbeitslagern (sog. GULAG) inhaftiert. Um den Widerstand der „Kulaken"[41] zu brechen, zögerten die Bolschewiki nicht, Ämter, Schulen, Arztpraxen in Dörfern zu schließen, den Bauern zu verbieten, das Dorf zu verlassen und die Städte zu betreten. Stalins Umgebung hielt lakaienhaft an der Doktrin fest. Jeder Kulak war zu eliminieren, obwohl wenige davon so reich waren, um ausbeuten zu können; oft beschäftigten sie arme Bauern, gaben ihnen Getreide, damit sie den Winter überleben konnten, und kauften Geräte. Paradoxerweise wurden diejenigen, die hart arbeiteten und den Boden bearbeiten konnten, vertrieben – häufig in den Tod – und diejenigen, die den Boden nicht bearbeiten konnten und nicht arbeiten wollten, bekamen den Boden

---

37 B. Studer/B. Unfried, Der stalinistische Parteikader, Identitätsstiftende Praktiken und Diskurse in der Sowjetunion der Dreißiger Jahr. Köln/Weimar/Wien 2001, 249-250. Zur Elite und Begünstigung unter Stalin vgl. Matthews, Privilege (wie Anm. 19), 91-126. Zum Symbol der gewaltigen Propagandamaschinerie wurde der Bergmann Stachanow, der 1935 den Plan beim Kohleabbau um Verzehnfache überschritten haben soll. Der Vollständigkeit halber sei ergänzt, dass aus dem legendären „sozialistischen Arbeitshelden" gebrochen Alkoholiker wurde, der in Vergessenhit starb. Vgl. propagandistische Schrift A. G. Stachanov, Rasskaz o mojej žizni. Moskva 1937. Vgl. R. W. Davies, O. Khlevnyuk, Stakhanovism and the Soviet Economy, in: Europe-Asia Studies 54, 2002, No. 6, 867-903.

38 Marquit, Political and Economic Consequences (wie Anm. 18), 396-406.

39 Nove, An Economic History (wie Anm. 17), 160-186; Merl, Die Revolution (wie Anm. 18), 55-60; Merl, Die Anfänge (wie Anm. 30), 112-166, 401-414; Suny, The Cambridge history (wie Anm. 1), 193-205; Lorenz, Sozialgeschichte (wie Anm. 2), 183-215. Zur Wendung zu Kollektivierung Kalt, In Stalins (wie Anm. 11), 55-57.

40 Davies, The industrialisation, Vol. 1 (wie Anm. 7), 60-104.

41 Zu Position von Kulaken unter NEP vgl. Carr/Davies, Foundations (wie Anm. 23), 127-143; zur Entwicklung von Kolchosen und Sowchosen bis 1929 vgl. ebd. 158-196.

als Mitglieder der Kollektivwirtschaft. „Infolge schlechter Betriebsorganisation und unrationeller Wirtschaftsführung arbeiteten die meisten Kolchosen und Sowchosen äußerst unrentabel.“[42]

Die Kampagne hatte eine Hungersnot (den sog. großen Hunger oder die „terroristische Hungersnot“) zur Folge, die sich 1932-1933 insbesondere im Wolgagebiet und in der Ukraine bemerkbar machte. Millionen Menschen starben. Am meisten starben Kinder, die außerdem auch zu Kannibalismusopfern wurden.[43] Der Hunger brach den Widerstand auf dem Lande. Eines der größten Jahrhundertverbrechen verursachte einen gewaltigen Rückgang der Agrarproduktion, eine Reduktion der Rinderbestände um die Hälfte und einen weiteren Rückgang des bereits so niedrigen Lebensstandards. Die Arbeit im Kolchos kam praktisch der damaligen Fronarbeit gleich und unterschied sich kaum von Zwangsarbeiten, so dass die Kolchosmitglieder daran nicht sonderlich interessiert waren. Sie verrichteten die meisten Arbeiten liederlich und die Arbeitsdisziplin war niedrig. Weil die Preise fast aller Agrarprodukte bis in die 1950er Jahre künstlich unter den Produktionskosten gehalten wurden, wirtschafteten praktisch alle Agrarbetriebe mit Verlust. Die Hektarerträge waren weiterhin schrecklich niedrig und die russische Landwirtschaft war nicht imstande ihre Bevölkerung zu ernähren wie früher, geschweige denn einen Überschuss für den Export zu erwirtschaften. Einer der besten westdeutschen Fachleute für die sowjetische Geschichte Richard Lorenz kam zum Schluss: „Die gewaltsame Kollektivierung bewirkte innerhalb weniger Monate die völlige Zerrüttung der landwirtschaftlichen Produktion.“[44] Während Rauch sie als „eine Agrarrevolution gigantischen Ausmaßen“[45] bezeichnete, gab der Professor von der Universität Bielefeld Stephan Merl die Schuld für das große Leiden des sowjetische Volkes richtigerweise der kommunistischen Partei: „Daß sich schließlich ein Modell durchsetzte, das eine derartige destruktive Wirkung entfaltete, war auf den in der Parteiführung verbreiteten Voluntarismus zurückzuführen. Darin manifestierte sich in geradezu grotesker Weise deren Inkompetenz zur Entscheidung ökonomischer Fragen und zur realistischen Bewertung der sozialen Differenzierung der Bauernschaft.“[46] „Erfolg hatte Stalin nach seinen Maßstäben nur in einer Hinsicht, der aber als Motiv gewiss großes Gewicht beizumessen ist: Die politi-

---

42 Lorenz, Sozialgeschichte (wie Anm. 2), 198.

43 Kalt, In Stalins (wie Anm. 11), 57-61; Osokina, Za fasadom (wie Anm. 23), 114-120.

44 Lorenz, Sozialgeschichte (wie Anm. 2), 194; vgl. Haumann, Geschichte (wie Anm. 5), 40f.; Davies, The industrialisation, Vol. 1 (wie Anm. 7), 397-416.

45 Rauch, Geschichte (wie Anm. 1), 185.

46 Merl, Die Anfänge (wie Anm. 30), 414.

sche Widerstandskraft des Dorfes war – bei aller bleibenden passiven Resistenz – ein für alle Mal gebrochen.“[47]

Um den Fünfjahresplan[48] zu erfüllen, brauchten die Sowjets riesige Mengen von Kohle, Gas, Erdöl und Holz, deshalb bemühten sie sich mit allen Kräften, die Förderung zu erhöhen, und suchten nach neuen Vorkommen in Sibirien[49], Kasachstan und in den Nordgebieten. In vielen Projekten nutzte man die billige Arbeitskraft von Menschen, die zu Zwangsarbeiten in Arbeitslagern verurteilt wurden.[50] Unter Stalin handelte es sich um etwa acht Millionen Personen. Weitere etwa sechs Millionen wurden in die Verbannung geschickt oder in kasachische Wüsten oder sibirische Wälder deportiert, wo sie nach dem Gesetz die Pflicht hatten, in Dörfern zu bleiben. Oft verrichteten sie Zwangsarbeiten, obwohl sie nicht in Lagern lebten. Die Häftlinge mussten beispielsweise trotz Frost, Unzugänglichkeit und primitiven Lebensbedingungen auf den Solovetsky Inseln Holz fällen oder im eiskalten sibirischen Kolyma Gold fördern, wo die Temperaturen im Winter regelmäßig unter minus 45 Grad Celsius liegen. Einigen Historikern nach gibt es einen direkten Zusammenhang zwischen den Bedürfnissen der sowjetischen Wirtschaft und der Häftlingsanzahl in den Lagern. Dies und jenes war zu bauen, dazu wurden so und so viele Arbeiter benötigt, deshalb mussten so und so viele Personen verhaftet werden. Wenn die Häftlinge starben, und sie starben massenhaft, musste das Kontingent wieder ergänzt werden. Woher? Es wurde wieder massenhaft verhaftet.[51] Das Massensystem der Zwangsarbeit zeugt von einer ungeheuren Unmenschlichkeit und Gefühllosigkeit des kommunistischen Regimes. Die Industrialisierung ging weiter, ohne Rücksicht auf die Konsumbedürfnisse der Bevölkerung zu nehmen, die „Raubwirtschaft“ bestahl den Menschen und vernichtete die Natur. Dadurch negierte das Regime die Grundprämisse der sozialistischen Lehre, dass die Arbeiterschaft eine reiche und sozial gerechte Gesellschaft aufbaut. Der Stalinismus beschwor

---

47 Hildemeier, Die Sowjetunion (wie Anm. 18), 39; vgl. H.-H. Schröder, Industrialisierung und Parteibürokratie in der Sowjetunion. Ein sozialgeschichtlicher Versuch über die Anfangsphase des Staliniums (1928-1934). (Forschungen zur osteuropäischen Geschichte, Bd. 41.) Berlin 1988, 358, wo die Kollektivierung als „gigantischer ökonomischer Fehlschlag“ bezeichnet wird.

48 Zur Transformation des Fünfjahresplans nach 1929 vgl. Davies, The industrialisation, Vol. 3 (wie Anm. 13), 187-231.

49 Zur Entwicklung der sibirischen Industrie z. B. die Sonde T. Kirstein, Sowjetische Industrialisierung - geplanter oder spontaner Prozess? Eine Strukturanalyse des wirtschaftspolitischen Entscheidungsprozesses beim Aufbau des Ural-Kuzneck-Kombinats 1918-1930. Baden-Baden 1979.

50 Zur Entwicklung in den dreißiger Jahren vgl. L. I. Borodkin/P. R. Gregori/O. V. Chlevnjuk (Hrsg.), Gulag. Ekonomika prinuditelnogo truda. Moskva 2008.

51 A. Applebaum, Der Gulag. Berlin 2003; N. Werth, Cannibal Island: death in a Siberian gulag. Princeton 2007.

immer wieder die Sorge um das Wohl des Arbeitervolks und propagierte das menschliche Glück, wobei er den meisten Menschen nur Rackerei und ärmliche Verhältnisse bot.

V. Ergebnisse der kommunistischen Wirtschaft

Weil der Anteil des Privatverbrauchs am Bruttoinlandsprodukt (nachfolgend nur BIP) schrumpfte, was in der modernen Geschichte keine Parallele hat – und er war bestimmt noch viel niedriger, als sich die Nazis in Deutschland überhaupt vorstellen konnten – war die Sowjetunion imstande eine unglaublich hohe Summe für Industrieinvestitionen auszugeben, die etwa 25 % des BIP ausmachte, und es blieb noch genug für Bildung, Wissenschaft und Streitkräfte übrig. Kennedy führte dazu an: „Die überwiegende Mehrheit der sowjetischen Bevölkerung wechselte unglaublich schnell ihre Arbeitsplätze, der Bevölkerungsanteil in der Landwirtschaft sank im Zeitraum 1928-40 von 71 % auf 51 %, und die Menschen fingen auch außerordentlich schnell an, sich zu bilden. Mit Millionen von Arbeitern, die in Fabrikschulen oder an technischen Berufsschulen ihre Ausbildung erwarben und (etwas später) mit einer Flut von Hochschulabsolventen gewann das Land endlich qualifizierte Kader für ein dauerhaftes Wirtschaftswachstum. Die Ingenieuranzahl in der ′Volkswirtschaft′ stieg beispielsweise von 47 000 im Jahr 1928 auf 289 900 im Jahr 1941.“[52] „Im Rahmen der ersten Fünfjahrespläne rückte die Sowjetunion im Produktionsvolumen auf den zweiten Platz hinter den USA vor. Erkauft wurde das durch extensiven Einsatz von Arbeitskräften und Konsumverzicht. Die Produktivität blieb niedrig, die Entwicklung der Volkswirtschaft verlief einseitig zugunsten der Schwer- und Rüstungsindustrie – eine Disproportionalität, die bis zum Ende der Sowjetunion nicht behoben werden konnte und immer wieder zu Versorgungsproblemen führte. Für die Bevölkerung ergaben sich einschneidende Veränderungen im Alltagsleben, die sich unter anderem in einer beispiellosen räumlichen und sozialen Mobilität äußerten: Insgesamt wanderten zwischen 1926 und 1939 etwa 23 Millionen Bauern in die Städte. Die Funktionseliten wurden im Zuge einer Bildungsoffensive fast komplett ausgetauscht. Es entstand eine neue, sowjetisch-proletarische Gesellschaft, die in höherem Maße kontrollier- und steuerbar war – unter anderem auch deswegen, weil Hunderttausende dem Regime ihren Aufstieg verdankten oder sich aus anderen Motiven in seinen Dienst stellten.“[53]

---

52 Kennedy, Vzestup (wie Anm. 35), 393; vgl. Davies, The industrialisation, Vol. 3 (wie Anm. 13), 110-125; zur sozialen Stellung der sowjetischen Arbeiter Ende der 20er Jahre Schröder, Industrialisierung (wie Anm. 47), 70-89.

53 D. Neutatz, Sowjetunion, in: T. M. Bohn/D. Neutatz (Hrsg.), Studienhandbuch Östliches Europa, Bd. 2: Geschichte des Russischen Reiches und der Sowjetunion. Köln/Weimar/Wien 2002, 189.

Jahr	Bevölkerungszahl in Städten in Mio.	Zahl der alphabetisierten Personen in Mio.	Bevölkerungszahl auf dem Lande in Mio.	Zahl der alphabetisierten Personen in Mio.
1917	31,68	75,68	144,32	53,6418
1924	22,67	73,15	116,40	55,9541
1941	64,48	169,99	130,91	109,2584

Graphik 1: Bevölkerungszahl und Zahl der alphabetisierten Personen in Städten und auf dem Lande[54]

Über die Folgen von Stalins Politik schrieb Lorenz: „In den Jahren 1927-1929 konnte sich das bürokratische Regime, das sich jeder gesellschaftlichen Kontrolle entzog, endgültig etablieren... Der Staat dehnte seine Herrschaft durch die Übernahme neuer ökonomischer Funktionen erheblich aus. Im Zusammenhang mit der zwangsweisen Getreidebeschaffung entstand ein umfangreicher Expropriations- und Repressionsapparat, der auch die ländlichen Sowjets einschloß."[55] Zur sozialen Politik der sowjetischen Führung bemerkte Hans-Henning Schröder: „Die Sicherung des herrschenden Systems durch Bindung der Arbeiterschaft an die regierende Partei, durch intensiven Ausbau des politischen Apparats und durch Schaffung einer Schicht von Privilegierten, die an der Erhaltung des sozialen Systems interessiert waren, war umso notwendiger, als es der sowjetischen Führung und der bolschewistischen Partei ja, wie oben gezeigt, nicht gelungen war, in der Bauernschaft in gleichem Maße Fuß zu fassen wie in der städtischen Bevölkerung, bei Arbeitern und Angestellten."[56]

Die Industrialisierung der Sowjetunion nahm keine Rücksicht auf die Konsumbedürfnisse der Bevölkerung. Über die Folgen für die Arbeiter schrieb Merl: „Auch sie mußten mit dem erzwungenen Konsumverzicht zur Finanzierung der Investitionen beitragen. Der Reallohn fiel bis 1932 um mehr als die Hälfte. Diese Verschlechterung traf aber in erster Linie die vom Lande zuströmenden Millionenmassen ungelernter und an Fabrikarbeit nicht gewöhnter Arbeitskräfte. Für das Familieneinkommen konnte der drastische Reallohnrückgang teilweise

54 G. A.. Golc, Kultura i ekonomika Rossii za tri veka, XVIII-XX vv. Tom 1: Mentalitet, transport, informacija (prošloje, nastojaščeje, buduščeje). Novosibirsk 2002, 524-530.

55 Lorenz, Sozialgeschichte (wie Anm. 2), 183. Vgl. zum sozialen Aufstieg der Kolchosfunktionäre und –mitglieder in den 30er Jahren vgl. S. Merl, Sozialer Aufstieg im sowjetischen Kolchossystem der 30er Jahre? Über das Schicksal der bäuerlichen Parteimitglieder, Dorfsowjetvorsitzenden, Posteninhaber in Kolchosen, Mechanisatoren und Stachanowleute. Berlin 1990, 250-260.

56 Schröder, Arbeiterschaft (wie Anm. 17), 396.

durch die jetzt erzwungene Mitarbeit der Ehefrau ausgeglichen werden; lediglich für Facharbeiter dürfte er durch einen schnellen sozialen Aufstieg nicht spürbar gewesen sein."[57] Die unbestreitbaren Erfolge beim Aufbau der Schwerindustrie und bei der Elektrifizierung wurden vom allgemeinen Rückgang des Lebensstandards der Bevölkerung und einem absoluten Tiefstand bei der Konsumgüterproduktion begleitet. Verursacht wurde dies nicht nur durch die Bevorzugung der Schwerindustrie, sondern insbesondere durch die nachrevolutionäre Vernichtung der privaten Kleinindustrie und des Gewerbes. Dabei zeichneten sich Textil- und Lebensmittelprodukte durch eine ungeheuer niedrige Qualität aus. Die Minimalisierung des Privatkonsums der sowjetischen Bürger machte es möglich, ein Viertel des Bruttoinlandsprodukts für Industrieinvestitionen auszugeben und Bildung, Wissenschaft und Streitkräfte umfangreich zu finanzieren. Der führende Kenner der sowjetischen Geschichte Malia kam zum Schluss: „In Sowjetrußland wurde die Mehrheit der Bauern - auf Stalins Geheiß - innerhalb von zehn Jahren und mit staatlichen Machtmitteln in die Städte verpflanzt. Die Folgen waren ein organisatorisches Fiasko in der Landwirtschaft und ein nationales Trauma. Beides kann als Grund gelten, den Begriff der 'Modernisierung' für Stalins Werk abzulehnen, das vielmehr eine Ideologie- und parteizentrierte Revolution radikaler Ausprägung darstellt. Zwar erlaubte diese Revolution der jungen russischen Industrie einen mächtigen Spurt, ließ aber eine auf Dauer strukturell verkrüppelte Wirtschaft zurück."[58] Aber Merl machte auf die Tatsache aufmerksam: „Bei der Industrialisierung hatte Stalins 'Revolution von oben' beeindruckende Erfolge aufzuweisen. Doch auch hier verlief die Entwicklung keineswegs optimal. Durch den Verzicht auf die planmäßige Lenkung verschärften sich die Disproportionen zwischen den Wirtschaftszweigen, so daß 1933 die industrielle Produktion insgesamt stagnierte."[59]

57 Merl, Die Revolution (wie Anm. 18), 61f.
58 Malia, Vollstreckter Wahn (wie Anm. 21), 257f.
59 Merl, Die Revolution (wie Anm. 18), 61.

Sozial- und arbeitsrechtliche Probleme der Tschechoslowakei von Oktober 1938 bis März 1939

Die Sozial- und arbeitsrechtliche Problematik ist auf das Engste mit wirtschaftlichen und politischen Fragen verbunden; besonders markant tritt sie in kritischen außenpolitischen Situationen hervor. Während sich aber bisher eine Reihe renommierter Autoren mit der Arbeitsmarkt- und Sozialproblematik der Ersten Tschechoslowakischen Republik beschäftigt hat[1], fehlt noch immer eine ausführliche Bearbeitung des kurzen, aber sehr dynamischen und dramatischen Zeitraums der sog. Zweiten Republik (von Oktober 1938 bis März 1939).[2]

---

1 Z. B. J. Rákosník, Odvrácená tvář meziválečné prosperity. Nezaměstnanost v Československu v letech 1918-1938 [Abgewendetes Gesicht der Prosperität der Zwischenkriegszeit. Die Arbeitslosigkeit in der Tschechoslowakei in den Jahren 1918-1938]. Praha 2008; J. Musil, Česká společnost 1918-1938. Několik závěrů z mezinárodního srovnání sociálních struktur [Die tschechische Gesellschaft 1918-1938. Einige Zusammenschlüsse aus dem internationalen Vergleich sozialer Struktur], in: J. Valenta (Hrsg.), Československo 1918–1938. Osudy demokracie ve střední Evropě [Tschechoslowakei 1918-1938. Die Schicksäle Demokratie in Mitteleuropa], Bd. 2. Praha 1999, 368-377; V. Průcha, Sociální a profesní struktura obyvatelstva v meziválečném Československu [Soziale und professionelle Struktur der Bevölkerung in der Zwischenkriegszeit-Tschechoslowakei], in: Československo 1918–1938 [Die Tschechoslowakei 1918– 938]. Praha 1999, 378-392; ders., The Labour Market in Interwar Czechoslovakia, in: A. Teichová/A. Mosser/J. Pátek (Hrsg.), Der Markt im Mitteleuropa der Zwischenkriegszeit. The Market in Interwar Central Europe. Prag 1997, 213-228; Z. Deyl, Demografický vývoj a profesní, národnostní a sociální složení obyvatelstva [Demographische Entwicklung und professionelle, nationale und soziale Struktur der Bevölkerung], in: V. Lacina/J. Pátek u. a., Dějiny hospodářství českých zemí od počátku industrializace do současnosti, díl 3: Období první Československé republiky a německé okupace 1918-1945 [Wirtschaftsgeschichte der böhmischen Länder vom Beginn der Industrialisierung bis zur Gegenwart, Bd. 3: Zeit der Ersten Tschechoslowakischen Republik und der deutschen Okkupation 1919-1945]. Praha 1995, 35-70; Z. Sládek, Bilance hospodářství první republiky [Bilanz der Wirtschaft der Ersten Republik], in: V. Lacina/J. Pátek u. a., Dějiny hospodářství [Wirtschaftsgeschichte], Praha 1995, 177-187; V. Průcha, Sociální struktura Československa v meziválečném období [Soziale Struktur der Tschechoslowakei in der Zwischenkriegszeit], in: L. Kalinová u. a. (Hrsg.), K proměnám sociální struktury v Československu 1918–1968 [Zu den Veränderungen der Sozialstruktur in der Tschechoslowakei 1918-1968]. Praha 1991, 8–49.

2 Z. Kárník, Malé dějiny československé (1867-1939) [Kleine tschechoslowakische Geschichte 1867-1939]. Praha 2008, 383-384; V. Průcha u. a., Hospodářské a sociální dějiny Československa 1918-1992 [Wirtschafts- und Sozialgeschichte der Tschechslowakei 1918-1992], Bd. 1: 1918-1945. Brno 2004, 431-437, 445f.; J. Gebhart/J. Kuklík, Druhá republika 1938-1939. Svár demokracie a totality v politickém, společenském a kulturním životě [Zweite Republik 1938-1939. Der Kampf der Demokratie und der Totalität im politischen, gesellschaftlichen und kulturellen Leben]. Pra-

Mit der Abtretung der Grenzgebiete (sog. Sudetengebiete) an Deutschland war für die tschechoslowakische Regierung nicht nur eine wesentliche Verminderung des Lebensniveaus der Bevölkerung verbunden, sondern sie hielt die Zession auch für ein unlösbares Problem vor dem Hintergrund der großen und zugleich dauerhaften Arbeitslosigkeit, besonders in Rücksicht auf die aus den abgetrennten Gebieten kommenden Industrie-Arbeiter.[3] Nach dem Münchener Abkommen vom September 1938 setzten sich die deutsch-tschechoslowakischen Verhandlungen fort: Bis zum 21. November 1938 im Rahmen der Berliner internationalen Konferenz, dann als bilaterale Verhandlungen.

---

ha/Litomyšl 2004, 172; F. D. Raška, Uprchlické tábory v Čechách a na Moravě po mnichovském diktátu [Die Flüchtlingslager in Böhmen und in Mähren nach dem Münchener Diktat], in: Soudobé dějiny [Zeitgenössische Geschichte], 2001, H. 4, 732-745; J. Gebhart, Migrationbewegungen der tschechischen Bevölkerung in den Jahren 1938-1939: Forschungstand und offene Fragen, in: D. Brandes/E. Ivaničková/J. Pešek (Hrsg.), Erzwungene Trennung: Vertreibung und Aussiedlung in und aus der Tschechoslowakei 1918-1947. Essen 1999, 13-24; Z. Radvanovský, K otázce uprchlíků z pohraničí českých zemí po Mnichově 1938 [Zur Frage der Flüchtlinge aus dem Grenzgebiet der böhmischen Länder nach dem München 1938], in: ders. (Hgrs.), Historie okupovaného pohraničí 1938-1945, [Die Geschichte des besetzten Grenzgebietes 1938-1945] Bd. 2. Ústí nad Labem 1998, 5-32; A. Teichová, Německá hospodářská politika v českých zemích v letech 1939-1945. Studie z hospodářských dějin č. 1 [Deutsche Wirtschaftspolitik in den böhmischen Ländern in den Jahren 1939-1945. Studien aus der Wirtschaftsgeschichte Nr. 1]. Praha 1998; J. Gebhart, Migrace českého obyvatelstva v letech 1938-1939 [Die Migration der tschechischen Bevölkerung in den Jahren 1938-1939]. Český časopis historický [Tschechische historische Zeitschrift], 1998, H. 3, 561-573; K. Sommer, Hospodářský vývoj v českých zemích 1938-1945 [Wirtschaftsentwicklung in den böhmischen Ländern 1938-1945], in: V. Lacina/J. Pátek u. a., Dějiny hospodářství [Wirtschaftsgeschichte]. Praha 1995, 189-219; M. Ctiborová, Hlavní otázky hospodářského a sociálního vývoje v protektorátu v letech 1939-1940 ve světle protektorátního a ilegálního tisku [Hauptfragen der Wirtschafts- und Sozialentwicklung im Protektorat in den Jahren 1939-1940 in der Licht der Protektorats- und illegalen Presse]. Dipl. phil. Karls-Universität Prag 1991; M. Kárný, Der "Reichsausgleich" in der deutschen Protektoratspolitik, in: U. Herbert (Hrsg.), Europa und der "Reichseinsatz". Ausländische Zivilarbeiten, Kriegsgefangenen und KZ-Häftlinge in Deutschland 1938–1945. Essen 1991, 26-50; von der deutschen Seite vgl. F. P. Habel, Eine politische Legende: Die Massenvertreibung von Tschechen aus dem Sudetengebiet 1938/1939. München 1996; P. Heumos, Flüchtlingslager, Hilfsorganisationen, Juden im Niemandsland. Zur Flüchtling- und Emigrationsproblematik in der Tschechoslowakei im Herbst 1938. Bohemia 25, 1984, H. 2, 245-275.

3 Archiv Ministerstva zahraničních věcí Praha [Das Archiv des Außenministeriums Prag] (nachfolgend nur AMZV Prag), IV. Sektion, Karton 464, Umschlag 3, Nr. 140633/38, Stanovisko ČSR k memorandu německé vlády v Godesbergu [Stellungnahme der ČSR zum Memorandum deutscher Regierung], 6.

Die annektierten tschechoslowakischen Grenzgebiete gehörten aus statistischer Sicht zu den höchstindustrialisierten Gebieten Mitteleuropas (230 400 Gewerbeunternehmen), mit 1 024 000 Angestellten und einer Energieleistung von 930 000 HP.[4] Es handelte sich aber meistens um Kleinunternehmen und Handwerksbetriebe (außer den Braun- und Schwarzkohlenrevieren und Hüttenregionen).

Die „neue" Tschechoslowakei (seit dem 19. November 1938 offiziell „Tschecho-Slowakei") hatte 9 807 096 Einwohner, darunter 3 690 361 Beschäftigte in der Landwirtschaft (37,6 %), 3 137 213 in der Industrie (32 %) und 721 788 im Handel (7,4 %).[5] So vergrößerte sich der Anteil der Landwirtschaft in der tschecho-slowakischen Wirtschaftsstruktur. Die Bemühung Deutschlands um die Sicherung des ungestörten weiteren Wirtschaftslebens beweist die Kundmachungen in Presse und Rundfunk am 8. Oktober 1938.[6]

Zu den sozialen und arbeitsrechtlichen Grundproblemen Tschechoslowakei/Tschecho-Slowakei gehörten: der große Zustrom von Flüchtlingen aus den abgetrennten Gebieten (einschließlich der Staatsangestellten), die Rückkehr der tschechoslowakischen Bürger aus den verschiedenen Teilen der Republik (einschließlich der Staatsangestellten), die Rückkehr der geflüchteten tschechoslowakischen deutschen Bürger (Sudetendeutschen) (meistens Hitler- und Henleinanhänger) in die Republik, die politische Emigration aus Deutschland und Österreich, die Auswanderung tschechoslowakischer Bürger (einschließlich der Juden) und Fremder, die Sicherung des Wirtschaftslebens, die Beschränkung des Arbeitsmarktes, die Arbeitslosigkeit, die erhöhte Abhängigkeit bei der Lösung sozialer und Arbeitsprobleme von Deutschland und die stufenweise Unterwerfung der wirtschaftlichen und sozialen Zielen unter Deutschland, anders gesagt, der Verlust der wirtschaftlichen und sozialen Unabhängigkeit.

Die Veränderung der Grenzführung brachte den einzelnen Unternehmen große Probleme. Z. B. hatten so tausende Angestellten in der Region Ostrau (Ostrava/Nordmähren), namentlich ein Viertel der Angestellten der Witkowitzer Eisenhütten (ca. 5 000 – 6 000)[7] plötzlich ihren Wohnsitz im „Ausland". Der

4 Sommer, Hospodářský vývoj (wie Anm. 2), 189; W. Deist/M. Messerschmidt/H.-E. Volkmann/W. Wette, Das Deutsche Reich und der Zweite Weltkrieg, Bd. 1: Ursachen und Voraussetzungen der deutschen Kriegspolitik. Stuttgart 1979, 329.

5 Hospodářská situace Česko-Slovenska v prosinci 1938 a počátkem ledna 1939 [Wirtschaftslage der Tschecho-Slowakei im Dezember 1938 und Anfang Januar 1939], in: Zprávy národní banky Česko-Slovenské [Nachrichten der Nationalbank der Tschecho-Slowakei] (nachfolgend nur ZNBČS). Praha 1939, H. 147, 1.

6 Politisches Archiv–Außenamt Berlin (nachfolgend nur PA-AA Berlin), R 27821, Sicherstellung der Fortführung des deutsch-tschechoslowakischen Wirtschaftsverkehrs. Regelung von Fragen der Sozial-Versicherungen, Berlin, 8. 10. 1938, 1f.

7 Sommer, Hospodářský vývoj (wie Anm. 2), 191.

Beamte Mackeben aus dem Berliner Auswärtigen Amt schrieb daher am 25. Oktober 1938 an das Reichsverkehrsministerium und an andere Reichsministerien, dass die Arbeitsmöglichkeiten einschließlich der Eisenbahnverbindungen für die Arbeiter, die jetzt in Deutschland sind, beibehalten werden müssten.[8]

In einem undatierten deutschen Begleitbrief zu einem Entwurf einer Vereinbarung über das Behalten des status quo (sog. „Status quo" Abkommen) rechnete man mit der Rückkehr der tschechoslowakischen Deutschen, Angestellten und Arbeiter, die wegen der politischen Verhältnissen das Territorium der Tschechoslowakei verlassen hatten, auf die ursprünglichen Stellen, sowie mit der Garantie gleicher Pflichten für die in den abgetrennten Gebieten bleibenden Tschechen und mit dem Angebot der Verminderung des Anstiegs der Arbeitslosigkeit durch die deutsche Nachfrage.[9]

In einem Eilbrief vom 14. November 1938 bemerkte Generalreferent Kehrl vom Auswärtigen Amt gegenüber dem Gesandten Ritter (ebenfalls Auswärtiges Amt), dass es im Zusammenhang mit dem oben genannten Entwurf („Status quo" Abkommen) nötig sei, einerseits den Umzug der tschechischen Deutschen ins Reich zu verhindern, weil es schwierig sei, einmal verlorene Stellen zurück zu bekommen, und andererseits die Rückkehr der aus der Tschechoslowakei ausgezogenen Deutschen zu fördern. „Partei und Staat können nur dann mit gutem Gewissen dahin wirken, daß diese Kräfte an ihre Arbeitsstätten in der Rest-Tschecho-Slowakei zurückkehren, wenn in Kürze eine Entscheidung getroffen wird, die im Verbleiben des Deutschtums in der Rest-Tschecho-Slowakei eine politische Notwendigkeit sieht und den Schutz des Reiches garantiert."[10] Dazu sollte ein Sozialkredit von 5 Millionen RM durch die Kreditanstalt der Deutschen an den Abgeordneten Kundt als Führer der Deutschen in Tschecho-Slowakei helfen. Der Brief setzte die Ausarbeitung einer Liste schutzwürdiger „volksdeutscher" Unternehmen voraus.[11] Die Garantie einer rechtzeitigen Auszahlung der staatlichen Beamten und Offiziere, Lehrer ohne Rücksicht auf die

8 PA-AA Berlin, R 103836, Durchdruck als Konzept, Mackeben an RVM und andere Reichsministerien, Berlin, 25. 10. 1938.

9 PA-AA Berlin, R 100931, Entwurf eines an die tschecho-slowakische Gesandtschaft zu richtenden Papiers ("Status quo" Abkommen), Vereinbarung zwischen der reichsdeutschen und der tschechoslowakischen Regierung über eine provisorische Regelung der Fragen von Kündigen, und Arbeitsentlassungen der deutschen Staats- und Volkstumsangehörigen in der Tschechoslowakischen Republik und der Staatsangehörigen tschechoslowakischer Nationalität im abgetretenen Gebiet, Bl. 0498250-0498252.

10 PA-AA Berlin, R 100931, Schnellbrief, Generalreferent Kehr an Gesandten Ritter, Berlin 14. 11. 1938, 2.

11 Ebd. 2f.

Nationalität bestätigte der tschechoslowakische Außenminister František Chvalkovský am Oktober Ende 1938.[12]

Auf Grund der deutsch-tschechoslowakischen Erklärung über den Schutz der beiderseitigen Volksgruppen vom 20. November 1938 wurde ein ständiger vierköpfiger Regierungsausschuss aus den Außenministern und Innenministern errichtet.[13] Die erste Sitzung fand schon am 21. November 1938 statt.[14] Die deutsche Seite legte eine Liste angeblicher wirtschaftlicher Maßnahmen gegen die Deutschen vor. Die Beschwerden betrafen meistens Entlassungen Einzelner aus den großen Unternehmen (Poldi Kladno, Škoda-Werke, Baťa) aber auch aus kleinen Unternehmen (Heinings-Erben & Co., Franz Xaver Brosche Sohn A. G.).[15]

Flüchtlingsproblem

Zu einem großen sozialen Problem wurde die Zahl der Flüchtlinge und Auswanderer aus den abgetrennten Gebieten und die Heimkehrer aus der Slowakei und Karpatorussland (Karpato-Ukraine). Die Angaben sind unterschiedlich, weil die statistischen Untersuchungen die Staatsangestellten nicht in Betracht nahmen und sich eine Reihe der Flüchtlinge nicht meldete. Um die Flüchtlinge kümmerte sich zuerst der Zentral Ausschuss und auf Grundlage der Regierungsverordnung Nr. 292/1938 vom 11. November das Institut für Flüchtlingsfürsorge (Ústav pro péči o uprchlíky) beim Ministerium für Sozialpflege.[16]

Vor München begann und nach München kulminierte die erste Massenflüchtlingswelle aus den Grenzgebieten ins böhmisch-mährische Inland. In die kapitalmäßig ethnisch tschechischen Unternehmen, die im besetzten Grenzgebiet blieben, kamen sog. Treuhänder, spezielle Kommissare. Dann folgten Verwaltungs- und Eigentumsverhandlungen.

Die Flüchtlinge blieben oft bei ihren Verwandten, bei Freunden oder Bekannten. In diesem Zusammenhang gab das Innenministerium am 21. Oktober 1938 einen Erlass über die Errichtung spezieller Sammellager heraus, deren ca.

---

12 PA-AA Berlin, R 101109, Telegramm (Hencke), Prag 29. 10. 1938.

13 PA-AA Berlin, R 100931, Deutsche-tschechoslowakische Erklärung über den Schutz der beiderseitigen Volksgruppe, Berlin, 20. 11. 1938, Bl. 309277-309278.

14 PA-AA Berlin, R 100932, Aufzeichnung über die am 21. Dezember 1938 in Berlin aghenatene erste konstituierende Sitzung des in der deutsch-tschecho-slowakischen Erklärung über den Schutz der beiderseitigen Volksgruppen vom 20. November 1938 vorgesehenen Regierungsausschusses, 1-6.

15 PA-AA Berlin, R 100932, Wirtschaftliche Maßnahmen gegen die deutsche Volksgruppe, 1-4.

16 Vgl. dazu: J. Šíma, 1945: Českoslovenští přestěhovalci v letech 1938-1945 [Die tschechoslowakischen Übersiedelnden in den Jahren 1938-1945]. Praha 1945.

78 entstanden. Diese beendeten ihre Tätigkeit meistens bis Jahresende. Die Anlage C des genannten Erlasses enthielt eine „Übersicht der Zahl der Flüchtlinge" zum 3. Dezember 1938.[17] Die Übersicht führte 151 997 Flüchtlinge aus dem „Ausland" an. Laut diesem Erlass bekamen diese Personen bei den Bezirksämtern in den böhmischen Ländern spezielle Finanzhilfen. In der genannten Zahl sind nicht eingerechnet: Flüchtlinge aus der Zeit vor München, Staatsbeamte, denen der Staat die Wiederanstellung garantierte, ferner tschechische Priester usw. Die Gesamtzahl der Nichtregistrierten schätze Jaroslav Macek auf 10 000. Insgesamt sind vermutlich 160 000 Personen einschließlich Familienverwandter aus den besetzten Gebieten geflohen[18], es gibt aber auch andere Schätzungen.[19] Die Tschechen bildeten 85,7 % der Flüchtlinge, Juden 11,23 % und Deutsche 8,65 %. Bis Anfang Dezember 1938 mussten laut dem tschecho-slowakisch-deutschen Abkommen 7 307 Personen in die abgetrennten Gebiete zurückkehren, meistens nur Deutsche. Die tschechischen Flüchtlinge blieben in den Bezirken an den neuen Grenzen und in den großen Siedlungs- und Industrieräumen.[20]

Aus der Sicht der Berufsstruktur unter den Flüchtlingen überwogen die Arbeiter (36,36 %); weiter Privatiers (16,97 %), Gewerbetreibende (13,9 %), Privatangestellte (13,7 %), öffentliche Angestellte (7,32 %), freie Berufe (7,03 %), Lehrer (2,4%) und Landwirte (2,32 %). Aus der Alterssicht waren es besonders junge Leute, meistens ledig (50,15 %).[21] Die tschechischen Flüchtlinge hinterließen im Grenzgebiet Eigentum, mit einem Wert von geschätzten 3 Mrd. Kronen.[22] Im abgetrennten Grenzgebiet blieben noch ca. 319 000 bis 500 000 Tschechen.[23] Punkt Nr. 7 des Münchener Abkommens setzte die Ausnutzung

---

17 Příloha C výnosu ministerstva vnitra ze dne 21. 10. 1938 [Anlage C des Erlasses des Innenministeriums vom 21. 10. 1938], Nr. 87566/38 14a. Přehled početního stavu uprchlíků - stav 3. 12. 1938 [Übersicht der Zahl der Flüchtlingen – Stand am 3. 12. 1938], zit. nach J. Macek, Uprchlíci ze pohraničí v roce 1938 [Die Flüchtlinge aus dem Grenzgebiet im Jahre 1938], in: Češi a Němci historická tabu. Tschechen und Deutsche historische Tabus. Praha 1995, 135.

18 Macek, Uprchlíci (wie Anm. 17), 135.

19 J. Sommer schätze auf 120 000. Sommer, Hospodářský vývoj (wie Anm. 2), 190; R. Kvaček und M. Heyduk führten für November 100 000 an, Mitte Dezember 152 000, später dazu noch 50 - 60 000 Staatsangestellten. R. Kvaček/A. Chalupa, Československý rok 1938 [Das tschechoslowakische Jahr 1938], Praha 1988, 249; J. Bartoš schätzte bis Anfang 1939 mehr als 150 000 Personen. J. Bartoš, Okupované pohraničí a české obyvatelstvo [Das besetzte Grenzgebiet und die tschechische Bevölkerung]. Praha 1986, 20; Gebhart/Kuklík, Druhá republika (wie Anm. 2), 172; Gebhart, Migrace (wie Anm. 2), 568-570; Raška, Uprchlické tábory (wie Anm. 2), 732-745.

20 Macek, Uprchlíci (wie Anm. 17), 135f.

21 Ebd. 136.

22 Ebd.

23 Ebd. 137.

des sechsmonatigen Optionsrechtes für die Tschecho-Slowakei oder für Deutschland voraus.[24]

Die offiziellen Flüchtlingszahlen in Nachrichten der Tschechoslowakischen Nationalbank (Zprávy Národní banky Československé) und des Statistischen Korrespondenten (Statistický zpravodaj) zum 5. Dezember 1938 divergierten etwas von den Zahlen des Innenministeriums und nannten insgesamt 152 668 Flüchtlinge, darunter 133 114 tschechoslowakische Staatsangehörige und 19 554 Flüchtlinge fremder Staatsangehörigkeit. Von den tschechoslowakischen Bürgern waren 34 470, von den Fremden 5 181 Arbeit suchend.[25] Die Flüchtlingsstatistiken führten die Bezirksämter. Bei den Arbeitsvermittlungstellen meldete sich nur ein Teil der Flüchtlinge.

Der tschechoslowakische Premier Rudolf Beran skizzierte in seiner Erklärung vom 13. November 1938 eine mögliche Lösung des Flüchtlingsproblems: Er bemerkte, dass die Flüchtlinge in landwirtschaftlichen und forstlichen Unternehmen unter zu bringen seien und sich auf eine Unterbringung in der Industrie vorbereiteten. Die Gewerbetreibenden und Kaufleute sollten ihre Existenz in ihren jeweiligen Sparten finden.[26] Als Hauptlösung galt die Verbreiterung der Produktion. Aber nur ein Teil der Flüchtlinge fand Arbeit und Unterkunft. Die Mehrheit erhöhte die Zahl der Arbeitslosen.

Arbeitsrechtliche Problematik /Arbeitslosigkeit

Mit dem Problem der Flüchtlinge ist die Frage von Lebensunterhalt und Arbeitslosigkeit verknüpft. Die massiven und dauerhaften staatlichen Investitionsaktivitäten sollten die Arbeitslosigkeit eliminieren. Laut der Regierungsverordnung Nr. 223/38 vom 11. Oktober 1938 wurden vom Verteidigungsministerium aus Arbeitslosen Arbeitstrupps für „gemeinnützige Handlungen" eingerichtet.[27] Man rechnete mit der Ausnützung dieser halbmilitärisch organisierten Arbeitstrupps beim Aufbau und der Instandhaltung von Straßen, Autobahnen (Prag/Praha – Brünn/Brno - Zlín – Žilina), Eisenbahnen, einer U-Bahn in Prag usw.[28]

---

24 Akten zur deutschen auswärtigen Politik 1918 - 1945, Serie D (1937 – 1945), Bd. 2. Baden-Baden 1950, 812-813.

25 ZNBČS 1939, H. 151, 213; Statistický zpravodaj [Statistischer Korrespondent] 2, 1939, H. 4 -5, 74f.

26 156. řádná schůze Poslanecké sněmovny dne 13.12. 1938 [156. ordentliche Sitzung des Abgeordneten Hauses am 13.12. 1938], [online] [zit. 01. 10. 2009]. Zur Verfügung unter: www.psp.cz/eknih/1935ns/ps/stenprot/156schuz/s156003.htm.

27 Regierungsverordnung Nr. 223/1938 Sammlungen der Gesetze und Verordnungen, §1.

28 AMZV Prag, IV. Sektion, Karton 464, Umschlag 5. Konference. Mnichov [Konferenz. München], zur Nr. 74071-V/1 vom J. 1938, Prag 26. 10. 1938, Soustavná úprava silnic. Program autostrády. Zřizování pracovních útvarů. Zřizování náhradních silničních spojů přervaných novými státními hranicemi [Systematische Herrichtung der Straßen. Pro-

Die Regierungsverordnung Nr. 244/1938 vom 19. Oktober 1938 verfügte, dass die Arbeitgeber den Bezirksämtern alle Arbeitskräfte zu melden hätten, die sie nach dem 1. Mai 1938 aus den abgetrennten Gebieten eingestellt hatten. Die Arbeitsbewilligung gaben die Bezirksämter heraus.[29] Laut der Regierungsverordnung Nr. 304/1938 vom 25. November 1938 mussten Eigner, Pächter und andere Nutzer von Flächen mit mehr als 50 ha Landwirte aus den besetzten Gebieten vorübergehend in ihren Unternehmen aufnehmen.

Die in Zusammenarbeit mit Deutschland geplanten Investitionsarbeiten betrafen den Aufbau einer Korridor-Autobahn Breslau/Wrocław – Wien, des Donau-Oder-Kanals und den Umbau einiger tschechoslowakischer Eisenbahnstrecken.[30] Es wurde mit den beiden Investitionsarbeiten erst unter den veränderten machtpolitischen Verhältnissen im Jahre 1939 begonnen.

Die Kaufleute und Gewerbetreibenden aus den Grenz- aber auch aus anderen Gebieten versuchten ihre Tätigkeit wieder aufzunehmen. Das Entstehen neuer Gewerbe regulierte die Regierungsverordnung Nr. 265/1938, der zufolge die Vertreter der Interessenkorporationen (Genossenschaften, Handelsgremien, Handels- und Gewerbekammer usw.) jede neue Anmeldung untersuchten.

---

gramm der Autobahn. Errichtung der Arbeitstruppen. Errichtung von Ersatzstraßenverbindungen gebrochen durch die neuen Grenzen]; AMZV Prag, IV. Sektion, Karton 464, Umschlag 3. Konference. Mnichov, Program investičních prací [Konferenz. München, Programm der Investitionsarbeiten], 1, 6; Kvaček/Chalupa, Československý rok (wie Anm. 19), 247f.

29 Diese Verordnung wurde von deutscher Seite als deutschfeindlich aufgefasst. PA-AA Berlin, R 100932, Auskünfte über einige Regierungsverordnungen und Ministerialerlasse aus allerletzter Zeit, 4.

30 AMZV Prag, IV. Sektion, Umschlag 5. Konference Mnichov. Delegace - jednání, Spolupráce Německa pro řešení hospodářských věcí s RČS. Záznam o rozhovoru podepsaného s velvyslancem Dr. Ritterem dne 28. 10. 1938 [Konferenz München. Delegation – Verhandlungen, Zusammenarbeit Deutschlands mit der RČS für die Lösung der Wirtschaftsachen. Notiz über Gespräch der Unterschriebenen mit dem Botschafter Dr. Ritter an 28. 10. 1938], Nr. 154562/38; Tajný záznam o rozhovoru vedoucího československé delegace při mezinárodní komisi v Berlíně Machatého s velvyslancem dr. Ritterem dne 28. 10. 1938 o hospodářských poměrech v ČSR [Geheime Notiz über Gespräch Machatý, Leiter der tschechoslowakischen Delegation, bei internationaler Kommission in Berlin, mit dem Botschafter Dr. Ritter am 28. 10. 1938 über die Wirtschaftslage in der ČSR], in: Protifašistický a národně osvobozenecký boj českého a slovenského lidu 1938-1945. Edice dokumentů [Der antifaschistische und Nationalbefreiungskampf der tschechischen und slowakischen Völker 1938-1945. Edition der Dokumente], Bd. 1, Teil 3, Heft 2, Dokument Nr. 862. Praha 1983, 33; AMZV Prag, IV. Sektion, Karton 464, Umschlag 5. Konference Mnichov. Delegace – jednání. Zápis o rozmluvě podepsaného s velvyslancem Dr. K. Ritterem dne 15. listopadu v 10 hodin [Konferenz München. Delegation – Verhandlungen. Das Protokoll über Gespräch mit dem Botschafter Dr. K. Ritter am 15. November um 10 Uhr], Nr. 13877/38.

Die Bemühung um Ersatz für die Betriebe und Unternehmen, die in den abgetrennten Gebieten geblieben waren, und um Wiederherstellung der Tätigkeit der geflohenen Gewerbetreibenden und Kaufleute kritisierte der Gesandte Dr. Karel von Ritter, der Vorsitzende deutscher Delegation bei der Internationalen Kommission in Berlin, im Gespräch mit dem Vorsitzenden der tschecho-slowakischen Delegation Eduard Machatý am 19. Januar 1939 sehr scharf.[31] Deutschland forderte sogar Mitte Februar 1939 eine Garantie, dass die tschecho-slowakische Regierung keine neuen Industrieunternehmen gründen werde. Bei den weiteren Verhandlungen rechnete die tschecho-slowakische und deutsche Seite mit dem sog. kleinen Grenzverkehr von 15 km einschließlich der Arbeitsmöglichkeiten in Regionen von Brünn/Brno, Olmütz/Olomouc und Budweis/České Budějovice.[32]

Laut dem Institut für Flüchtlingsfürsorge wurden im Januar 1939 8 500 Gewerbetreibende und Kaufleute registriert, die aus den besetzten Gebieten angekommen waren.[33] Am 1. März 1939 wurden 24 387 Flüchtlinge gemeldet, die Arbeit suchten.[34] Nach der Okkupation der Tschecho-Slowakei im Mai 1939 kamen weitere Flüchtlinge aus der Slowakei und Karpatorußland. Die Zahl erreichte ein Niveau von 10 000.[35]

Das Problem, wie mit den Angestellten des öffentlichen Dienstes aus den abgetrennten Grenzgebieten und aus der Slowakei umzugehen sei, lösten die Gesetze vom 1. Januar 1939: Versetzung in andere Abteilungen, Einstellungs-

---

31 AMZV Prag, IV. Sektion, Karton 464, Umschlag 5. Konference Mnichov. Delegace – jednání, Umschlag 13530 Jednání v Berlíně - rozhovor mezi předsedy česko-slovenské a německé delegace. Záznam o rozhovoru podepsaného s velvyslancem Dr. K. Ritterem, předsedou německé delegace, dne 19. ledna 1939 [Konferenz München. Delegation – Verhandlung in Berlin – Gespräch zwischen den Vorsitzenden der tschecho-slowakischen und deutschen Delegationen. Protokoll über Gespräch des Unterschriebenen mit dem Botschafter Dr. K. Ritter, Vorsitzenden der deutschen Delegation, am 19. Januar 1939], Nr. 64/1939, 3f.

32 PA-AA Berlin, R 103854, Niederschrift über die 2. interne Besprechung im Auswärtigen Amt vom 12. Januar nachmittags wegen des kleinen Grenzverkehrs, eingelangt am 16. 1. 1939, 3; PA-AA Berlin, R 100933, Niederschrift über die Besprechung im Auswärtigen Amt vom 3. Januar nachmittags wegen des deutsch-tschecho-slowakischen kleinen Grenzverkehrs, 3f.

33 Národní střed [Nationale Mitte], 19. Januar 1939. Zit nach V. Král, Otázky hospodářského a sociálního vývoje v českých zemích v letech 1938-1945 [Fragen der Wirtschafts- und Sozialentwicklung in den böhmischen Ländern in den Jahren 1938-1945], Bd. 1. Praha 1957, 232.

34 Statistický zpravodaj 2 (wie Anm. 25), 76.

35 Insgesamt 10 085, darunter 4 329 Kaufleute und 756 Gewerbetreibende. Zprávy Národní banky pro Čechy a Moravu [Nachrichten der Nationalbank für Böhmen und Mähren] (nachfolgend nur ZNBČM), 1939, H. 151, 214.

stopp für neue Kräfte, Beförderungssperre, Verminderung der Zuschläge, Entlassung verheirateter Frauen usw.[36]

Das deutsche Interesse an den tschecho-slowakischen, besonders tschechischen Arbeitskräften dokumentierte der deutsche Gesandte in Prag, der im Dezember 1938 der tschecho-slowakischen Regierung anbot, auf ein bis zwei Jahre eine unbeschränkte Zahl von Arbeitern aus Landwirtschaft, Bau- und Metallindustrie in den annektierten Gebieten zu beschäftigen. Eine tschecho-slowakische interministerielle Konferenz vom 7. Dezember 1938 empfahl, den deutschen Entwurf zu akzeptieren, aber in Rücksicht auf den Mangel an Arbeitskräfte in der Landwirtschaft, die Zahl auf 40 000 Arbeiter zu beschränken. Im Januar 1939 fanden dann tschecho-slowakisch-deutsche Verhandlungen statt, und die tschecho-slowakische Regierung bot 20 000 Arbeiter aus den böhmischen Ländern, 16 000 Arbeiter aus der Slowakei und 4 000 bis 5 000 Arbeiter aus Karpatorußland an.[37]

Am 20. Januar 1939 wurde dann ein Abkommen über 20 000 Arbeiter aus den böhmischen Ländern abgeschlossen. Schon am 23. März 1939, also nur eine Woche nach der Okkupation, begannen die Okkupationsämter Arbeiter für Arbeitsplätze in Deutschland anzuwerben.[38] Die ersten Transporte wurden dann Anfang April 1939 organisiert.[39]

Die Zahl der Arbeitslosen in den Jahren 1938-1939 zeigt folgende Tabelle.

Monat	Zahl der Arbeitslosen		Offene Stellen	
	1938	1939	1938	1939
Januar	519 002	124 329 (10 207)	8 231	7 246
Februar	511 288	108 825 (10 207)	8 546	8 613
März	434 506	92 859 (10 785)	10 700	7 943
April	360 849	56 901 (8 280)	9 638	8 168

36 Kvaček/Chalupa, Československý rok (wie Anm. 19), 279.

37 Informace pro p. ministra dne 22. prosince 1938 [Information für H. Minister am 22. Dezember 1938], D, Nr. 1282191/38, Informace pro p. ministra dne 20. ledna 1939 [Information für H. Minister am 20. Januar 1939], Nr. 7128/39. Zit. nach Král, Otázky (wie Anm. 33), 185-187.

38 Tagesbefehl Nr. 6 Heeresgruppe 3/Chef der Zivilverwaltung vom 24. 3. 1939, 134-137 zitiert nach D. Brandes, Die Tschechen unter deutschen Protektorat. München/Wien 1975, 154, 317.

39 Národní politika [Nationale Politik] 57, 1. 4. 1939, 3.

Mai	284 785	26 488 (6683)	11 234	8 328
Juni	224 170	17 272 (4 701)	14 592	12 131
Juli	184 118	10 924 (1 975)	22 139	14 289
August	165 423	9 077 (1 344)	15 657	12 877
September	61 697	9 686 (1 219)	11 024	10 613
Oktober	77 331	10 671	7 031	9 248
November	103 685 (5 556)	13 726	5 200	7 500
Dezember	148 152 (8 398)	14 805	5 582	7 233

Graphik 1: Zahl der Arbeitslosen und offene Stellen[40]

Schon in der Lösung Problems der Arbeitslosigkeit waren die Elemente der zentralen Planung von Arbeitskräften und Prinzipien der gelenkten Wirtschaft deutlich. Das statistische Jahrbuch des Protektorats vom Jahre 1941 gab als Zahl der bei den Arbeitsvermittlungstellen gemeldeten Arbeitslosen für das Jahr 1938 mit 94 500 (im Jahresdurchschnitt) und für das Jahr 1939 mit nur noch 41 300 an.[41] Die meisten Arbeitsuchenden finden wir unter der Kategorie der Tagelöhner (11 464), im Baugewerbe (5 587) und bei den Handelsangestellten (4 099).[42] Nach der Entstehung des Protektorats Böhmen und Mähren wurde das Arbeitslosigkeitsproblem durch Werbung für Arbeit in Deutschland und durch den erzwungenen Arbeitseinsatz gelöst.[43]

40 Angaben in Klammern führen darunter die Zahl in den Arbeitstrupps. Ab Oktober 1938 Angaben ohne abgetrennte Gebieten, ab Januar 1939 Angaben nur für Böhmen und Mähren. ZNBČS 1938, H. 144-146; 1939, H. 147-149; Zprávy národní banky pro Čechy a Moravu v Praze (Nachrichten der Nationalbank für Böhmen und Mähren), 1939, H. 152-156; Statistický zpravodaj [Statistischer Korrespondent], 1938/39, H. 1–12; 1939, H. 1–12, 1940, H. 1–2.

41 Statistická ročenka protektorátu Čechy a Morava [Statistisches Jahrbuch des Protektorats Böhmen und Mähren] 1. Praha 1941, 113.

42 Ebd. 114.

43 Sommer, Hospodářský vývoj (wie Anm. 2), 191.

Nach der Flüchtlingswelle, die mit dem München-Abkommen, der Abtretung von Territorium an Polen, der Wiener Arbitrage (an Ungarn) und der angekündigten Autonomie für die Slowakei und Karpatorussland verbunden war, kam mit der Proklamation des Slowakischen Staates eine weitere Welle. Laut den Angaben der Bezirksämter betrug zum 1. April 1939 die Gesamtzahl 169 333, darunter 155 702 ehemalige tschechoslowakische Staatsangehörige, 10 106 fremde Staatsangehörige und 3 125 Personen ohne Staatsangehörigkeit. Aus nationaler Sicht waren 141 996 Tschechen, 711 Slowaken, 270 Ruthenen, 5 871 Deutschen, 6 273 Juden, 126 Polen und 407 anderer Nationalität.[44] Von den ehemaligen tschechoslowakischen Staatsangehörigen wanderten binnen kurzer Zeit 10 590, von den fremden Staatsangehörigen 9 323 aus.[45]

---

44 Statistický zpravodaj (wie Anm. 25), 76.

45 Ebd.

Der Traum vom „neuen Jerusalem“ - Beveridges Bericht und Pläne über den Nachkriegswiederaufbau Großbritanniens

Viele Historiker bezeichnen den Zeitraum nach dem Zweiten Weltkrieg als „Aufbau eines neuen Jerusalems“.[1] Sie beziehen sich auf die Bemühungen der überwiegend britischen Labour-Politiker, ein „besseres und gerechteres Großbritannien“ zu schaffen, dessen Grundlage ein breit angelegtes Sozialversicherungsprogramm und die Verstaatlichung der wichtigsten Industriezweige werden sollten. Diese Absicht gewann bereits während des Zweiten Weltkriegs die Unterstützung eines beträchtlichen Teils der Bevölkerung. Als Gegenleistung für die erlittenen Kriegsleiden wünschten sich die Briten, „von Neuem und besser anzufangen“. Viele von ihnen kauften sich im Dezember 1942 den zu dieser Zeit schon legendären Beveridge-Bericht[2], der zum Grundstein der in der zweiten Hälfte des 20. Jahrhunderts verwirklichten Sozialreformen wurde. Die Briten blickten mit einem gewissen Optimismus in die Zukunft – ungeachtet der schwierigen Wirtschaftslage des Landes –, entschlossen, sich am Aufbau „eines neuen Jerusalems“ zu beteiligen.

Die Entwicklung der Sozialpolitik vor dem Zweiten Weltkrieg

Trotz des Wendepunkts, den die Veröffentlichung des Beveridge-Berichts bedeutete, sind die Anfänge des „Wohlstandsstaates“ bereits im 19. Jahrhundert zu suchen und ist festzustellen, dass die Bemühungen um eine Änderung des Sozialsystems während des Zweiten Weltkriegs und vor allem die Gesetzgebung nach 1945 „ein bloßes Ordnungschaffen des bisher recht chaotischen Systems

1 Vgl. P. Hennessy, Never Again. Britain 1945-51. London 2006, 119-182; D. Kynaston, Austerity Britain 1945-51. London 2007, hierbei handelt es sich um den ersten Teil eines umfangreichen Komplexes unter dem Namen Tales of a New Jerusalem, der sich der Geschichte Großbritanniens von 1945 bis zum Machtantritt Margaret Thatchers widmen soll.

2 William Henry Beveridge, der erste Baron Beveridge (1879-1963), wurde in Bengalen geboren, studierte am Balliol College in Oxford und wurde Jurist. Anfang des 20. Jahrhunderts arbeitete er mit der Liberalen Partei an ihrem Sozialsystem zusammen. Nach dem Ersten Weltkrieg verließ er die Beamtenlaufbahn und war an der London School of Economics tätig. Vgl. J. Harris, William Beveridge: A Biography. Oxford 1977; W. H. Beveridge, Power and Influence. London 1953; ders., Power and Influence. An Autobiography. London 1953; M. P. Beveridge, Shared Enthusiasm: The Story of Lord and Lady Beveridge/by her son Philip Beveridge Mair. Windlesham 1982.

verschiedener Verordnungen und Gesetze" darstellten.[3] Die eigentliche Armenfürsorge und Sozialgesetzgebung stammen selbstverständlich aus früheren Zeiten.

Die ersten Bemühungen, Probleme von Armen und Bettlern durch die sog. Armengesetze, die jedoch eine eher repressive Aufgaben hatten, zu lösen, gab es bereits im Mittelalter und in der frühen Neuzeit.[4] Zu den ersten tatsächlich bedeutenden Sozialmaßnahmen gehörten erst die sog. Fabrikgesetze aus dem 19. Jahrhundert, die die Frauen- oder Kinderarbeit beschränkten oder verboten.[5] Ei-

---

3 Vgl. J. Beveridge, Beveridge and his Plan. London 1954; W. J. Morgan (Ed.), The Beveridge Plan 1942-1992: Fifty Years on. Nottingham 1994; F. J. Scheu, British Labor and the Beveridge Plan. New York 1943; P. Chambers, Forward from Beveridge: the Beveridge Memorial Lecture, 1969 (given at the Senate House, University of London on 20th March 1969). London 1969; A. Cutler, Keynes, Beveridge and beyond. London 1986; J. Hills/J. Ditch/H. Glennerster (Eds.), Beveridge and Social Security: an International Retrospective. Oxford 1994.

4 Zu dieser Frage vgl. J. Rákosník, Anglický chudinský zákon z roku 1834. Část I. – Krize alžbětinské chudinské péče [Das englische Armenfürsorgegesetz vom Jahr 1834. Teil I. – Die Krise des Elisabethinischen Armenfürsorgesystems], in: Historický obzor [Historischer Horizont] 18, 2007, H. 3-4, 57-66; D. Gladstone/D. G. Green, Before Beveridge: Welfare before the Welfare State. London 1999; A. F. Young/E. T. Ashton, British Social Work in the Nineteenth Century. London 1956; A. Digby, British Welfare Policy: Workhouse to Workfare. London 1989; M. J. Daunton, Charity, Self-interest and Welfare in the English Past. London 1996; G. R. Boyer, An Economic History of the English Poor Law 1750-1850. Cambridge 1990; B. S. Rowntree, Poverty: A Study of Town Life. London 1980; D. Englander, Poverty and Poor Law Reform in Britain: From Chadwick to Booth, 1834-1914. London 1998; N. J. Smith, Poverty in England, 1601-1936. Newton Abbot 1972; J. H. Treble, Urban Poverty in Britain, 1830-1914. London 1979; G. B. A. M. Finlayson, Citizen, State, and Social Welfare in Britain 1830-1990. Oxford 1994; W. J. Mommsen/W. Mock (Eds.), The Emergence of the Welfare State in Britain and Germany, 1850-1950. London 1981; B. B. Gilbert, The Evolution of National Insurance in Great Britain: The Origins of the Welfare State. Aldershot 1993; D. Fraser, The Evolution of the British Welfare State: A History of Social Policy since the Industrial Revolution. Basingstoke 1984.

5 V. Jeans, Factory Act Legislation: Its Industrial and Commercial Effects, Actual and Prospective Being the Cobden Prize Essay for 1891. London 1892; N. Vynne/H. Blackburn, Women under the Factory Act: Part I. - Position of the Employer, Part. II - Position of the Employed. London 1903; T. M. Walton, The Early Factory Legislation; A Study in Legislative and Administrative Evolution. Leigh-on-Sea 1948; A. Redgrave, The Factory & Workshop Act, 1878: With Introduction, Copious Notes, and an Elaborate Index. London 1885; ders., The Factory & Workshop Acts, 1878 to 1891: With Introduction, Copious Notes, and an Elaborate Index. London 1891; B. L. Hutchins/A. Spencer, A History of Factory Legislation. London 1911; J. B. Matthews, The Law Relating to Children and Young Persons. London 1895; M. Tennant, The Law Relating to Factories and Workshops. London 1908; W. Bowstead, The Law Relating to Factories and Work-

ne wichtige Reformtätigkeit auf diesem Gebiet wird mit der Person des konservativen Premierministers Benjamin Disraelis verbunden, während dessen Amtszeit in der Downing Street Nr. 10 (1868; 1874-1880) viele Verordnungen verabschiedet wurden, die die Lage der Bevölkerung verbessern sollten; es handelte sich vor allem um das neue Fabrikgesetz (Factories and Workshops Act) aus dem Jahr 1874 und das Gesetz über die öffentliche Gesundheit (Public Health Act) aus dem Jahr 1875.[6]

Weitere bedeutende Sozialreformen wurden von der Liberalen Partei angeregt. 1908 wurde auf ihre Initiative das Gesetz über Altersrenten (Old Age Pensions Act) verabschiedet, nach dem Personen über siebzig Jahre einen Anspruch auf eine wöchentliche Rente in Höhe von 1-5 Schilling hatten; das neue Gesetz von 1919 legte die Rente auf 10 Schilling fest. Vor dem Ersten Weltkrieg, im Jahre 1911, verabschiedete das Parlament das Gesetz über die nationale Versicherung (National Insurance Act), an dessen Vorbereitung sich neben den zukünftigen Premierministern David Lloyd George und Winston Churchill auch der bereits erwähnte William Beveridge beteiligt hatte. Das Gesetz führte eine obligatorische Kranken- und Arbeitslosenversicherung ein, jedoch nur für Arbeitnehmer, die keine Einkommenssteuer zahlten. Das Gesetz wurde 1920 neu gefasst.[7]

In der Zwischenkriegszeit erließen die Regierung und das Parlament weitere Sozialverordnungen, von einem komplexen Sozialversicherungsprogramm kann jedoch nicht die Rede sein. Erst die Auswirkungen der Weltwirtschaftskrise, die Einführung von umfangreichen Sozialreformen in den USA in den 1930er Jah-

shops: As Amended and Consolidated by the Factory and Workshop Act, 1901. With all Orders, Special Rules, and Requirements now in Force; and the Provisions of the Truck Acts, Elementary Education Acts, and Other Statutes and Regulations so far as they Affect Factories and Workshops. London 1901; A. H. Evans, The Law Relating to Factories and Workshops: Including Laundries, Docks & c., Bakehouses etc., Being the Factory and Workshop Acts 1878-1895 together with the Shop Hours Acts 1892-1896, the Truck Acts 1831 & 1887. Orders of the Secretary of State Made under the Factory Acts with Explanatory Notes and a Copious Index. London 1895; R. W. Cooke-Taylor, The Modern Factory System. London 1891; B. Webb, Women and the Factory Acts. London 1896.

6 Vgl. P. Smith, Disraelian Conservatism and Social Reform. London 1967; H. Pelling, Popular Politics and Society in Late Victorian Britain. London 1968; B. Semmel, Imperialism and Social Reform. London 1960.

7 Ausführlicher vgl. B. B. Gilbert, The Evolution of National Insurance in Great Britain. London 1966; J. R. Hay, The Origins of the Liberal Welfare Reforms. London 1975.

ren und insbesondere der Zweite Weltkrieg beschleunigten die Entstehung und Durchsetzung eines solchen Programms auch in Großbritannien.[8]

II. Sozialfrage in der Kriegszeit

Die Jahre 1939-1945 bedeuteten für die Entstehung des Sozialstaates in Großbritannien einen wesentlichen Wendepunkt. Viele Historiker waren der Ansicht, dass der Krieg ein völlig neues Umfeld für das Ringen der Parteien um die Macht schuf. Paul Addison z. B. zeigt den Gegensatz zwischen der Unversöhnlichkeit der wichtigsten politischen Gruppen zwischen den Weltkriegen einerseits und der gemeinsamen Einstellung – oder genauer gesagt, ihrem „positiven Konsens“, der während des Zweiten Weltkriegs zu einigen Versuchen einer Reform der Sozialpolitik führte andererseits.[9] Diese Ansicht ist allerdings in gewissem Maße irreführend und ungenau. Der erwähnte Konsens in der Regierungskoalition wurde oft überschätzt, insbesondere in der älteren angloamerikanischen Historiografie. In Wirklichkeit bemühte sich die Koalitionsregierung in der Frage der Sozialreformen, beziehungsweise bei den Meinungen über den Nachkriegswiederaufbau (teilweise erfolgreich), die tief verwurzelten Unterschiede zwischen den Konservativen und den Labouristen zu verbergen.[10]

Die Einstellung der Regierung zum Programm des Nachkriegswiederaufbaus kann in zwei Perioden eingeteilt werden. Die ersten zwei Jahre nach Entstehung der Koalitionsregierung Churchills konzentrierte sich ihre Arbeit ausschließlich auf die Kriegsanliegen. Dies beweist unter anderem auch die Tatsache, dass mit der Frage des Nachkriegswiederaufbaus ein „altgedienter“ Labour-Politiker, der Minister ohne Portefeuille Arthur Greenwood beauftragt wurde, der in dieser Hinsicht keinerlei Initiative zeigte. Auch der britische Premierminister versuchte in dieser Kriegsphase, heikle innenpolitische Themen, die die Koalitionseinheit hätten stören können, zu meiden. Sobald sich aber die Situation auf den Schlachtfeldern zu verbessern begann, geriet die Regierung unter

8 Vgl. D. H. Aldcroft, The Inter-war Economy. Britain 1919-1939. London 1970; M. Bowley, Housing and the State 1919-1944. London 1945; J. Stevenson, Social Conditions in Britain Between the Wars. London 1977.

9 P. Addison, The Road to 1945. British Politics and the Second World War. London 1975, 275-278.

10 K. Jeffreys, British Politics and Social Policy during the Second World War, in: The Historical Journal 30, 1987, No. 1, 124; R. Lowe, The Second World War, Consensus, and the Foundation of the Welfare State, in: Twentieth Century British History 1, 1990, No. 2, 152-182; J. M. Lee, The Churchill Coalition. London 1980, besonders die zweite Kapitel; J. Harris, Political Values and the Debate on State Welfare, 1940-45, in: H. L. Smith (Ed.), War and Social Change. Manchester 1986, 239. Vgl. ebenso A. Deacon/J. Bradshaw, Reserved for the Poor. Oxford 1983, 47; S. E. Finer, Adversary Politics and Electoral Reform. London 1975; S. H. Beer, Britain Against Itself. London 1982.

stärkeren Druck seitens der Gewerkschaften und Labour-Abgeordneten, die verlangten, sie solle gründlicher am Problem des Nachkriegswiederaufbaus arbeiten. Die Wende kam nach der Veröffentlichung des sog. Beveridge-Berichts im Dezember 1942, der die Frage der Sozialgesetzgebung in den Mittelpunkt des politischen Interesses rückte. Es ist jedoch eine Schicksalsfügung, dass dieser eher zufällig entstanden war.

Beveridge begann Mitte 1940 für die Regierung zu arbeiten, wo er vom Arbeitsminister Ernest Bevin mit der Analyse einer kurzen Umfrage zu Einsatzmöglichkeiten des Humankapitals während des Weltkriegs beauftragt wurde. Die Beziehungen zwischen Beveridge und Bevin waren nicht besonders gut, und der Minister wollte seinen „unbequemen Untergebenen" loswerden.[11] Bald bot sich dazu eine gute Gelegenheit. Im Februar 1941 beschwerte sich eine Gewerkschaftsdelegation bei den Vertretern der Koalitionsregierung über irreführende Vorschriften zum Kranken- und Invaliditätsgeld sowie zu anderen Sozialgesetzen; die Gewerkschafter wiesen unter anderem darauf hin, dass in das komplizierte System verschiedener Sozialleistungen sieben Ministerien direkt und indirekt einbezogen waren, was das System völlig unübersichtlich machte.[12]

Während des Kriegs mussten die Minister den Gewerkschaften in gewissem Masse entgegenkommen. In der Kabinettssitzung im April 1941 wurde deshalb ein Vorschlag zur Konstituierung eines Regierungsausschusses zur Diskussion vorgelegt, der damit beauftragt werden sollte, eventuelle Änderungen der Sozialgesetzgebung zu überprüfen. Gleichzeitig gab der Premierminister eine geringe Erhöhung des Kranken- und Invaliditätsgelds bekannt. Bevin war anfangs von der Vorstellung des oben erwähnten Ausschusses gar nicht begeistert; als er aber erfuhr, dass er Beveridge dahin „abschieben" könnte, wurde er einer seiner eifrigsten Befürworter (gegründet wurde er im Juni 1941). Die meisten Regierungsmitglieder hielten die Ausschussarbeit für rein administrativ und neigten zu Bevins Meinung, er solle sich nur mit „technischen Details" beschäftigen.[13] Ausschussmitglieder waren Beamte der betreffenden Ministerien. Im Sommer 1941 trafen sich die Ausschussmitglieder ohne Beveridge, der noch seine Aufgaben am Arbeitsministerium zu Ende bringen musste. Dies war auch der Hauptgrund einer „gewissen Lässigkeit" ihrer Arbeit in dieser Zeit.[14]

---

11 Harris, William Beveridge (wie Anm. 2), 376.

12 Vgl. B. Abel-Smith, The Beveridge Report: Its Origins and Outcomes, in: J. Hills/J. Ditch/H. Glennerster (Eds.), Beveridge and Social Security. An International Retrospective. Oxford 1994, 13.

13 R. Blake, The Decline of Power, 1915-1964. London 1985, 284.

14 Während eines halben Jahres seiner Existenz bekam der Ausschuss nur eine Situationsübersicht von hundert siebenundzwanzig, die er hätte bekommen müssen. Vgl. Abel-Smith, The Beveridge Report (wie Anm. 12), 14.

Beveridges Bericht

Die Situation änderte sich Ende 1941, als Beveridge die Punkte des Entwurfs (Heads of Scheme) und anschließend im Januar 1942 ein Memorandum verfasste, die die Vorlage seines Berichts darstellten. Diese Dokumente empfahlen, alle bestehenden Versicherungstypen in einem Sozialversicherungsprogramm zu vereinigen, an dem sich Arbeitgeber, Versicherte sowie der Staat beteiligen sollten. Die Sozialleistungen sollten pauschal ausgezahlt werden. Am System sollte sich jeder Erwerbstätige obligatorisch beteiligen.[15] Beveridge behauptete ebenfalls, dass das Sozialversicherungsprogramm nicht erfolgreich funktionieren kann, wenn drei Hauptvoraussetzungen nicht erfüllt sind. Die erste war die Einrichtung des nationalen Gesundheitsdienstes, der allen Versicherten kostenlos eine gute medizinische Betreuung anbieten sollte. Der zweite wichtige Punkt war das Kindergeld für jede Familie mit Kindern bis vierzehn Jahre, oder bei schulpflichtigen Kindern bis sechzehn Jahre.[16] Die dritte Voraussetzung war die Vollbeschäftigung. Alle diese Maßnahmen sahen viel größere Eingriffe des Staates in die Sozial- und Wirtschaftsangelegenheiten vor, als es in der Zwischenkriegszeit in Großbritannien üblich war.[17]

Sobald die Politiker, Fachleute und Beamten am Finanzministerium vom Umfang der vorbereiteten Reform Kenntnis erlangt und berechnet hatten, dass die neu vorgeschlagene Sozialgesetzgebung für die Staatskasse um 100 % teurer wäre als bisher, waren sie stark beunruhigt und empfahlen Beveridge, den Plan umzuarbeiten. Er wollte aber von Änderungen nichts wissen, und die Regierung traf letztendlich die Entscheidung, er selbst solle den vorbereiteten Bericht unterschreiben; die anderen Ausschussmitglieder und Ministerialbeamten sollten damit nicht in Zusammenhang gebracht werden.[18] Dies sollte den Einfluss des geplanten Dokuments marginalisieren. Die Wirklichkeit war aber anders; die Arbeit am Bericht beschleunigte sich eher, denn Beveridge musste keine Rücksicht mehr auf die Ansichten der anderen Ausschussmitglieder nehmen, wenn sie nicht in seine Konzeption passten; dies heiß jedoch nicht, dass einige von ihnen mit ihm nicht einverstanden gewesen wären.

Beveridge redete gerne über seine Vorstellungen und Pläne in der Öffentlichkeit, gab viele Interviews und schrieb für Zeitungen, womit er einerseits große Publizität für seine Arbeit gewann und bei der Bevölkerung große Erwartungen hinsichtlich entscheidender Änderungen weckte, andererseits „verärgerte“ er dadurch Ministerpräsident Churchill und andere Minister, und zwar insbe-

15 Ebd. 14.

16 Zum Kindergeld ausführlicher vgl. J. Macnicol, The Movement for Family Allowances 1918-1945. London 1980.

17 D. Gladstone, The Twentieth-Century Welfare State. London 1999, 34-40.

18 D. Fraser, The Evolution of the British Welfare State. London 1985, 214.

sondere deswegen, weil er in den Gesprächen über den geplanten Bericht nicht selten sozusagen „daneben schoss"; einem Journalisten des Daily Telegraph vertraute er beispielsweise an, dass seine Vorschläge das Land „auf den halben Weg nach Moskau" bringen würden.[19]

Das wahrscheinlich größte Problem bei den Vorschlägen Beveridges, die auf die Erhöhung des Lebensstandards in Großbritannien gerichtet waren, waren das geplante Arbeitslosengeld und andere Formen von Sozialleistungen. Der Ausschuss stützte sich bei deren Abfassung auf Ergebnisse der sog. „Armutsumfrage", die seit fünfzig Jahren erfolgreich in London, Liverpool, Sheffield, Plymouth, Southampton, York und Bristol stattfand. Beveridge entschied sich, die Forschungsergebnisse anzuwenden, um die Untergrenze des Lebensstandards festlegen zu können, unter die kein Brite geraten sollte. Er ernannte dazu eine Kommission, die von einem sich mit dem Lebensstandard der York-Bewohner beschäftigenden Forschungsmitarbeiter – Seebohm Rowntree geleitet wurde, dem noch ein Statistiker, ein Arzt und ein Ernährungsexperte der Britischen Ärzteassoziation (British Medical Association) zur Verfügung gestellt wurden. Die Untergrenze des Lebensstandards, die diese Fachleute vorschlugen, war ziemlich trist – zu den sog. „nicht effektiven Ausgaben" (inefficient spending) gehörten z. B. Bier, Tabak, Zeitungen, Bücher oder Kinokarten.[20] Weil es sich um eine Auszahlung von pauschalen Sozialleistungen handeln sollte, entstand ein Problem mit der unterschiedlichen Miethöhe in den einzelnen Städten. Rowntree empfahl, einen fixen Leistungsbetrag festzulegen, zu dem der Mietzins hinzugerechnet werden sollte; Beveridge lehnte dies jedoch ab, weil er ihn allzu sehr an das ältere, 1941 abgeschaffte System zur Ermittlung der Vermögensverhältnisse (means test) erinnerte.[21]

Ein weiterer wichtiger Punkt war die Frage, wie alle Bewohner Großbritanniens in das System einbezogen werden könnten. Beveridge rechnete beispielsweise nicht damit, dass verheiratete Frauen nach dem Krieg regelmäßig arbeiten würden, deshalb hatten sie in seinem Sozialversicherungsprogramm nicht die gleiche Stellung wie Männer, von denen sie sozial abhängig waren. Mit einer Senkung der Sozialleistungen wurde auch bei Frauen gerechnet, die arbeiten wollten. Ihr Kranken- und Arbeitslosengeld sollte um 25 % niedriger als bei Männern sein, denen Beveridge darüber hinaus einen Zuschlag für eine unterhaltsberechtigte Person wegzunehmen plante. Eine der wenigen Ausnahmen stellte die Situation dar, wenn der Ehemann von der Frau abhängig war. Ebenso sollten die Renten verheirateter Frauen nur noch 60 % der Renten von Männern

19 Blake, The Decline (wie Anm. 13), 284.

20 Abel-Smith, The Beveridge Report (wie Anm. 12), 16.

21 Vgl. M. Bruce (Ed.), The Rise of the Welfare State. English Social Policy, 1601-1971. London 1971, 236f.

und ledigen Frauen erreichen. Beveridge hatte jedoch nichts gegen das Rentenalter, das in Großbritannien auf sechzig für Frauen und auf fünfundsechzig für Männer festgelegt war.[22]

Im März 1942 bat William Beveridge John Maynard Keynes, der damals am Finanzministerium tätig war, ihm mitzuteilen, ob sein Plan finanziell abgesichert werden kann. Keynes war von dem vorgeschlagenen Sozialversicherungsprogramm begeistert und wurde ein großer Anhänger, er empfahl bloß, die Gesamtsumme für Altersrenten etwa um 100 Millionen Pfund zu senken. Weitere Beratungen zwischen den beiden Männern fanden dann ohne Wissen des Finanzministers statt. Keynes empfahl Beveridge noch, den Eltern kein Kindergeld für das erste Kind auszuzahlen. Er plädierte ausserdem dafür, die Renten schrittweise erhöhen (alle zwei Jahre); die ursprünglich vorgeschlagene Höhe sollten sie erst nach zwanzig Jahren erreichen. Beveridge nahm die Vorschläge an und arbeitete sie in seinen Abschlussbericht ein.[23]

Premierminister Churchill und das Finanzministerium betrachteten die Informationen über den Inhalt des geplanten Dokuments, die in der Presse durchzusickern begannen, mit äußerstem Unwillen. Der Ministerpräsident wollte die Lösung der Sozialversicherungsfrage bis auf die Zeit nach dem Zweiten Weltkrieg verschieben, wenn die Bevölkerung Großbritanniens über die weitere Entwicklung des Landes in den Wahlen entscheiden sollte.[24] Aus diesem Grund hätte Churchill die Veröffentlichung des Berichts am liebsten verhindert, aber die Unlust der Labouristen und Gewerkschafter schloss dies aus.[25] Die Nationale Regierung weigerte sich, zumindest anfangs, Beveridge Mittel für die Veröffentlichung des Berichts zur Verfügung zu stellen.[26] Schließlich erschien der Beveridge-Bericht am 1. Dezember 1942. Der Staat sollte danach gegen „die fünf größten Übel der modernen Zeit – Armut, Krankheiten, Gleichgültigkeit, Schmutz und Nichtstun“ kämpfen. Praktisch sofort nach der Veröffentlichung wurde der Bericht Gegenstand heftiger Polemiken.

---

22 Vgl. B. Abel-Smith, Sex, Equality and Social Security, in: J. Lewis (Ed.), Women's Welfare and Women's Rights. London 1983, 172ff.; J. Walley, Social Security: Another British Failure? London 1972, 69. Weitere Probleme stellten alleinstehende Frauen, alleinerziehende Mütter, Behinderte im arbeitsfähigen Alter, ledige, sich um ihre Eltern kümmernde Frauen usw. dar.

23 Abel-Smith, The Beveridge Report (wie Anm. 12), 17.

24 Harris, William Beveridge (wie Anm. 2), 424.

25 A. Bullock, The Life and Times of Ernest Bevin, Vol. 2: Minister of Labour. London 1967, 62.

26 Abel-Smith, The Beveridge Report (wie Anm. 12), 17.

Reaktionen auf den Bericht

Unter den wichtigsten Vertretern der Konservativen Partei gab es damals fast keine Befürworter einer radikalen Sozialreform. Churchills halbherzige Einstellung in dieser Angelegenheit teilten seine Mitarbeiter, z. B. Lord Beaverbrook oder Kingsley Wood. Das innenpolitische Hauptziel der Torys war es, den Einfluss der Labouristen in der Koalitionsregierung zu beschränken. Aus diesem Grund blieben die Konservativen – insbesondere ihre Führung – in der Frage der Veränderungen in der Wirtschafts- und Sozialpolitik der Nachkriegszeit kompromisslos. Mit einer „progressiven Einstellung“ wurden dann nur jüngere oder weniger wichtige Parteimitglieder in Zusammenhang gebracht, die sich in dem 1941 gegründeten sog. Ausschuss für Nachkriegsprobleme (Post-War Problems Central Committee) mit Richard Austen Butler an der Spitze vereinigten. Butler war davon überzeugt, dass der Krieg eine neue Sozialpolitik unumgänglich gemacht hatte; er sah dabei eine stärkere Rolle des Staates und gleichzeitig die Einhaltung der persönlichen Freiheit des Einzelnen vor. Der Ausschuss war jedoch nicht besonders erfolgreich, weil er vergebens nach einem Konsens zwischen den einzelnen Parteifraktionen suchte.[27]

Die Geduld der Labour-Abgeordneten mit dem Kabinett, das sich über die Unterstützung der Sozialreform nicht einigen konnte, war inzwischen zu Ende.[28] Obwohl sie wussten, welche Auswirkungen das Verlassen der Koalition auf die Wähler hätte, stimmten sie 1942 im Parlament immer häufiger gegen deren Vorschläge. Im November warnte sogar einer der Parteivertreter davor, dass die Labouristen weitere Probleme machen würden, falls kein Fortschritt bei der Lösung der Sozialpolitik erzielt werden sollte. Die Labouristen fürchteten, dass die Konservativen sie nur bis zum Kriegsende in der Regierung belassen würden, danach würden sie sie „entfernen“ und zu den Vorkriegsnormen zurückkehren. Und gerade kurz nach dieser Warnung wurde der Beveridge-Bericht veröffentlicht, der zwischen den beiden Parteien weitere Spannungen entstehen ließ.

Die Presse und die Öffentlichkeit reagierten auf den Bericht sehr positiv. Nach Erinnerungen von Zeitzeugen bildete sich vor der Regierungsbuchhandlung eine meilenlange Schlange. Insgesamt wurde etwa eine halbe Million Exemplare (über fünfzigtausend in den USA) verkauft, was für eine dicht geschriebene Regierungspublikation von dreihundert Seiten bemerkenswert war. Beveridge selbst geriet in den Fokus der Medien; auf Schritt und Tritt wurde er von Reportern und Fotografen „verfolgt“.[29]

---

27 Jeffreys, British Politics (wie Anm. 10), 129f.

28 Die Labouristen entwarfen ihre Politik auf sozialem Gebiet in einigen Dokumenten bereits vor dem Zweiten Weltkrieg und an dessen Anfang. Vgl. M. Pearce/G. Stewart, British Political History 1867-2001. Democracy and Decline. London/New York 2002, 437ff.

29 Vgl. ebd. 439f.

Die Reaktion des Kabinetts, insbesondere der Konservativen, war keinesfalls herzlich. Die Labour-Minister sprachen sich einerseits für das Beveridge-System aus, andererseits äußerten sie ihre Bedenken über das Fortbestehen der Koalitionsregierung. In diesem Moment spielten zwei Faktoren eine positive und wichtige Rolle: der Druck der Öffentlichkeit und die Ergänzungswahl, in der die Torys keine so guten Ergebnisse wie erwartet erzielten. Nach den Parteianalysen stellte „die mangelnde komplexe Innenpolitik" die Hauptursache für den Misserfolg dar. Diese Entwicklung verletzte die zerbrechliche Einheit der Konservativen Partei, als vierzig überwiegend jüngere Abgeordnete aus dem Tory-Reformkomitee (Tory Reform Committee) die Regierung wegen ihrer Unfähigkeit, eine einheitliche Parteilinie in der Sozialpolitik zu schaffen, kritisierten. Unmittelbar darauf bildete sich eine Opposition gegen sie in der Partei, die sich vor allem in der National Freiheitsliga (National League for Freedom) vereinigte; die Befürworter des komplexen Programms einer Sozialreform blieben dadurch in der Minderheit. Zum Schluss stimmten sie sogar mit der Regierung, als sich zeigte, dass die von den ausweichenden Reden Andersons und Kingsley Woods provozierten Abgeordneten auf einen schnellen Beginn des Gesetzgebungsprozesses drängten. Um die Koalitionsregierung beisammen zu halten, musste Churchill auf einige Sozialanforderungen eingehen, was er mit äußerstem Widerwillen tat.

Nach Äußerung von prominenten Labouristen hatte Churchill 1943 mit der Reform keine Eile und beabsichtigte, den Beveridge-Bericht, wie schon gesagt, erst nach dem Krieg anzuwenden. Die Regelung der Sozialverhältnisse wollte er mit der Konservativen Partei verbinden, um dadurch den Labouristen „den Wind aus den Segeln zu nehmen".[30] Der Druck der Öffentlichkeit und der Labour-Abgeordneten erlaubte dem Premierminister jedoch nicht, eine solche Strategie anzuwenden. Wenn es sich schon unmöglich zeigte, den Bericht zu ignorieren, wurde es zum Hauptziel der Torys, ihn möglichst stark zu ihren Gunsten auszunutzen. Wie Harold Nicolson schrieb, lobten zwar die konservativen Abgeordneten die Grundsätze der neuen Reform in der Öffentlichkeit, im Hintergrund bemühten sie sich aber, seine Empfehlungen möglichst abzuschwächen. „Die Torys behaupten, alles sei wunderbar, aber eher utopisch, und wir werden erst erfahren, ob wir uns die Reformen leisten können, wenn wir wissen, wie die Außenhandelsbilanz nach dem Krieg aussehen wird. Einige weisen gleichzeitig darauf hin, dass die Einführung der Sozialreform zum Nichtstun führen würde."[31]

Wenn Winston Churchill keinen Regierungskollaps riskieren wollte, blieb ihm nichts anderes übrig, als zum Beveridge-Bericht öffentlich Stellung zu

30 F. Williams, A Prime Minister Remembers. London 1961, 57.
31 N. Nicolson (Ed.), Harold Nicolson, Diaries and Letters 1939-1945. London 1967, 264.

nehmen. Der Premierminister tat dies in einer Rundfunkrede am 21. März 1943. Während der Rede teilte er den Zuhörern mit, dass auch wenn die Kriegserfolge in letzter Zeit zugunsten der Verbündeten ausfielen, dies keinesfalls ein Kriegsende bedeute, und dass es also verfrüht sei, ausführlich über die Innenpolitik der Nachkriegszeit zu reden. Gleichzeitig deutete er an, dass die gegenwärtige Regierung vermeiden muss, sich selbst sowie ihre Nachfolgerin frühzeitig zu neuen Ausgaben zu verpflichten, ohne die Situation in Großbritannien nach dem Krieg zu kennen. Der Premierminister bemerkte ferner: „Ich möchte weder etwas versprechen noch denen von Ihnen Märchen erzählen, die mir bisher vertrauten und mit mir so weit kamen (...). Es ist (...) unsere Pflicht, durch den Nebel der Zukunft einen Blick auf die Nachkriegszeit zu werfen und uns auf Situationen vorzubereiten, die wahrscheinlich kommen werden.“[32] Ferner erklärte Churchill in seiner Rede, er wäre für eine grundlegende Vereinfachung und eine eventuelle Erweiterung der Sozialversicherung. Der Staat sollte seiner Meinung nach an der Administrative sparen und das komplizierte Versicherungssystem in ein komplexes Programm vereinigen, an dem alle teilhaben würden. „Sie müssen also mich und meine Kollegen zu den größten Vertretern der obligatorischen nationalen Versicherung und der Fürsorge für alle Bevölkerungsschichten von der Wiege bis zur Bahre (…) zählen.“[33] Im folgenden Teil der Rede konzentrierte sich der Ministerpräsident auf das Gesundheitswesen, wobei er die Gründung des Nationalen Gesundheitsdienstes (National Health Service, NHS) unterstützte. „Die Gesundheit unserer Bevölkerung“, sagte er, „ist der größte Beitrag, welchen der Staat leisten kann. (…). Wenn unser Land seine Position in der Welt halten und eine Weltmacht bleiben soll, (…) müssen wir unsere Leute darin unterstützen, gesund zu sein und große Familien zu haben.“[34] Abschließend sprach Churchill auch die Bildungsfrage an, indem er die Notwendigkeit betonte, möglichst vielen Menschen das Studium zu ermöglichen; seine Rede beendete er mit den Worten: „Auch wenn nicht alle das gleiche Niveau erreichen können, sollten sie mindestens die gleichen Chancen haben.“[35]

Sogar auf der Parteikonferenz durften die Mitglieder des Tory Reform Commitee das von Beveridge vorgeschlagene Sozialversicherungssystem loben. Privat äußerten sich die prominenten Konservativen auch weiterhin über den Urheber der Reform recht rücksichtslos. Wie R. A. Butler schrieb, herrschte in der Partei allgemein die Meinung, Beveridge wäre nichts anderes als „ein böser alter Mann, der den Menschen viel Geld wegnehmen möchte.“[36]

32 Bruce, The Rise (wie Anm. 21), 244.

33 Ebd.

34 Ebd.

35 Ebd. 245.

36 Zit. nach K. Jefferys, R. A. Butler, the Board of Education and the 1944 Education Act, in: History 69, 1984, No. 227, 426.

V. Reformen des Gesundheitswesen und der Ausbildung

Eine für die Koordinierung verschiedener Sozialreformvorschläge wichtige Wende stellte Ende 1943 die Ernennung Lord Wooltons in das neu eingerichtete Amt des Ministers für Nachkriegswiederaufbau dar. Gerade damals verpflichtete sich die Regierung in den sog. Weißbüchern (White Papers) zur Verwirklichung einer Sozialreform. Diese Initiative bedeutete jedoch keine neue, radikale Einstellung zur Sozialpolitik; es handelte sich eher darum, den Druck der Labour-Abgeordneten abzuschwächen und „den Kontakt zur Öffentlichkeit nicht zu verlieren".

Über das Gesundheitswesen betreffende Probleme und über die Notwendigkeit einer tiefgreifenden Reform nach dem Krieg begann man schon 1941 zu sprechen.[37] Die Regierung bemühte sich vor allem, Kompetenzen und Verantwortung für den Gesundheitsdienst auf die lokale Ebene zu übertragen.[38] Dies kam auch im Weißbuch zum nationalen Gesundheitsdienst vom Februar 1944 zum Ausdruck.[39] Die Regierung gab in der Einleitung zu diesem Dokument bekannt, dass sie „einen komplexen Gesundheitsdienst für jeden Bürger dieses Landes zu gründen beabsichtigt. Wir wollen sicherstellen, dass sich jeder Mann, jede Frau und jedes Kind in der Zukunft auf die benötigte Behandlung und den benötigten Gesundheitsdienst, ferner auf die beste erreichbare medizinische Ausstattung verlassen können, wobei ihre Abhängigkeit davon, ob sie sich sol-

37 Die Reformpläne sind noch älter. Schon 1920 gründete das Finanzministerium einen Beratungsausschuss. Sechs Jahre später schlug die Königliche Kommission für die nationale Krankenversicherung (Royal Commission on National Health Insurance) vor, den nationalen Gesundheitsdienst durch Steuereinnahmen zu finanzieren. Das Hauptproblem bei der Einführung eines nationalen Gesundheitsdienstes wurde seine administrative Struktur, mit deren Hilfe drei selbständige medizinische Gebiete (allgemeine Ärzte, Zahnärzte und Optiker) zu koordinieren wären; eine weitere Aufgabe war es, die Arbeit von Krankenhäusern und der lokalen Verwaltung abzustimmen. Zu dieser Problematik vgl. J. E. Pater, The Making of the National Health Service. London 1981; A. Digby, The Evolution of General Practice 1850-1948. Oxford 1999; F. Honigsbaum, Health, Happiness and Security: the Creation of the National Health Service. London 1989; B. Watkin, The National Health Service. London 1978; N. R. Eder, National Health Insurance and the Medical Profession in Britain 1913-39. London 1982.

38 Die Konzentration der Gesundheitsfürsorge in den Händen der lokalen Behörden unterstützten einige Gemeinde- und Stadträte (z. B. London County Council) schon vor 1939. Ihr Ziel war es, eine Poliklinik in jeder Gemeinde oder jedem Stadtviertel zu errichten. Die Polikliniken würden dann einen Patienten, der Fachbehandlung benötigte, in die „zweite Stufe" der medizinischen Versorgung, das heißt in ein Regionalkrankenhaus schicken. R. Lowe, The Welfare State in Britain since 1945. London 2005, 181ff.

39 Das Weißbuch wurde schon von Anfang an eher für ein Beratungsdokument als für einen konkreten Plan zur Schaffung des nationalen Gesundheitsdienstes gehalten.

che Errungenschaften leisten können oder nicht, zu Ende sein wird."[40] Das Weißbuch brachte letztendlich keine solchen umwälzenden Änderungen, wie in der Einleitung behauptet wurde. Es handelte sich eher um ein Kompromissdokument, das in Zusammenarbeit zwischen Labouristen und Konservativen im Ausschuss für den Nachkriegswiederaufbau (Reconstruction Committee) entstand. Die schwerwiegendste Auseinandersetzung gab es wegen des Unwillens der Labouristen, den Vorschlag der konservativen Ausschussmitglieder auf Errichtung neuer Polikliniken zu unterstützen.[41]

Das Weißbuch zum nationalen Gesundheitsdienst schlug schließlich vor, dreißig bis fünfunddreißig regionale Ausschüsse unter der Aufsicht des Gesundheitsministers zu einzurichten[42], die eine Konzeption der primären (Polikliniken) und sekundären (Regionalkrankenhäuser) Gesundheitsfürsorge entwerfen sollten. Man ging davon aus, dass die regionalen Ausschüsse auch Krankenhäuser verwalten sollten, während die Gemeinde- und Stadtämter die meisten praktischen Ärzte beschäftigen sollten. Jeder Regierung sollte ein mit Ärzten besetzter Beratungsausschuss zur Verfügung stehen; gleichzeitig sollte ein zentraler Ärzterat gebildet werden, der die Vertragsverhältnisse zwischen den Ärzten und den lokalen Behörden zu überwachen hatte. Das geplante System wurde aber noch vor seiner Einführung heftig kritisiert. Die ersten Einwände konzentrierten sich auf die administrativen Änderungen, insbesondere auf die Einführung der regionalen Ausschüsse, was nach vielen Fachleuten eher eine Verstärkung der Bürokratie als eine Vereinfachung des Systems mit sich brachte. Auch die praktischen Ärzte wehrten sich dagegen, bei den lokalen Behörden angestellt zu sein. Die Reform des nationalen Gesundheitsdienstes musste also auf die neue Regierung warten.[43]

Im Juni 1944 gab die Regierung ein weiteres Weißbuch heraus, das die Beschäftigungslage betraf; im Vergleich zur Vorkriegszeit brachte sie dadurch „revolutionäre" Ideen der Keynesschen Staatseinmischung in die britische Politik.[44] In den 20er und 30er Jahren des 20. Jahrhunderts war es für die meisten Politiker undenkbar, dass das Kabinett langfristig neue Arbeitsplätze durch Eingriffe in die Wirtschaft schafften würde. Dies änderte sich erst im Zusammenhang mit den Kriegsanstrengungen, als das Finanzministerium beim Ausarbeiten des Staatetats für das Jahr 1941 zum ersten Mal die Keynesschen Theorien angewendet hatte, um Maßnahmen gegen die Inflation zu treffen. Im Weißbuch vom

---

40 Bruce, The Rise (wie Anm. 21), 246.

41 Mehr dazu Anmerkung 36.

42 Deren Mitglieder konnten Angestellte der lokalen Verwaltungen sein.

43 Lowe, The Welfare State (wie Anm. 38), 181-183

44 P. Thane, The Foundations of the Welfare State. London 1982, 255f.

Juni 1944 gaben die Minister zu, die Möglichkeit, staatliche Gelder für die Schaffung von Arbeitsplätzen zu nutzen, unterschätzt zu haben.[45]

Ähnlich wie das Weißbuch zum nationalen Gesundheitsdienst stellte auch das Weißbuch zur Beschäftigungslage einen Kompromiss zwischen den zwei wichtigsten politischen Parteien dar; daraus ergaben sich logischerweise zahlreiche vage Formulierungen. Die Labour-Mitglieder des Ausschusses für den Nachkriegswiederaufbau bemühten sich bei der Vorbereitung des Dokuments, eine möglichst starke staatliche Einmischung durchzusetzen, dagegen war jedoch eine starke Opposition mit dem sehr einflussreichen Finanzminister Sir John Anderson an der Spitze.[46] Das Weißbuch verkündete also keine Vollbeschäftigung, sondern die Politik „eines hohen und stabilen Beschäftigungsgrades“[47], was weniger als 8 % Arbeitslose (viel mehr, als Beveridge vorschlug) bedeutete.[48] Die konservativen Ausschussmitglieder forderten auch eine allmähliche Lockerung der Wirtschaftskontrolle und eine Senkung der Haushaltsdefizite nach dem Krieg.[49] Trotzdem waren Ansichten über die Nützlichkeit „einer beschränkten staatlichen Einmischung“ auch unter den Torys zu hören. Einer von ihnen war Oliver Lyttelton, der behauptete, „das Ziel der Partei sollte eine möglichst hohe Beschäftigung sein und ihre Mitglieder sollten gleichzeitig ‘einen gewissen Einfluss’ des Staates akzeptieren, der jedoch möglichst niedrig bleiben müsste, denn falls die Regierung Steuergelder in die Industrie investieren soll, muss sie die Kontrolle darüber behalten und sie überwachen.“[50] Vertretern der Konservativen Partei zufolge sollte die niedrige Arbeitslosigkeit nach dem Krieg vor allem dank der Wiederbelebung der Wirtschaft und des Exportaufschwungs, ferner dank der Unterstützung des privaten Unternehmertums und der Währungsstabilität erreicht werden. Den Labour-Ausschussmitgliedern gelang es trotzdem, im Dokument die Keynesschen Analysen der Arbeitslosigkeitsursachen und einige Vorschläge zu ihrer eventuellen Beseitigung durchzusetzen.[51] Die beiden politischen Parteien betrachteten das Weißbuch zur Beschäftigungslage als ein gewisses Provisorium. Während das Dokument für die Konservativen „die äußerste Grenze“ darstellte, hielten es die Labouristen für

45 Jeffreys, British Politics (wie Anm. 10), 137.

46 Addison, The Road (wie Anm. 9), 243f.

47 Lowe, The Welfare State (wie Anm. 38), 116.

48 Seine Berechnung belief sich auf 3-5 %.

49 Harris, William Beveridge (wie Anm. 2), 424-448.

50 Jeffreys, British Politics (wie Anm. 10), 138.

51 Ihrer Meinung nach wurde die Wirtschaftskrise durch ein Defizit in mindestens einer der fünf Nachfragebestandteile – Privatverbrauch und –anlagen, laufende und Investitionsausgaben des Staates und Außenhandel verursacht. Der Staat hatte solchen Verluste vorzubeugen. Vgl. Lowe, The Welfare State (wie Anm. 38), 116.

einen bloßen „ersten Schritt“ auf dem Weg zur Durchsetzung der Vollbeschäftigung und der Politik der intensiven Einmischung seitens des Staates.

Ein genauso unübersichtliches System wie im Gesundheitswesen herrschte vor dem Zweiten Weltkrieg auch im britischen Schulwesen. Das größte Chaos wurde durch die unscharfe Unterscheidung zwischen dem Primar- und Sekundarschulwesen verursacht. Das Problem bestand darin, dass in das Sekundarschulwesen nicht alle Kinder eines bestimmten Alters einbezogen wurden, sondern nur diejenigen, die die Gymnasien (grammar schools) besuchten. Solche Ausbildungsstätten, an denen üblicherweise Schulgeld bezahlt wurde, besuchten etwa 20 % der Kinder zwischen zwölf und vierzehn Jahren. Die anderen blieben bis vierzehn Jahren an den kostenfreien Primarschulen. Ein weiteres Problem stellte das bestehende Verwaltungssystem durch freiwillige Organisationen und die Kirche dar. In solchen Schulen gaben unabhängige Verwaltungsausschüsse und nicht lokale Schulbehörden (local educational authorities) den Ton an.[52]

1941 ernannte Premierminister Churchill den Vorgänger des Schulministers, R. A. Butler an die Spitze des Ausbildungssausschusses (Board of Education). Während der nächsten drei Jahre veröffentlichte der Ausschuss das Weißbuch (1943) und das sog. Ausbildungsgesetz (auch das Butler-Gesetz, 1944).[53] Beide Dokumente knüpften an die Bemühungen um eine Reform des Ausbildungssystems aus der Zwischenkriegszeit an. In diesem Zusammenhang ist insbesondere der sog. Hadows Bericht (Hadow Report), der Bericht der Beratungskommission des Ausbildungsausschusses von 1926, zu erwähnen, der empfahl, die Schulpflicht auf bis fünfzehn Jahre (von ursprünglich vierzehn) zu verlängern; ferner schlug er vor, nur einen Schultyp für die Primarstufe für Kinder bis elf Jahre und mehrere Schultypen in der Sekundarstufe zu errichten.

Das Bildungsgesetz (1944) führte nicht nur eine kostenfreie Primar-, sondern auch Sekundarausbildung ein; gleichzeitig legte es die Schulpflicht auf bis fünfzehn Jahre fest mit der Option, diese demnächst um ein Jahr zu verlängern. Das Alter für den Übergang zwischen der Primar- und Sekundarstufe bestimmte es auf elf Jahre. Das Gesetz führte auch Tabellengehälter für Lehrer ein, was die bisherigen Unterschiede in deren Einkommen abschaffen sollte. Gleichzeitig wurde aus dem Bildungsausschuss ein Ministerium gemacht, das die lokalen Schulbehörden überwachen sollte. Die Umsetzung des Gesetzes sollte nach dem Krieg erfolgen.

52 1938 betrieben diese Organisationen etwa eine Hälfte der Grundschulen in Großbritannien, die von einem knappen Drittel aller schulpflichtigen Kinder besucht wurden. Lowe, The Welfare State (wie Anm. 38), 208f.

53 Vgl. B. Simon, Education and the Social Order, 1940-1990. London 1991; P. Gosden, Education in the Second World War. London 1976.

Sozialrevolution oder Erhaltung des konservativen „Status quo“? Die britische Labour Party und ihr Versuch, in den Jahren 1945-1949 einen „Welfare State“ zu schaffen

Die Entstehung und der Aufbau des Sozialstaates in Großbritannien nach 1945 gehören zweifellos zu den bedeutenden Themen, mit denen sich die Historiker bei der Erforschung der Neuzeitgeschichte des Inselstaates auseinandergesetzt haben und auseinandersetzen, sowie die Versuche um seine Revision und Änderungen, die in der heutigen hektischen Zeit, insbesondere nach Machtantritt der sog. New Labour 1997 vorgenommen wurden. Im folgenden Text kann selbstverständlich keine komplexe, ausführliche Analyse der Veränderungen zu finden sein, die sich 1945-1949 auf dem sozialen Gebiet in Großbritannien vollzogen haben; es wird in erster Linie über die Frage nachgedacht, wie tief greifend diese Veränderungen tatsächlich waren, wenn von der äußerst aufgeregten und ideologisch gespannten zeitgenössischen Rhetorik, der Propaganda und Gegenpropaganda abgesehen wird. Weiter soll die Frage beantwortet werden, ob die Labouristen die Erwartungen ihrer Wähler erfüllt haben oder nicht, gegebenenfalls aus welchen Gründen dies geschehen ist.[1]

I. Parlamentswahlen und die Bildung der Labour-Regierung

Der Sommer 1945 war für Großbritannien nicht nur deswegen von Bedeutung, weil der Zweite Weltkrieg siegreich ausgegangen ist[2], sondern auch deswegen, weil die Labour Party die nach zehn langen Jahren wieder stattgefundenen Par-

1 Die tschechischen und slowakischen Interessenten an politischen, wirtschaftlichen, sozialen und kulturellen Ereignissen auf den Britischen Inseln nach dem Zweiten Weltkrieg wurden vom Blatt Britský magazín, měsíčník pro kulturní, hospodářské a politické sblížení s Velkou Británií [Das Britische Magazin. Monatsheft für kulturelle, wirtschaftliche und politische Annäherung an Großbritannien] informiert, dessen ersten und zweiten Jahrgang die Britische Gesellschaft für die ČSR 1947-1948 herausgegeben hat. Der britische Außenminister Ernest Bevin schrieb das Vorwort für die erste Nummer.

2 Zur Reaktion der Briten auf den Ausgang des Zweiten Weltkriegs und zu Erwartungen im Land im Zusammenhang damit, vgl. D. Kynaston, Austerity Britain, 1945-51, insbesondere das einleitende Kapitel des ersten Teils des Buchs unter dem Titel A World to Build. London 2007, 5-18. Vgl. ebenfalls V. Brittain, Wartime Chronicle. London 1989, 265ff; U. V. Williams, R. V. W. London 1964, 262; M. Gilbert, Second World War. London 1990, 618, 635, 746ff; J. Dower, War Without Mercy. London 1986, 300ff.; C. Beaton, The Happy Years. London 1972, 38ff.; J. Stevenson, British Society 1914-45. London 1984, 448ff.; J. Lees-Milne, Prophesying Peace. London 1984, 187; A. Cairncross, The British Economy since 1945. London 1992, 45ff.

lamentswahlen gewonnen hat[3], und zwar so überzeugend, dass sie eine Regierung ohne Rücksicht auf ihre politischen Gegner bilden konnte. Diese Tatsache war für die weitere Entwicklung des Inselstaates von grundlegender Bedeutung; in Anbetracht der klaren Überlegenheit im Unterhaus konnten nämlich die Labouristen, wenn auch mit zahlreichen Abweichungen von den ursprünglichen Vorstellungen[4], mit der Verwirklichung ihres Wahlprogramms anfangen, dessen Hauptbestandteil die Bildung eines umfangreichen Sozialstaates (Welfare State) war.[5]

Die Art, mit der die Labouristen im Sommer 1945 die Wahlen gewonnen haben, glich – um es ein wenig zu übertreiben – „einer Flut, ähnlich wie beim Sieg der Liberalen 1906 oder der Nationalen (de facto konservativen) Regierung 1931".[6] Die britischen Wähler äußerten sich zwischen dem 5. und dem 19. Juli[7]

---

3 Die letzten Parlamentswahlen in Großbritannien haben im November 1935 stattgefunden; deren eindeutiger Sieger waren die Torys mit 432 Mandaten, während die Labouristen nur 158 und die Liberalen 20 Sitze erreicht haben. J. Ramsden (Ed.), The Oxford Companion to Twentieth-Century British Politics. Oxford 2002, 713.

4 Zu diesen Vorstellungen vgl. J. Soukup, Idea sociálního státu a cesta k jeho vzniku ve Velké Británii v letech 1939-1945 [Die Idee des Sozialstaates und der Weg zu seiner Entstehung in Großbritannien 1939-1945], in: M. Kovář/J. Soukup/S. Tumis, Vznik a vývoj britského sociálního státu ve 40.-60. letech 20. století. Příspěvek k politickým, sociálním a hospodářským dějinám Velké Británie po roce 1945 [Die Entstehung des britischen Sozialstaates und seine Entwicklung in den 40er-60er Jahren des zwanzigsten Jahrhunderts], in: Dvacáté století. Ročenka Semináře nejnovějších dějin Ústavu světových dějin Filozofické fakulty Univerzity Karlovy v Praze [Das Zwanzigste Jahrhundert. Jahrbuch des Seminars für die neueste Geschichte des Instituts für Weltgeschichte an der Philosophischen Fakultät der Karls-Universität Prag] 3. Praha 2006.

5 Zur Definition und Natur des (nicht nur) britschen Sozialstaats vgl. C. Pierson, Beyond the Welfare State? Cambridge 1998, besonders 4.-6. Kapitel; M. Powell/M. Hewitt, Welfare State and Welfare Change. Buckingham 2002, besonders 1. Kapitel; B. Abel-Smith/ K. Titmuss (Eds.), The Philosophy of Welfare. London 1987, 141ff.; J. Weit-Wilson, States of Welfare, in: Social Policy and Administration, 2000, No. 34, 1-25; P. Flora/A. J. Heidenheimer (Eds.), The Development of Welfare States in Europe and in America. London 1980, 19ff.; G. Esping-Andersen, The Three Worlds of Welfare Capitalism. Cambridge 1990, besonders 1. Kapitel; F. Castles/D. Mitchell, Identifying Welfare State Regimes, in: Governance 5, 1990, 1-26; P. Pierson, The New Politics of the Welfare State. Oxford 2001, 455ff.; V. George/P. Wilding, Ideology and Social Welfare. London 1985, 62; T. H. Marshall, Social Policy. London 1975, 99ff; A. Briggs, The Welfare State in historical perspective, in: European Journal of Sociology 2, 1961, No. 2, 228ff.; D. Ellwood, Poor Support. New York 1988, 6. Zur historischen Entwicklung des Begriffs vgl. R. Lowe/R. Roberts, Sir Horace Wilson, 1900-1935, in: Historical Journal 30, 1987, No. 3, 655ff.

6 An der Spitze der Nationalen Regierung stand der Labourist Ramsay MacDonald, das Kabinett hing jedoch völlig von den von Stanley Baldwin geführten Konservativen ab, M. Jones, Michael Foot. London 1984, 134ff. Vgl. ebenfalls N. Smart, The National

überraschenderweise eindeutig: die Torys, die vor allem auf ihren „Kriegshelden", den Premierminister Winston S. Churchill zählten[8], erlitten eine verheerende Niederlage, während die Labouristen jubelten. Angesichts der Tatsache, dass gerade dieser Wahlsieg der Labour Party ermöglichte, zumindest teilweise ihre Vorstellungen von einem Sozialstaat zu verwirklichen[9], betrachten wir zuerst die Ursachen der Wahlergebnisse detaillierter, die Zusammensetzung des Regierungsteams, das im Sommer 1945 die Macht übernahm, und denken wir darüber nach, inwieweit es ihm gelang, die Erwartungen seiner Wähler zu erfüllen.

Am 26. Juli 1945 machte die BBC nicht nur die Politiker selbst, sondern auch die Öffentlichkeit mit den Wahlergebnissen bekannt.[10] Das Land war vom Ausmaß des Labour-Siegs buchstäblich „verblüfft", besonders weil die ersten Prognosen und Schätzungen angedeutet hatten, Churchill würde die Mehrheit im Unterhaus behalten (oder seine Verluste würden nur gering).[11] Die Labour Party erreichte jedoch im House of Commons (Unterhaus des britischen Parlaments) 393 Sitze (außerdem schlossen sich ihr weitere vier neu gewählte Abgeordnete an; drei davon waren Mitglieder der sog. Unabhängigen Labour Party [New Party], die sich von der Labour Party 1931 getrennt hatte, einer war vom linken Flügel der Common Wealth-Partei (Common Wealth Party), während die Kon-

---

Government 1931-1940. Basingtoke 1999; P. Williamson, National Crisis and National Government. Cambridge 1992.

7 In den meisten Wahlkreisen wurde am 5. Juli gewählt; in 18 Wahlkreisen fand die Abstimmung eine Woche später wegen der Feiertage in einigen Teilen Nordenglangs statt, in einem Fall wurde sogar erst vierzehn Tage später gewählt; und zwar aufgrund des sog. vom bestehenden Parlament verabschiedeten Gesetzes über den Wahlaufschub (Postponement of Polling Day Act).

8 Zur Stimmung während des „heißen Wahlsommers" 1945 in Großbritannien vgl. z. B. Kynaston, Austerity (wie Anm. 2), besonders drittes Kapitel unter dem Titel Oh Wonderul People of Britain, 60-90. Vgl. ebenfalls das klassische Werk von J. Ashley, Journey Into Silence. London 1973, 6ff.

9 Zu den sowohl in der Labour Party als auch außerhalb laufenden Diskussionen über die Sozialreformen, vgl. A. Deacon/J. Bradshaw, Reserved for the Poor. Oxford 1983, 42ff.; J. Kincaid, Richard Titmuss 1907-1973, in: P. Barker, (Ed.), Founders of the Welfare State. London 1984, 114-120; N. Whiteside, Creating the Welfare State in Britain, 1945-1960, in: Journal of Social Policy 25, 1996, No. 1, 83-103.

10 Eine Wende, die sich auf der britischen politischen Szene vollzog, hatten bereits die mit einem gewissen Vorlauf bekannt gegebenen Niederlagen zweier Mitglieder aus dem Kabinett Churchills, Brendan Brackens in Paddington in London und des zukünfltigen Premierministers Harold Macmillans in Stockton-on-Tees, signalisiert. Vgl. D. Childs, Britain Since 1945. London 2005, 2f.

11 Vgl. z. B. A. Mitchell, Election '45. London 1995, 78. Zum angespannten Erwarten der Wahlergebnisse im „Herzen" der Metropole, das heißt in Londoner City, vgl. z. B. D. Kynaston, The City of London, Vol. 3. London 1999, 508-509.

servativen lediglich 213 Mandate (ferner konnten sie noch mit zwölf für die Universitäten gewählten Abgeordneten rechnen), die Liberalen 12 Sitze erreichten; außerdem wurden zwei Kommunisten, ein unabhängiger Labourist und ein ganz unabhängiger Abgeordneter gewählt.[12] Für die Labouristen und ihre Verbündeten stimmten insgesamt 15 018 140 Menschen, Churchills Partei und ihre Anhänger bekamen insgesamt 9 960 809 Stimmen, die Liberalen 2 245 319 Stimmen.[13] Nicht einmal solche überzeugenden Ergebnisse spiegelten das Ausmaß der Zuneigung, die die Wähler der Linken schenkten, ganz wider, da die Wahlen nach den alten, die Torys begünstigenden Wahlregistern stattfanden[14]; dasselbe galt auch für die Tatsache, dass nur Personen über einundzwanzig Jahre wahlberechtigt waren, sowie für einige weitere Faktoren.[15] Andererseits kamen

---

12 Zu den Wahlergebnissen vgl. H. Pelling, The 1945 General Election Reconsidered, in: Historical Journal 23, 1980, No. 2, 399-414; G. McCulloch, Labour, the Left, and the British General Election of 1945, in: Journal of British Studies 24, 1985, No. 4, 465-479; K. G. Fry, A Reconsideration of the British General election of 1935 and the Electoral Revolution of 1945, in: History 76, 1991, No. 246, 43-55; S. Brooke, The Labour Party and the 1945 General Election, in: Contemporary British History 9, 1995, No. 1, 1-21; M. D. Kandiah, The Conservative Party and the 1945 General Election, in: Contemporary British History 9, 1995, No. 1, 22-47.

13 Direkt für die Labouristen stimmten 11 992 292 Wähler, für Independent Labour Party 46 679 Personen, für Common Wealth Party 110 634 Personen und für die Kommunisten 102 780 Wähler; die grundsätzlich links orientierten Nationalisten in Schottland und Wales erreichten 30 595 bzw. 14 751 Stimmen; die irischen nationalistischen Kandidaten erreichten 148 078 Stimmen, weitere Unabhängige 325 203 Stimmen. Ramsden, The Oxford Companion (wie Anm. 3), 713; The Times Guide to the House of Commons 1945. London 1950, 274ff.

14 Junge Leute, die sozusagen „links gestimmt" und die während des Kriegs sehr mobil waren, hätten wahrscheinlich lieber in ihren Heimatorten gewählt, als dort, wo sie in der Zeit der Wahlen gelebt haben (dies galt bestimmt für die meisten Frauen, die als sog. Kriegsarbeiterinnen arbeiteten).

15 Dazu ist noch der Einfluss der Stimmen von Soldaten (Diensstimmen [service votes]) zuzurechnen, von denen lediglich nur noch 59,4 % abgestimmt haben; über eine Million hat direkt gewählt, 750 000 Stimmen wurden von ihren Vertretern (Ehefrauen, Väter, Mütter, Geschwister) abgegeben; viele von denen, die aus unterschiedlichen Gründen nicht gewählt haben, gehörten den Arbeitern oder Fabrikarbeiter (blue-collar workers) an, die in der Friedenszeit eher für die Labouristen als für die Torys gestimmt hatten. Die Konservativen waren außerdem durch höhere Finanzmittel begünstigt; die durchschnittlichen Wahlkosten eines konservativen Kandidaten beliefen sich auf 780 Pfund, während einem Labour-Kandidaten im Durschschnitt 595 Pfund zur Verfügung standen. Die Torys konnten auch davon profitieren, dass ihnen mehr Wagen (um alte Wähler zu den Wahllokalen zu bringen), öffentliche Dienststellen zur Verfügung standen und sie somit eine größere Möglichkeit hatten, die Wähler anzusprechen (sog. Werbungsfähigkeit [public skill] usw.; sie profitierten ebenfalls von den sog. Geschäftsstimmen [business votes], die den Geschäftsinhabern ermöglichten, sowohl dort, „wo sie ihr Business" hatten, als auch dort,

etliche andere Faktoren zur Geltung, die den Kampf der Konservativen gegen die Labouristen erschwerten.[16]

Die Nachricht von Churchills Niederlage rief weltweit große Überraschung hervor. In Großbritannien selbst fielen die Aktienpreise an der Londoner Börse; nach dem Blatt The Financial Times waren „die City und das Volk durch den politischen Wandel entsetzt, zu dem es gestern gekommen ist".[17] Für die meisten „normalen Briten" waren jedoch die Wahlergebnisse eher ein Grund zum Jubeln. Gewisse Sympathien den Labouristen gegenüber hegten auch manche Vertreter des Establishments, z. B. Sir William Beveridge, Autor des berühmten Berichts über die nationale Versicherung und besiegter Parlamentskandidat[18], oder Montagu Norman, 1920-1944 ein hoch respektierter Gouverneur der Bank von England (Bank of England), der sich in einem Brief von 1946 äußerte, „wenn Churchill im Amt des Premierministers geblieben wäre, hätten wir mehr Unruhen und Miserie in diesem Land als anderswo in Europa erlebt".[19]

---

wo sie lebten, zu wählen; es wird behauptet, dass die Konservatieven dadurch etwa 3-5 Sitze erreichten. Vgl. Childs, Britain (wie Anm. 10), 3-5; R. J. Wybrow, Britain Speaks Out, 1937-1987: A Social History as Seen through the Gallup Data. London 1989, 17-18; R. B. McCallum/A. Readman, The British General Election of 1945. London 1947, 296-298; D. E. Butler, The Electoral System in Britain since 1918. London 1963, 146-148.

16 Grundsätzlich ist festzustellen, dass die Koservativen verloren haben, weil sie langfristig als eine Regierungspartei betrachtet wurden, die mit ihren Bemühungen, soziale und wirtschaftliche Probleme in der Zwischenkriegszeit zu lösen, einschließlich der hohen Arbeitslosigkeit, gescheitert war, und die das Land schlecht auf die Verteidigung gegen Hitler vorbereitet hatte (unter anderem vgl. The Collected Essays, Journalism and Letters of George Orwell, Vol. 3. London 1968, 446f). Während die Labouristen als eine „Partei der unterdrückten gewöhnlichen Menschen" und als „Partei der Hoffnung" angesehen wurden, wurden die Torys umgekehrt als eine „Partei der Privilegien, des Reichtums, des Veraltenten und der Nostalgie" (old-fashioned party) betrachtet, die – unter anderem – für zahlreiche Kriegsniederlagen (z. B. für die Kapitulation Singapores, „die größte Katastrophe in unserer Geschichte") verantwortlich war, als eine Partei „unkompetent das Land nach dem Krieg zu regieren" (vgl. z. B. C. Ponting, Churchill. London 1995, 558, 718ff.). Diese Tatsache bezeugten auch öffentliche Umfragen während des Kriegs. Vgl. G. H. Gallup (Ed.), The Gallup International Public Opinion Polls: Great Britain 1937-1975, Vol. 1. New York 1976, 75; S. Fielding, What Did „The People" Want?, in: Historical Journal 35, 1992, No. 3, 627ff.

17 When Peace Broke Out: Britain 1945. (Her Majesty's Stationery Office [nachfolgend nur HMSO]). London 1996, 84.

18 Vgl. P. Baldwin, Beveridge in the Longue Durée, in: J. Hills/J. Ditch/H. Glennerster (Eds.), Beveridge and Social Security. Oxford 1994, 40ff.

19 A. Boyle, Montagu Norman. London 1967, 326. Zur widerspruchsvollen einheimischen Reaktion auf die Wahlergebnisse vgl. ebenfalls T. Benn, Years of Hope. London 1994, 91ff.; F. Beckett, Clem Attlee. London 1997, 198ff.; P. Harrington/P. Young, The 1945 Revolution. London 1978, 192ff.; P. Street, Arthur Bryant. London 1979, 132; J. Gale, Clean Young Englishman. London 1988, 78ff.; W. H. Beveridge, Power and Influence.

Die erste Aufgabe des Labour-Leaders, Clement Richard Attlees, bestand darin, das Regierungsteam auszuwählen. Während die Beteiligung einiger Persönlichkeiten an der Regierung im Allgemeinen erwartet wurde, waren andere Namen ziemlich überraschend. Zu den tatsächlich „sensationellen“ Meldungen gehörte beispielsweise die Ernennung des Arbeiter- und Gewerkschaftsführers Ernest Bevins, des ehemaligen Minister für Arbeit, zum Außenminister.[20] Demgegenüber zählte die Ernennung von Attlees Gegner, Herbert Morrisons, der den Londoner Grafschaftsrat (Londoner County Council) führte und Innenminister Lord Präsident war, zu denen, die durchaus erwartet wurden, ebenso dass sich Hugh Dalton, ein akademischer Ökonome und Churchills Minister für Kriegswirtschaft, des Finanzministeriums annahm. Den Schlüsselposten des Gesundheitsministers erlangte Aneurin Bevan, ein ehemaliger Bergmann, der zwar in der Öffentlichkeit relativ unbekannt, dem linken Parteiflügel jedoch umso bekannter war. Ein zum Minister ernannter „Parteirebell“ war Sir Stafford Cripps, Wissenschaftler, Jurist und Christ, der Handelsminister wurde; andere Minister waren „Veteranen“ aus der Labour-Regierung MacDonalds aus den 30er Jahren (beispielsweise Lord Addison, Lord Stansgate [W. Wedgwood Benn] und Arthur Grenwood).[21] Im Prinzip war das zwanzigköpfige Kabinett Attlees durchaus ein logisches Ergebnis der rechts-linken Begegnung in der Labour Party und der sozialen Struktur des Landes. Allen vernünftigen Kriterien nach handelte es sich um ein „Kabinett von begabten und erfahrenen Männern genauso wie jede andere Regierung in der britischen Geschichte“.[22]

Der zweiundsechzigjährige Premierminister Clement Attlee selbst war im Moment, als er die Downing Street Nr. 10 betrat, jünger als die beiden letzten Premierminister, Churchill und Chamberlain. Trotzdem handelte es sich um einen sehr erfahrenen Politiker[23], langjährigen Abgeordneten (1922-1950 reprä-

London 1953, 349ff; T. Jones, A Diary with Letters 1932-1950. London 1954, 536ff; Charles Watson, Winston Churchill: The Struggle for Survival, 1940-1965. London 1966, 286ff.

20 Vgl. A. Bullock, The Life and Times of Ernest Bevin, 2 Vols. London 1967.

21 Die einzige in die Regierung ernannte Frau war Ellen Cicely Wilkinson (1891-1947), die Ministerin für Schulwesen wurde. Diese bedeutende Labour-Politikerin mit dem Spitznamen „Rote Ellen“ wurde bereits in den 1930er Jahren berühmt, als sie den „Hungermarsch“ von Jarrow mitorganisiert hatte, dessen Ziel es war, auf das drastische Ausmaß der Arbeitslosigkeit in ihrem Wahlkreis aufmerksam zu machen.

22 Zur Zusammensetzung des Kabinetts ausführlicher vgl. Childs, Britain (wie Anm.10), 5f; H. Macmillan, Tides of Fortune, 1945-1955. London 1969, 64, 67.

23 Clement R. Attlee (1883-1967), Sohn eines reichen Juristen, Absolvent der berühmten privaten Schule in Haileybury und der Universität in Oxford, Veteran aus dem Ersten Weltkrieg, den er mit dem Major-Rang verließ, war im Grunde genommen Bewunderer der Monarchie und konservativer Reformist, der nicht beabsichtigte, das „Klassensys-

sentierte er den Wahlkreis Limehouse, Stepney), Mitglied der MacDonald Regierung 1929-1931 (Kanzler des Herzogtums von Lancaster und Postminister) und um den einzigen Mann, der zusammen mit Churchill in der Koalitionsregierung von 1940 bis zum Kriegsende war. Obwohl Churchill ziemlich autokratisch regierte, hatte Attlee, ab 1942 als sein Vertreter, fast freie Bahn in vielen innenpolitischen Angelegenheiten, wenn sich der Premierminister um diese nicht kümmerte, und in Zukunft würde er von solchen Erfahrungen Gebrauch zu machen wissen. Harold Macmillan bezeichnete ihn recht treffend als „harten Kerl", was seiner Meinung nach die „erforderlichste Qualifikation" für den Premierposten war.[24]

II. Enstehung und Funktionieren des britischen Sozialstaats

Als die Labouristen im Sommer 1945 ihre Regierungsposten übernahmen, fehlte es ihnen keinesfalls an Selbstbewusstsein. „Wir sind Sieger nicht nur in diesem Moment, sondern auch für eine sehr lange Zeit," sagte eines der führenden Parteimitglieder, Sir Hartley Shawcross im April 1946 im Unterhaus.[25] Diese Worte waren nicht nur hinsichtlich der zukünftigen Entwicklung unpassend, sondern auch angesichts der hoffnungslosen wirtschaftlichen Situation, in der sich das Land befand.[26]

Großbritannien wurde nach dem Zweiten Weltkrieg von den Vereinigten Staaten von Amerika völlig überschattet; den meisten Historikern zufolge waren „alle schönen Worte über die britische Souverenität" bereits seit 1940 „eher eine rhetorische Übung, die die wirkliche Situation ignorierte, als Wirklichkeit".[27]

tem", sondern die Armut und das Elend zu beseitigen, also ein Mann, der möglichst vielen Menschen die Chance bieten wollte, von der Armut in die Mittelklasse aufzusteigen.

24 B. Pimlott (Ed.), The Political Diary of Hugh Dalton, 1918-40, 1945-60. London 1986, 173, 196; Ponting, Churchill (wie Anm. 16), 350, 374, 377; H. Macmillan, Tides (wie Anm. 22), 50.

25 A. Howard, We Are the Masters Now, in: M. Sissons/P. French (Eds.), Age of Austerity. Oxford 1986, 3. Vgl. auch J. Agate, Ego 8. London 1946, 184.

26 Zu der wirklich tragischen wirtschaftlichen Situation (zu der unter anderem auch die Rückkehr der demobilisierten Soldaten beigetragen hat) und insgesamt depressiven Stimmung, die in vielen Gebieten Großbritanniens herrschte, vgl. A. Crawley, Leap Before You Look. London 1988, 213ff.; I. Zweiniger-Bargielowska, Austerity in Britain, Oxford 2000, 125ff.; H. Pelling, The Labour Governments, 1945-1951. London 1984, 117-118; T. H. Marshall, Citizenship and Social Class. Cambridge 1950, 40ff.

27 Schon im Juli 1940 unterbreitete der britische Außenminister Lord Halifax den Kabinettsmitgliedern ein Dokument, aus dem hervorging, dass das zukünftige Überleben des Landes von der Unterstützung der USA abhängig war. Einen detaillierten Bericht überreichte der Schatzkanzler, Sir Kingsley Wood dem Kabinett im August desselben Jahres; Großbritannien machte seiner Meinung nach „Bankrott", was „das Ende des Status einer un-

Die tatsächliche Rettung des Inselstaates vor der Kriegsniederlage bedeutete übrigens das Leih- und Pachtgesetz (Land-Leas Act), das der US-Kongress im März 1941 verabschiedete und das nach den Worten des Präsidenten Franklin Delano Roosevelts von 1944 auch dem Wiederaufbau der britischen Industriekapazität nach dem Zweiten Weltkrieg dienen sollte. Die Entscheidung des neuen Staatsoberhaupts, Harry Trumans, die Wirksamkeit des Gesetzes unmittelbar nach der Kapitulation Japans Ende des Sommers 1945 einzustellen, hatte jedoch zur Folge, dass Großbritannien in riesige Probleme geriet; die wirtschaftliche Situation schien schlagartig „viel schrecklicher als der schlimmste Alptraum" zu sein.[28]

Die Verhandlungen über eine neue Anleihe, die der Sonderbeauftragte des britischen Premierministers, Lord John Manyard Keynes, in Washington führte, waren sehr kompliziert und ihr Ergebnis recht unklar. Bereits die Tatsache, dass London die Anleihe – trotz des anfänglichen Optimismus Keynes'[29] – erst nach monatelangen sehr harten Verhandlungen erhielt, sowie deren Bedingungen, sagt vieles aus. Die Amerikaner gewährten den Briten einen Kredit in Höhe von 3750 Millionen Dollar mit einem Zins von zwei Prozent (2 % war damals keinesfalls ein Ausdruck von Großzügigkeit) unter der Bedingung, dass mit den Rückzahlungen 1951 begonnen wird; dazu kam noch eine Anleihe von Kanada in Höhe von 1250 Millionen Dollar.[30] Die britische Regierung musste im Gegenzug ihr imperiales Präferenz-(Zoll-)system aufgeben und die Regeln des Multilateralhandels akzeptieren, indem sie 1947 dem Allgemeinen Zoll- und Handelsabkommen (General Agreement on Tariffs and Trade, GATT) beitrat. Außerdem mussten sich die Briten auch auf weitere US-Bedingungen, ein-

---

abhängigen Großmacht" bedeutete. Sogar Premierminister Churchill fand sein Land wortwörtlich „gehäutet". Ponting, Churchill (wie Anm. 16), 501-510; Countess of Ranfurly (H. Llewellyn), To War with Whitaker: The Wartime Diaries of the Countess of Ranfurly, 1939-1945. London 1995, 362ff.

28 F. M. Leventhal (Ed.), Twentieth-century Britain: An Encyclopedia. New York 1995, 453; H. Dalton, High Tide and After: Memoirs 1945-1960. London 1962, 70ff.

29 Zu Standpunkten und Interpretationen Keynes´ vgl. R. Skidelsky, John Manyard Keynes, Vol. 3. London 2000, 470. Vgl. ebenfalls R. Toye, „The Gentlemen in Whitehall" Reconsidered, in: Labour History Review 67, 2002, No. 2, 197ff.

30 Zur Enttäuschung bis zum Überdruss über die Verhandlungen mit den Amerikanern vgl. Like It Was: The Diaries of Malcolm Muggeridge. London 1981, 204; B. Pimlott, Hugh Dalton. London 1985, 434; Jones, Michael Foot (wie Anm. 6), 141; K. O. Morgan, Callaghan. Oxford 1997, 60. Mit der Einstellung gegenüber den USA und der Sowjetunion hing auch die Tatsache zusammen, dass die Leader der Labour Party, Clement Attlee und Ernest Bevin, den Rückzug Großbritanniens von der Position einer der drei wichtigsten Großmächte „nur mit größten Widerwillen" (Kynaston, Austerity [wie Anm. 2], 135) und noch nicht ganz genügend akzeptierten. Vgl. M. Gowing, Britain and Atomic Energy, 1945-1952, Vol. 1. London 1974, 184; P. Hennesy, Whitehall. London 2001, 713.

schließlich dessen, das Pfund innerhalb eines Jahres voll konvertierbar zum Dollar zu machen, einlassen; einigen Ökonomen und Historikern zufolge handelte es sich dabei um eine „absolute Katastrophe“[31] und „langfristig völlig unhaltbare Sache“ (diese Vorhersage erwies sich als richtig; im Sommer 1947 musste die britische Regierung die freie Konvertierbarkeit des Pfundes zum Dollar einstellen).[32]

Trotz solcher Schwierigkeiten begannen die britischen Labouristen fast gleichzeitig mit den Vorbereitungen zur Verwirklichung ihrer Reformen.[33] Als erste war die Frage des öffentlichen Eigentums an der Reihe. Ein umfangreiches Verstaatlichungsprogramm, das Herbert Morrison, ein praktischer Politiker sowie – teilweise – auch Idealist, der fest davon überzeugt war, das Hauptziel und der einzige Sinn jeder anständigen Regierung sei „die Verbesserung der Lebensbedingungen der Bevölkerung“, 1946-1949 leitete, „bedeutete zwar nicht, dass ausschließlich der Staat alles besitzen sollte“ [34], die wichtigsten Industriebereiche, wie die Bahn oder Bank of England, sollten jedoch dem Staat gehören. Andere Bereiche sollten von den lokalen Regierungen verwaltet werden oder als Genossenschaften weiter funktionieren.[35] Eine solche Diskussion war in Groß-

---

31 Das Unterhaus verabschiedete die Anleihebedingungen im Verhältnis 345:98 Stimmen, manche Konservativen enthielten sich. Von den Labouristen stimmten „dagegen“ z. B. der zukünftige Premierminister James Callaghan, Barbara Castel oder der spätere Parteivorsitzende Michael Foot; insgesamt 21 Labour-Abgeordnete waren gegen die Anleihe; 2 Kommunisten stimmten für die Anleihe; der kalte Krieg hatte Westminster offensichtlich noch nicht ganz betreten. Vgl. J. K. Galbraith, The World Economy since the Wars. London 1994, 157ff.

32 Zu den Gründen der „amerikanischen Härte“ Großbritannien gegenüber und allgemein zur Einstellung anderer Staaten gegenüber dem Inselstaat vgl. A. Silberman, Certain People: American Jews and Their Lives Today. New York 1985, 57ff; G. D. Nash, The Great Depression and World War II: Organising America 1933-1945. New York 1979, 156f; D. Snowman, The USA: The Twentieth to Vietnam. London 1968, 179ff.; G. D. N. Worswick/P. H. Ady, The British Economy 1945-1950. London 1952, 30ff. Zur Einstellung der freien Konvertierbarkeit des Pfunds zum Dollar vgl. z. B. J. Fforde, The Bank of England and the Public Policy, 1941-1958. Cambridge 1992, 157ff.

33 Vgl. J. Harris, Society and state in the twentieth-century Britain, in: F. M. L. Thompson (Ed.), The Cambridge Social History of Britain, Vol. 3. Cambridge 1990, 67f., 96ff.

34 J. Strachey, Why You Should Be a Socialist. London 1944, 66. Vgl. ebenfalls Q. Hogg, The Case for Conservatism. London 1947, 113; C. Attlee, The Labour Party in Perspective. London 1937.

35 Vgl. M. Francis, Economics and Ethics, in: Twentieth Century British History 6, 1995, No. 2, 240ff; M. Shinwell, Lead with the Left. London 1981, 136ff.; M. Young, Labour's Plan for Plenty. London 1947, 80ff.

britannien nach 1945 nichts Neues, die Möglichkeit ihrer Verwirklichung im großen Umfang jedeoch einzigartig.[36]

Die Verstaatlichung war selbstverständlich ein sehr häufiges Thema der Diskussionen in der Presse[37] sowie im Unterhaus, besonders was die britische Bergbauindustrie betraf; die Arbeitsbedingungen der Bergleute waren nämlich tatsächlich sehr miserabel[38] und die Rufe nach deren Verbesserung äußerst dringlich.[39] Aus diesem Grund ist nicht verwunderlich, dass als die Bergwerke am 1. Januar 1947 vom Staat übernommen wurden, wurde in den meisten Berg-

---

36 Oft wurde an Disraelis Kauf von Aktien der Suezkanal-Gesellschaft (Suez Canal Company) 1875 erinnert, sowie an die Tatsache, dass die Regierung der Hauptteilhaber an der Anglo-Persischen Ölgesellschaft (Anglo-Persian Oil Company) war. Man diskutierte auch über die Gründung des Britischen Rundfunks (Broadcasting Corporation) (1922) und der Vereinigung der britischen Elektrizitätserzeuger (Central Electricity Board) (1926), über die Gesetzgebung zur Errichtung der Londoner Transportgesellschaft (London Transport Board) (1933), das die Kontrolle über den ganzen öffentlichen Verkehr in der Hauptstadt übernommen hat, über die Verstaatlichung der britischen Fluggesellschaften (Imperial Airways Ltd und British Airways Ltd) durch die Chamberlain Regierung (beide 1939); E. Barry, Nationalisation in British Politics. London 1965, 85ff.

37 Einige Stellungnahmen der Presse waren ziemlich überraschend. Sogar das Presseorgan des britischen Establishments, The Times, setzte sich eindeutig für die Bildung des Nationalen Gesundheitsdienstes und weitere Teile des Regierungsprogramms ein. Eine ähnliche Haltung nahm in mancher Hinsicht auch die Londoner City ein, was in einem scharfen Kontrast zu ihrem Entsetzen stand, nachdem die Wahlergebnisse im Sommer 1945 bekannt gegeben wurden. The Times, 30. Mai 1946; The Financial Times, 23. April 1946. Vgl. ebenfalls J. Tomlinson, Why So Austere? The British Welfare State of the 1940s, in: Journal of Social Policy 27, 1998, No. 1, 64; ders., Welfare and the Economy, in: Twentieth Century British History 6, 1995, No. 2, 219.

38 Vgl. z. B. M. Kovář, Generální stávka ve Velké Británii v roce 1926. Příspěvek k dějinám ostrovního státu mezi dvěma světovými válkami [Der Generalstreik in Großbritannien im Jahre 1926. Ein Beitrag zur Geschichte des Inselstaates in der Zwischenkriegszeit], in: Svět historie – Historikův svět. Sborník profesoru Robertu Kvačkovi [Die Welt der Geschichte- Die Welt des Historikers. Festschrift für Professor Robert Kvaček]. Liberec 2007, 101-112.

39 Um die Arbeits- und Lebensbedingungen der Bergleute, ihre Mentalität und spezifische „Bergbaukultur" in den ersten Nachkriegsjahren besser verstehen zu können, empfiehlt sich das ausgezeichnete Buch von Ferdynand Zweig, der von Juli bis Oktober 1947 alle bedeutenden Bergbaugebiete in England und Wales durchreiste. F. Zweig, Men in the Pits. London 1948, 10, 15, 108-143. Vgl. ebenfalls W. Ashworth, The History of the British Coal Industry, Vol. 5. Oxford 1986; B. Jones u. a., Going from Darkness to the Light, in: Llafur 7, 1996, No. 1, 103-108; I. Zweiniger-Bargielowska, South Wales Miners' Attitudes towars Nationalisation, in: Llafur 5, 1994, No. 3, 73-76; P. Ackers/J. Payne, Before the Storm, in: Social History 27, 2002, No. 2, 193ff.; Durham Chronicle, 10. 1. 1947; Coal Magazine, January 1949, 7.

baugemeinden im ganzen Land ausgelassen gefeiert.[40] Für die meisten Bergleute rechtfertigte das bloße Kohlgesetz (Coal Act) die Existenz der Labour-Regierung; außerdem hielten sie es für einen „grundsätzlichen Test des Sinnes der Parlamentpolitik"; das Gleiche galt praktisch für die Stahlindustrie und die Bahn sowie für andere Branchen.[41]

Der Heranbildungsprozess eines Sozialstaats ließ nicht lange auf sich warten.[42] Diese Gesetzgebung umfasste vor allem das Gesetz über die nationale Versicherung (National Insurance Act, nachfolgend nur NIA), das Gesetz über die Unfallversicherung (Industrial Injuries Act) und das Gesetz über die Gesundheitsfürsorge (National Health Act); 1948 wurde dann das Werk durch die Errichtung des Amts für Sozialversicherung (National Assistance Board) ergänzt. Dem Gesetz National Insurance Act unterlag die gesamte britische Bevölkerung zum erstenmal; es handelte sich um ein komplexes System, das die Arbeitslosen-, Kranken-, Mutterschafts-, Vormundschafts-, Rentenversicherung sowie die Versicherung im Todesfall umfasste. Mit einem anfänglichen Einlagekapital in Höhe von 100 Millionen Pfund wurden das Ministerium für nationale Versicherung (Ministry of National Insurance) und der Nationale Ver-

40 Hansard, No. 418, Col. 752; Illustrated, 25. January 1947.

41

Industriezweige	Datum der Übernahme durch den Staat	Beschäftigtenzahl
Bank of England	1. 3. 1946	6 700
Zivilflugwesen	1. 8. 1946	23 300
Kohlenindustrie	1. 1. 1947	765 000
Telegrafen- und drahtlose Verbindung	1. 1. 1947	9 500
Verkehr	1. 1. 1948	888 000
Kraftwerksindustrie	1. 4. 1948	176 000
Gasindustrie	1. 4. 1949	143 500
Eisen- und Stahlindustrie	15. 2. 1951	292 000

Graphik 1: Übergang der Industriezweige in Großbritannien an den Staat. Tabelle nach: Childs, Britain (wie Anm. 10), 14.

42 Zu den Anfängen des englischen (britischen) Sozialstaats vgl. J. Rákosník, Anglický chudinský zákon z roku 1834, část I: Krize alžbětinské chudinské péče [Das englische Armenfürsorgegesetz vom Jahr 1834. Teil I. – Die Krise des Elisabethinischen Armenfürsorgesystems], in: Historický obzor [Historischer Horizont] 18, 2007, H. 3-4, 57-66; Teil II: Budování moderní chudinské péče (1814-1834) [Die Aufbau des modernen Armenfürsorgesystems], in: Historický obzor [Historischer Horizont] 18, 2007, H. 5-6, 110-119.

sicherungsfonds (National Insurance Fund) errichtet. Das Finanzministerium setzte voraus, dass jedes Jahr Geld von Arbeitgebern sowie Arbeitnehmern (man rechnete mit Wochenzahlungen) in den Fond fließen würde. Die Tatsache, dass auch Arbeitnehmer Beiträge in den Fonds leisten sollten, rief in einem Teil der Labour Party große Unzufriedenheit hervor; einige Labour-Abgeordnete[43] lehnten auch den Gedanken ab, dass die Beitragszahlung eine zeitliche Grenze haben sollte.[44]

Den Arbeitslosen enstand gemäß dem oben angeführten Gesetz einen Anspruch auf Unterstützung nach den ersten drei Tagen der Arbeitslosigkeit. 180 Tage lang erhielten sie eine wöchentliche Unterstützung; ein Versicherter, der Arbeit gefunden und wieder verloren hatte, konnte weitere Unterstützung erst nach 13 Wochen bekommen. Ein Anspruch auf Krankengeld entstand ebenfalls nach drei Tagen einer zwangsweisen Arbeitabwesenheit; im Unterschied zum Arbeitslosengeld konnte das Krankengeld unbefristet bezogen werden, faktisch bis zum Eintreten des Rentenanspruchs, wo es durch die Altersrente abgelöst wurde. Die Unterstützung während des sog. Mutterschaftsurlaubs bestand in einer einmaligen Zahlung an die Mutter bei der Geburt des Kindes; berufstätige Mütter bezogen 13 Wochen lang eine Unterstützung, die ihnen den entgangenen Verdienst ersetzte. Das Sterbegeld war ein Pauschalbetrag, der die Beerdigungskosten decken sollte. Dem NIA unterlagen auch Witwen; falls sie im Rentenalter waren, bekamen sie 16 Wochen nach der Verwitwung eine finanzielle Unterstützung; ferner stand ihnen Kindergeld für (noch schulpflichtige) Kinder bis 16 Jahren zu; Witwen zwischen fünfzig und sechzig Jahren konnten auch eine „Daueruntersützung" bekommen; und schließlich, wenn die Witwe vierzig Jahre alt war und noch schulpflichtige(s) Kind(er) hatte, hatte sie ebenfalls einen Anspruch auf die Unterstützung; um diese zu erhalten, musste sie mindestens zehn Jahre verheiratet gewesen sein. Die finanzielle Unterstützung konnte auch ein Vormund eines Waisenkindes beanspruchen. Das Rentenalter wurde auf fünfundsechzig Jahre bei Männern und auf sechzig bei Frauen festgesetzt; die Menschen, die das Alter erreicht haben, konnten weitere fünf Jahre die Arbeit fortsetzen und gleichzeitig eine leicht gesenkte Rente beziehen.[45]

43 Z. B. Sydney Silverman oder Barbara Castle.

44 Vgl. K. G. Banting, Poverty, Politics and Policy. London 1979, 68ff.; Deacon/Bradshaw, Reserved (wie Anm. 9), 61ff.; R. Lowe, The rediscovery of poverty and the creation of the Child Poverty Action Group, in: Contemporary British History 9, 1995, No. 3, 602-637.

45 J. C. Brown, Poverty in Post-war Britain, in: J. Obelkevich/P. Catterall (Eds.), Understanding Post-war British Society. London 1994, 117ff; J. Macnicol, In search of the underclass, in: Journal of Social Policy 16, 1987, No. 3, 293-318; A. B. Atkinson u. a., National Assistance and low incomes in 1950, in: Social Policy and Administration 15, 1981, No. 1, 19-31; ders., Poverty and income inequality in Britain, in: W. Wedderburn

Ähnlich wie bei anderen Unterstützungen, wurde die Rente mit den steigenden Lebenshaltungskosten nicht automatisch erhöht, sie hing auch nicht von dem früheren Verdienst ab. Im Laufe der Jahre sank die Kaufkraft der Rentner dementsprechend; unter den nachfolgenden Regierungen konnten die Renten mit der Inflation mithalten.[46] Das Kindergeld stand den Müttern nach der Geburt des zweiten und jedes weiteren Kindes bis zu ihren 15 bzw. 16 Jahren (falls sie nicht in der Schule waren) zu. Die Unterstützung betrug 5 Shilling (25 Pence) wöchentlich, was Barbara Castle recht treffend als „einen mehr als armseligen Betrag" bezeichnete.[47]

Trotz des Einvernehmes der Politiker während des Krieges, einen Nationalen Gesundheitsdienst zu errichten, wurde der Kampf um den National Health Service (NHS) der offenbar kontroverseste Bestandteil bei der Bildung des britischen Sozialstaats, und zwar ungeachtet dessen, dass er vom großen Teil der Öffentlichkeit (nicht nur von den Wählern der Labour Party) unterstützt wurde.[48] Aus der Sicht der Regierung waren nicht die oppositionellen Torys die wichtigsten „trouble-makers", sondern die Sprecher der Britischen Ärzteassoziation (British Medical Association), eine Art Ärztekammer, die die meisten praktischen Ärzte vereinigte.[49] Das Ziel des Gesetzes über den nationalen Gesundheitsdienst (National Service Health Act) war die Verstaatlichung von Krankenhäusern, von denen die meisten bis dahin den lokalen Regierungen gehörten[50]; die sog. teaching hospitals (es waren keine klassischen „Universitätskrankenhäuser", wie wir sie z. B. aus der Tschechischen Republik kennen, obwohl ihre Bedeutung – Unterricht und Praktikum von Medizinstudenten und neuen Ärzten – in vielerlei Hinsicht ähnlich war) erheilten einen Sonderstatus, der ihnen eine breitere Autonomie einräumte. Nach dem Gesetz sollte ein Netz von Krankenhäusern von

---

(Ed.), Poverty, Inequality and Class, Structure. Cambridge 1974; I. Gough/T. Stark, Low incomes in the United Kingdom, in: Manchester School 36, 1968, No. 2, 173-184. Vgl. ebenfalls P. Starkey, Families and Social Workers: the of Family Service Units, 1940-1985. Liverpool 2000; A. Deacon, Perspectives on Welfare. Buckingham 2002.

46 L. Hannah, Inventing Retirement. Cambridge 1986, 53ff.; A. W. Dilnot/J. Kay/C. N. Morris, The Reform of Social Security. Oxford 1984, 14f., 28, 45ff.

47 Dafür konnte man ein Pfund Tee Brooke Bond Dividend Tea, eine Zahnpasta Colgate und eine Mars-Schockolade kaufen. Vgl. Werbung in Illustrated, 23. August 1947.

48 Für viele Wähler der Labouristen waren die Begriffe „Sozialstaat" und NHS das gleiche. Vgl. Wybrow, Britain (wie Anm. 15), 25-26; J. Winter (Ed.), The Working Class in Modern British History. Cambridge 1983, 200-214; P. Baldwin, The Politics of Social Solidarity. Cambridge 1990, passim.

49 Gegen den NHS waren vor allem die Vertreter der katholischen Kirche; der Erzbischof von Westminster, Kardinal Bernard Griffin, tat alles dafür, dass die katholischen Krankenhäuser aus dem NHS ausgenommen blieben. Kynaston, Austerity (wie Anm. 2), 282.

50 F. Prochaska, Royal Bounty: the making of the welfare monarchy. New Haven 1995, 234ff.

vergleichbarer Qualität im ganzen Land entstehen, die das auf der Initiative der lokalen Behörden und der Wohlfahrt basierende System ersetzen sollten, das sich durch – insbesondere regional – große Unterschiede auszeichnete.[51] Lokale Behörden sollten viele wichtige Funktionen beibehalten, beispielsweise Mutter- und Kindfürsorge, ambulanten medizinischen Dienst, Betreuungsdienst usw.[52]

Der „sozialsitische Held“[53] Aneurin (‚Nye‘) Bevan, ein Mann von außerordentlichem Charisma und Charme, ein brillanter Parlamentsredner, der für dieses Ressort zuständig war, bemühte sich darum, dass alle Bürger, ungeachtet ihrer Sozialbedingungen, eine komplexe und vergleichbare medizinische Versorgung bekamen, was bereits aus dem Beveridge-Bericht von 1942 hervorging.[54] Generell kann festgestellt werden, dass er dies erreichte, obwohl nicht ohne Kompromisse. Eineseits setzte er zwar durch, dass Verkauf und Kauf von Artzpraxen eingestellt wurde, die er als Grund für die unterschiedliche medizinische Versorgung betrachtete, andererseits ließ er aber die sog. privaten Betten (private beds) in staatlichen Krankenhäusern zu, damit sich auch Fachärtze „seinem“ System anschlossen, die außerdem auch ihre Privatpraxen und –patienten behalten durften; einige britische Äzte wurden somit nie auschließliche Staatsangestellte.[55] Die Durchsetzung des Gesetzes stellte schließlich Bevans persönlichen Triumph dar;[56] in Fachkreisen wurde der Erfolg dennoch Doktor H. B. Morgan, dem Abgeordneten und medizinischen Berater des Kongresses der Gewerkschaftsverbände (Trade Union Congress) zuge-

51 Vgl. M. Gorsky u. a.., The financial health of voluntary hospitals in interwar Britain, in: Economic History Review 55, 2002, No. 2, 533-557; J. Mohan/M. Gorsky, Don't Look Back. London 2001, besonders 3. Kapitel.

52 Die beste Einführung in die Problematik vgl. J. Lewis, What Price Community Medicine? Brighton 1986; J. Welshman, Municipal Medicine. Oxford 2000.

53 „Sozialistischer Held“ (Socialist Hero) war Bevans Spitzname.

54 Vgl. Ch. Webster, Birth of a Dream, in: G. Goodman (Ed.), The State of the Nation. London 1997, 120ff; R. Klein, The New politics of the NHS. London 1995, 17-26; B. Cardew, The Family Doctor, in: J. Farndale (Ed.), Trends in the National Health Service. Oxford 1964, 157ff. Vgl. Soukup, Idea (wie Anm. 4), 227-244.

55 Vgl. H. Eckstein, The English Health Service. Cambridge 1958, 76-78; A. Digby/N. Bosanquet, Doctors and Patiens, in: Economic History Review 41, 1988, No. 1, 74-94. Vgl. ebenfalls A. Digby, The Evolution of General Practice, 1750-1948, Oxford 1999.

56 Das Blatt Daily Mirror schrieb in diesem Zusammenhang: „Was die Sozialversicherung betrifft, sind wir in aller Welt führend“; The Times und andere Zeitungen reagierten wesentlich gemäßigter. T. Wildy, The Social and Economic Propaganda of the Labour Governments of 1945-1951, in: Contemporary British History 6, 1992, No. 1, 64-65; The Times, 5. July 1948.

schrieben, und zwar als „der beste Kompromis, der in diesem Land im gegebenen Moment erreicht werden konnte".[57]

Auch wenn die Verstaatlichung, die Durchsetzung verschiedenster Sozialleistungen und die Entstehung des NHS zu Recht für entscheidende Punkte der Labour-Nachkriegsbewegung gehalten wurden, blieben die Wohn- und Bildungsfragen hinter ihnen nicht sehr zurück. Minister Bevan, der außer dem Gesundheitswesen auch für das Wohnen zuständig war, erbte eine durchaus komplizierte Situation. Während des Zweiten Weltkriegs wurde der Wohnbestand in Großbritannien etwa zu einem Drittel beschädigt, deshalb war der Druck auf den neuen Wohnungsbau – sowohl seitens der oppositionellen Konservativen, als auch der Labour-Radikalen – sehr stark.[58] Der Regierung Attlees gelang es zwar nicht, Bevans recht illusorische Vorstellung von Straßen, wo gemeinsam Menschen aus allen sozialen Schichten (Arbeiter, Handwerker, kleine Geschäftsleute, Ärzte, Juristen) leben würden, zu verwirklichen[59], allerdings wurde etwa eine Million Häuser gebaut, was kein schlechtes Ergebnis ist, wenn man den damaligen drastischen Mangel an Arbeitskraft und Baumaterial in Betracht zieht.[60]

---

57 Hansard, No. 422, Col. 130. Zu Diskussionen, die zu diesem Thema während des Zweiten Weltkriegs und danach geführt wurden, vgl. A. Calder, The People's War: Britain 1939-1945. London 1969, 531ff.; J. D. Hoffman, The Conservative Party in Opposition, 1945-1951. London 1964, 46, 235; A. Marwick, Britain in the Century of Total War. London 1968, 172ff.

58 Die Wohnsituation war nach dem Zweiten Weltkrieg in Großbritannien wirklich katastrophal. Vgl. F. J. Osborn, Space Standards in Planning, in: G. and E. G McAllister (Eds.), Homes, Towns and Countryside. London 1945, 101ff; P. Dunleavy, The Politics of Mass Housing in Britain, 1945-1975, Oxford 1981, 54; P. Hall, Cities of Tomorrow. Oxford 2002, 236; N. Bullock, Plans for Post-war Housing in the UK, in: Planning Perspectives, January 1987, 72, 78. Zu den Wiederaufbauplänen in einzelnen britischen Städten vgl. z. B. J. Hasegawa, Replanning the Blitzed City Centre. Buckingham 1992; ders., The Reconstruction of Portsmouth in the 1940s, in: Contemporary British History 14, 2000, No. 1, 45-62; N. Tiratsoo, Labour and the Reconstruction of the Hull, 1945-51, in: ders., (Ed.), The Attlee Years. London 1991, 127-131; B. Chalkley, The Plan for the City Centre, in: M. Brayshay (Ed.), Post-war Plymouth. Plymouth 1983, 17-30.

59 B. Lund, Housing Problems and Housing Policy. Harlow 1996, 41ff.; S. Fielding u. a., England Arise! Manchester 1995, 103ff. Zu dieser Problematik vgl. ebenfalls A. Homer, Creating New Communities, in: Contemporary British History 14, 2000, No. 1, 65-70; A. Ravetz, Housing the People, in: J. Fyrth (Ed.), Labour's Promised Land? London 1995, 161ff.

60 Das relativ langsame Tempo des Wohnungsbaus wurde durch den strengen Winter 1946-1947 verursacht, der für Großbritannien ebenfalls weitreichende außenpolitische Auswirkungen hatte. Vgl. z. B. J. Lees-Milne, Caves of Ice. London 1984, 130ff.; A. J. Robertson, The Bleak Midwinter. Manchester 1987, 18-21, 95ff.; J. L. Hodson, The Way Things Are. London 1947, 310ff.

Einen der Versuche, das Wohnproblem zu lösen, stellte der Bau von Plattenhäusern (pre-fabs) dar, davon wurden bis Herbst 1951 knappe 125 000 gebaut; diese Häuser waren relativ komfortabel, und obwohl sie die meisten Briten nie für „ordentliches Wohnen" hielten, erwiesen sie sich doch – nach Jahren – als viel strapazierfähiger, als man ursprünglich gedacht hatte.[61] Für den Wohnungsbau war ebenfalls das Gesetz über die Stadt- und Landplanung (Town and Country Planning Act) von 1947 von großer Bedeutung, das den lokalen Regierungen auferlegte, Stadt- und Gebietsentwicklungspläne für Gebiete, die in ihrem Zuständigkeitsbereich lagen, vorzubereiten. Gleichzeitig wurden Befugnisse der Planungsämter erweitert und die lokalen Regierungen begannen, Geldmittel aus den relativ großzügigen Förderprogrammen in Anspruch zu nehmen; manche kommunale Labour-Politiker waren trotzdem davon enttäuscht, dass „ihre" Ämter keinen noch größeren Einfluss erreicht hatten, um Wohnprobleme ausschließlich nach ihren, oft völlig illusorischen, Vorstellungen lösen zu können.[62]

Im Bildungsbereich bot sich den Labouristen Arthur Marwick zufolge 1945 eine einmalige ideale Chance, „mit dem Snobismus abzurechnen, auf dem das bestehende System basierte"; die meisten privaten Schulen (public schools) erwarteten von der sozialistischen Regierung, was ihre weitere Existenz betraf, „keine Barmherzigkeit".[63] In Anbetracht der Sentimentalität, die der Premierminister der von ihm besuchten privaten Schule gegenüber empfand, überrascht nicht, dass die Regierung letzendlich praktisch keinen Versuch unternahm, die privaten Schulen in das staatliche Ausbildungssystem zu integrieren. Die Labouristen verpflichteten sich im Grunde „nur" dazu, ab 1947 die allgemeine Schulpflicht bis zum Alter von 15 Jahren zu verlängern, was sie auch taten; ebenfalls versicherten sie, mindestens „auf dem Papier", ein dreiseitiges Higschool-System, das bereits im Ausbildungsgesetz von 1944 angedeutet wurde, ohne aber dabei einige seiner zerstörerischen Züge zu berücksichtigen.

---

61 N. Bullock, Re-assesing the Post-War Housing Achievement: The Impact of War-damage Repairs on the New Housing Programme in London, in: Twentieth Century British History 16, 2005, No, 3, 256-282.

62 Zur Wohnungsfrage vgl. M. Aldridge, The British New Towns. London 1979, 33ff; C. Ward, New Town, Home Town. Stevenage 1980, 10ff.; J. Balchin, First New Town. Stevenage 1980, 10-11; E. Harwood, The Road to Subtopia, in: A. Saint (Ed.), London Suburbs. London 1999, 133ff; A. Blowers, London's Out-county Estates, in: Town and Country Planning 41, 1973, No. 9, 409ff; P. Mandler, New Towns for Old, in: B. Conekin u. a. (Eds.), Moments of Modernity. London 1999, 214ff; J. B. Cullingworth, Town and Country Planning in England and Wales. London 1964, 269ff; P. Larkham, The Place of Urban Conservation in the UK Reconstruction Plans of 1942-1952, in: Planning Perspectives 18, 2003, No. 3, 295-324. Zu Diskussionen, die die Planung allgemein betrafen, vgl. S. Brooke, Problems of „Socialist Planning", in: Historical Journal 34, 1991, No. 3, 687-702.

63 Marwick, Britain (wie Anm. 57), 357.

Die mit dem Ausbau des Sozialstaats verbundenen Probleme betrafen in gewissem Maße auch die von der Labour-Regierung nach 1945 unterbreiteten Verfassungsreformen, sei es die Machtbeschränkung des Oberhauses (Representation of the People Act) von 1948, infolgedessen unter anderem die sog. Kaufmannsstimmen (business premises qualification to vote) aufgehoben wurden, was einen starken Widerstand der Rechten zur Folge hatte, oder die Aufhebung des Gewerkschaftengesetzes (Trades Disputes Act) von 1927 und seine Ersetzung durch ein neues Gesetz.[64] Für die grundsätzliche Ausrichtung des Sozialstaates waren diese Reformen nicht ausschlaggebend.

Die Schwierigkeiten, denen die Regierung bei der Leitung des Landes sowie bei der Durchsetzung des Sozialstaats 1945-1949 standhalten musste, waren in der Tat außerordentlich. Die Hauptprobleme stellten die völlige Erschöpfung des Landes nach dem Krieg und der Mangel an Finanzmitteln für seinen Wiederaufbau dar, und zwar unter den Bedingungen der ersten, ziemlich heißen Phase des kalten Kriegs. Die Briten waren zwar aus den Vorkriegs-, aber hauptsächlich aus den Kriegsjahren an Entbehrungen und Not aller Art gewöhnt, der versprochene „Wohlfahrtsstaat" entstand jedoch langsamer, als dies den Wahlversprechungen nach, besonders seitens der Labouristen, aber auch der Torys, der Fall sein sollte.[65] Trotzdem kann man nicht sagen, dass die Labouristen eindeutig an Popularität verloren hätten; die meisten ihrer Wähler von 1945 waren trotz aller Schwierigkeiten und Probleme entschlossen, ihre Stimme wieder ihnen zu geben.[66]

Der erste Höhepunkt der oben geschilderten Schwierigkeiten kam bereits zum Jahreswechsel 1946-1947 (siehe Anmerkung Nr. 61), als Großbritannien den frostigsten Winter im 20. Jahrhundert erlebte. Die Gefahr eines totalen wirtschaftlichen Zusammenbruchs kam damals – außer anderem – in der Entscheidung der Regierung, sich aus Indien (und dessen Unabhängigkeit anzuerkennen) und aus Palästina (Hauptvoraussetzung für das Entstehen Israels) zurückzuziehen, und auch in der Unfähigkeit, den Kampf gegen die Kommunisten in Griechenland und in der Türkei weiterhin zu finanzieren, zum Ausdruck. Ergebnis der anschließenden komplizierten Verhandlungen mit Washington war die Er-

---

64 The Hansard Society, Parliamentary Reform 1933-1960. London 1961, 5f; I. Richter, Political Purpose in Trade Unions. London 1973, 246ff.

65 Der langfristige Mangel, den die Briten ertragen mussten, wird gut durch die Umfragen, in denen sich die Öffentlichkeit äußerte, was sie am meisten auf dem Markt vermisste, sehr gut dokumentiert. Vgl. B. Pimlott, Harold Wilson. London 1992, 124-129; Daring to Hope: The Diaries and Letters of Violet Bonham Carter, 1946-1969. London 2000, 69ff.

66 „Es ist höchst unwahrscheinlich, dass die meisten körperlich Arbeitenden die Konservativen wählen würden, die in ihren Köpfen mit den Klassenprivilegien und – besonders – mit der Arbeitslosigkeit verbunden sind". Vgl. The Complete Work of George Orwell, Vol. 19. London 1998, 335-344.

klärung der sog. Truman- Doktrin „Aufhaltung des Kommunismus“ [67], die gemeinsam mit dem Marshall-Plan und der Gründung der Nordatlantischen Allianz (North Atlantic Treaty Organization, NATO) zur weiteren Beschleunigung des Kalten Kriegs, und damit – im engen Zusammenhang – auch zum allmählichen Untergang der Labouristen ein paar Jahre später beitrug. Eine detailliertere Analyse seiner Ursachen ist dann das Hauptziel der nachfolgenden Studie in der Monografie unter dem Titel „Britischer Welfare State: erste Versuche seiner Revision. Britische Labouristen, Kommunisten und Torys während des Kalten Kriegs (1949-1951)“.

67 Vgl. Kynaston, Austerity Britain (wie Anm. 2), 222ff; G. Johnston, Writing and Publishing the Cold War, in: Twentieth Century British History 12, 2002, No. 4, 451ff.; R. Hewison, In Anger. London 1988, 28ff.; A. Howard, Crossman, London 1990, 150-151; O. Lancaster, Signs of the Times. London 1961, 49. Bei der Entscheidung der US-Regierung, die Verbindlichkeiten Londons zu übernehmen, spielten nicht nur die Schwierigkeiten der britischen Wirtschaft, die sich direkt auf den Inseln bemerkbar machten, sondern – in höherem Maße – die Verschlechterung seiner Zahlungsbilanz und der Vertrauensrückgang für das Pfund im Ausland eine wichtige Rolle. The Political Diary of Hugh Dalton, 1918-1940, 1945-1960. London 1986, 450; M. Gilbert, Quest for World Monetary Order. New York 1980, 53ff.

Der britische „Welfare State“: die ersten Versuche um seine Revision

Die Labouristen und die Torys in der Zeit der Geburt „einer Nation“ und des kulminierenden Kalten Kriegs (1949-1951)

Bei der Analyse der Entstehung, Durchsetzung und des Funktionierens des britischen Sozialstaats 1945-1949, der die vorherige Studie gewidmet war, ist selbstverständlich sehr wichtig, nicht nur die Einstellung der regierenden Labouristen, sondern auch deren Gegner, sowohl auf der Linken, als auch der Rechten, zu kennen, insbesondere im Zusammenhang mit der allmählichen Positionsschwächung der Labour-Regierung und mit den Versuchen um eine bestimmte Modifizierung des Sozialstaates (Welfare State). Aus diesem Grund konzentriert sich folgender Text vorrangig auf die Analyse der Beziehungen zwischen den regierenden Labouristen und der radikalen Linken (insbesondere den Kommunisten) bzw. zwischen der Regierung und den oppositionellen Torys, ferner auch auf die Analyse der Ursachen, die 1951 zum Fall des Kabinetts Attlee führten und auf dessen Auswirkungen, dies alles in der Zeit der kulminierenden ersten Phase des Kalten Krieges.

I. Opposition gegen den Sozialstaat in Großbritannien

Was die Linke betraf, war die Einstellung der britischen Kommunisten, der Unabhängigen Labour-Party (Independent Labour Party) und der radikalen Labouristen zu Attlees Kabinett sowie zu den Vorstellungen seiner Mitglieder über die Form des Sozialstaats bezeichnend.[1] Während die Mitglieder der

1 Je mehr über das sowjetische Zwangsarbeitsystem, den blutigen Terror von 1948-1953 bekannt wurde, desto einfacher war es, der Propaganda Churchills von 1945 zu glauben, dass alle sozialistischen Maßnahmen zu „einer Form der Gestaporegierung“ führen mussten. Den Einfluss der bedeutenden marxistischen Intellektuellen, wie z. B. Alan Bush, Ivor Montague oder des „rote Dekans“ von Canterbury – Dr. Hewlett Johnson, schwächte die Tatsache, dass sie manche absurde Behauptungen Moskaus wortwörtlich akzeptierten. Dies galt auch für den kommunistischen Führer Harry Pollitt, der ein Publikum gewinnen konnte, indem er die allgemeine Wehrpflicht, Rezeptgebühren und den „Imperialismus“ angriff, gleichzeitig aber äußerst wenig überzeugend war, wenn er politische Monsterprozesse in den mittel- und osteuropäischen Ländern verteidigte, Labour-Führer denunzierte und das Tito-Jugoslawien dämonisierte. Äußerst zweifelhaft fiel auch sein Auftreten nach dem Februarumsturz in der Tschechoslowakei aus, anlässlich dessen er vom „Triumph der Demokratie“ in diesem Land sprach (D. Kynaston, Austerity Britain,

Kommunistischen Partei Großbritanniens sowie andere Radikale im Sommer 1945 die Entstehung einer sozialistischen Regierung insgesamt begrüßt hatten[2], begann sich später ihre aufgeschlossene Einstellung allmählich zu ändern, sie wandelte sich jedoch völlig mit dem Anfang des eiskalten Winters 1946-1947 und insbesondere des Kalten Kriegs. Als weitere Beispiele können auch die ambivalente Einstellung einiger regierenden Labouristen zu Attlees Modell des Sozialstaats oder das Erscheinen des Pamphlets Keep Left genannt werden, das drei junge Labourabgeordnete – Richard Crossman, Michael Foot und Ian Mikardo - kurz nach Erklärung der Truman-Doktrin zum Winter-Frühjahrswechsel 1947 herausgaben.[3]

Die Kommunisten und ihre Anhänger waren in ihrem Widerstand gegen die Regierung ziemlich erfolgreich, indem sie sich auf praktische, alltägliche Angelegenheiten (bread-and-butter issues) konzentrierten. Eine davon war das sog. Weißbuch über Löhne und Gehälter (White Paper on Wages and Personal Incomes) vom Februar 1948; als ein weiteres Beispiel können Versuche, die Probleme der Regierung bei der Erhaltung der Rationierung auszunutzen (diesbezüglich ist zu erwähnen, dass noch 1949, also vier Jahre nach dem Krieg, der durchschnittliche Verbrauch an vielen Grundnahrungsmitteln in Großbritannien niedriger war als 1939), angeführt werden. Erfolgreich waren sie auch in einigen Gewerkschaften (z. B. in Electrical Trades Union).[4] Diese Tatsache beeinflusste deshalb auch die Entscheidung der regierenden Labour Party, die Kommunisten

1945-51. London 2007, 223). In der staatlichen BBC, die ein Rundfunkmonopol hatte, und insbesondere in der überwiegend rechtsorientierten Presse wurde der Sozialismus entweder als „romantischer Unsinn", oder als „lauter Unheil" dargestellt.

2 Zum prosowjetischen Sentiment in Großbritannien nach dem Zweiten Weltkrieg vgl. z. B. Kynaston, Austerity (wie Anm. 1), 131ff. Vgl. auch den Aufsatz von William Gallacher in Labour Monthly vom August 1946.

3 In diesem Fall handelte es sich um eine Kritik von Bevins „gefährlicher Abhängigkeit von den USA", die verlangte, die britischen und französischen Sozialisten sollten eine feste Allianz zur Erhaltung des Gleichgewichts in der Welt bilden. Als Reaktion auf das Pamphlet „Keep Left" erschien kurz darauf eine Antwort unter dem Titel „Cards on the Table", deren Autor, Denis Healey, in Bevins Diensten war. Vgl. K. O. Morgan, Labour in Power, 1945-1951. Oxford 1984, 253ff; G. Radice, Friends and Rivals. London 2002, 64ff.; E. Pearce, Denis Healey. London 2002, 76ff.

4 Zur Position der Gewerkschaften in der britischen Wirtschaft nach dem Zweiten Weltkrieg vgl. D. H. Aldcroft/M. J. Oliver, Trade Unions and the Economy. Aldershot 2000, 46, 90ff.; R. Hyman, Praetorians and Proletarians, in: J. Fyrth (Ed.), Labour's High Noon. London 1993, 166ff; N. Whiteside, Industrial Relations and Social Welfare, 1945-79, in: Ch. Wrigley (Ed.), A History of British Industrial Relations, 1939-1979. Cheltenham 1996, 111ff. Vgl. auch Conservative Research Department, All the Answers, Westminster 1949, 39ff; The Economist, 23. September 1950; Hansard, Vol. 448, Col. 1703.

aus der Staatsverwaltung sowie den Gewerkschaften[5], insbesondere aus dem Kongress der Gewerkschaftsverbände (Trade Union Congress) zu entfernen.[6] Andererseits wurde der Ruf der Kommunisten derzeit durch brutale Verbrechen des Stalinismus untergraben; das wahre Gesicht des sowjetischen totalitären Regimes wurde bereits so offensichtlich, dass es zu ernsthaften Zweifeln am sozialistischen Gedanken an sich in Großbritannien kam.[7]

Viel wichtiger als die Einstellung der Kommunisten und ihrer Anhänger war aber die der oppositionellen Konservativen zum Aufbau des Sozialstaats in Großbritannien und zu den damit zusammenhängenden Änderungen. Nach David Childs reagierte die Tory-Partei, die ihre letzte wirklich schwere Niederlage 1906 erlebte[8], auf die für sie äußerst überraschenden Ergebnisse der Volksab-

5 Im Mai 1947 übernahm Premier Attlee selbst die Leitung des Außerordentlichen Kabinettausschusses für die Aufdeckung subversiver Tätigkeit (Special Cabinet Committe on Subversive Activities), Anfang 1948 errichtete die Regierung die Informations- und Forschungsabteilung (Information and Research Department), deren Ziel die antikommunistische Propaganda war. Zu harten ideologischen Konflikten, insbesondere auf der Linken, vgl. S. Parsons, British „McCarthyism" and the Intellectuals, in: J. Fyrth (Ed.), Labour's Promised Land? London 1995, 227ff; P. Deery, The Secret Batallion: Communism in Britain during the Cold War, in: Contemporary British History 13, 1999, No. 4, 20ff.

6 Department of Employment and Productivity, British Labour Statistic: Historical Abstract 1886-1968, Her Majesty's Stationery Office (nachfolgend nur HMSO). London 1971, 396, Tabelle Nr. 197. Dass der Einfluss der Kommunisten auf die Ereignisse in Großbritannien relativ geringfügig war und auf sozialem Gebiet 1945-1951 relative Ruhe herrschte, bezeugt ebenfalls – bis auf das Jahr 1948 – die verhältnismäßig niedrige Zahl streikender Arbeiter in allen Industriezweigen und Dienstleistungen:

Jahr	Arbeiterzahl	Jahr	Arbeiterzahl
1944	716 000	1949	313 000
1945	447 000	1950	269 000
1946	405 000	1951	336 000
1947	489 000	1952	303 000
1948	324 000	1953	1 329 000

Graphik 1: Arbeiter, die in allen Industriezweigen und Dienstleistungen streikten. Die Tabelle wurde entnommen: D. Childs, Britain since 1945. London 2006, 22.

7 Allgemein vgl. R. Samuel, The Lost World of British Communism. London 2006. Detaillierter W. Gallacher, The Case for Communism. London 1949, 134ff; W. Thompson, British Communists in the Cold War, 1947-52, in: Contemporary British History 15, 2001, No. 3, 121ff.

8 1906 erreichten die Konservativen nur 157 Mandate in den Wahlen, die oppositionellen Liberalen hingegen 400 Sitze; die Labouristen erreichten im Unterhaus 30 und die irischen Nationalisten 73 Sitze. Die Konservativen wurden von 2,45 Millionen Wählern,

stimmung von 1945 mit einer seltsamen „Mischung aus Arroganz und Mut“.[9] Während sich der Gedanke, den traditionellen Parteinamen (wie aus der vorherigen Studie bekannt), hatte das Wort „konservativ“ in den ersten Nachkriegsjahren einen schlechten Ruf) zu ändern und eine Allianz mit anderen Nichtsozialisten im Land zu bilden, nicht durchsetzen konnte, war die Bemühung der Konservativen, mit ihnen bisher nicht enger verbundene populäre Persönlichkeiten für die Parteimitgliedschaft zu gewinnen, erfolgreich. Es handelte sich beispielsweise um den populären „Rundfunk-Doktor“ Hill, der durch eine Kriegssendung im BBC berühmt wurde, und vor allem um Frederick James Marquis Lord Woolton, der sich als Versorgungsminister in der Koalitionsregierung Churchills verdient gemacht hatte und mit der Parteimodernisierung beauftragt wurde.[10]

Dic Tätigkcit Lord Wooltons trug untcr andcrem dazu bei, dass sich die Torys, wenn auch ungern, an den Gedanken einer Mischwirtschaft (Mixed Economy) und des Sozialstaats allmählich gewöhnten. Als Hauptausdruck dieser neuen Politik galt die im Mai 1947 von Richard Austen Butler herausgegebene sog. Industriecharta (Industrial Charter).[11] Ihr folgten dann die Landwirtschaftscharta (Agricultural Charter) sowie politische Dokumente zur „neuen Einstellung“ der Konservativen zu Wales, Schottland, der Imperialpolitik sowie zur „Frauenfrage“. Butler, der von Churchill beauftragt wurde, die Änderung der Parteipolitik durchzuführen, schrieb später, dass er beauftragt wurde, den Torys „möglichst schmerzlos, aber auf Dauer ein neues Gesicht zu geben“.[12] In Wirklichkeit waren die oben genannten Dokumente ziemlich „monoton und eintönig, was die Sprache anging“ und „weder gesotten, noch gebraten, was den Ton betraf“[13]; die meisten Fachleute halten jedoch ihren Beitrag zum zukünftigen Wahlsieg der Konservativen für ziemlich fragwürdig.

---

die Liberalen von 2,76 Millionen Wählern gewählt. J. Ramsden (Ed.), The Oxford Companion to Twentieth-Century British Politics. Oxford 2002, 713.

9 Die Überzeugung, dass sie nach den nächsten Wahlen an die Macht zurückkehren werden, erforderte nach 1945, als „die Linke siegreich fast durch ganz Europa zog“, von den britischen Torys ein wirklich großes Selbstbewusstsein. Childs, Britain (wie Anm. 6), 23ff. Diesbezüglich ist die Bemerkung ziemlich treffend, dass manche Torys die vernichtende Niederlage von 1945 als „einen langen Nachtspaziergang, der sowieso mit einem neuen Tag zu Ende gehen muss“, betrachteten. H. Jones, New Conservatism? in: B. Conekin u. a. (Eds.), Moments of Modernity. London 1999, 171-188.

10 H. Macmillan, Tides of Fortune, 1945-1955. London 1969, 292, 294, 296.

11 Conservative Party, The Industrial Charter. London 1947. Vgl. B. de Jouvenel, Problems of Socialist England. London 1949, 23; A. Howard, RAB: The Life of R. A. Butler. London 1987, 156ff.

12 R. A. Butler, The Art of Possible: The Memoirs of Lord Butler. London 1971, 145f.

13 Ebd. 145.

II. Wahlen 1950 und1951 – Ende des Sozialstaats oder seine Transformation?

Viele Historiker sind sich darüber einig, dass die Schlüsselfaktoren, die für die Wahlergebnisse von 1950 bzw. 1951 ausschlaggebend waren, mit den Bemühungen der führenden Konservativen, sich als eine effektivere Alternative der Labouristen zu präsentieren, nicht viel zu tun hatten.[14] In den Wahlen im Februar 1950 gewann die Labour Party bei einer höheren Wahlbeteiligung als 1945 insgesamt 13,2 Millionen Stimmen, während die Konservativen 12,5 Millionen Stimmen und die Liberalen 2,6 Millionen Stimmen erhielten; dies bedeutete 315 Mandate für die Labouristen, 298 für die Torys, 9 für die Liberalen (Kandidaten anderer Parteien gewannen 2 Sitze).[15] Im Oktober 1951, in den wiederholten Wahlen, erreichten die oppositionellen Torys 321 Sitze im Unterhaus, die Labouristen hingegen nur noch 295 Mandate und die Liberalen 6 Sitze.[16] Von entscheidender Bedeutung zeigten sich dabei einerseits der höchst dramatische internationale Kontext, das heißt der Ausbruch des Korea-Kriegs und dessen Auswirkungen auf Westeuropa, andererseits innenparteiliche Konflikte in der Labour-Partei, die außerdem – zum Nachteil der Labouristen – viel Gemeinsames hatten.

Außer der allgemeinen Not, die in der vorherigen Studie angesprochen wurde, stellte ein großes Problem in Großbritannien der rasche Kostenanstieg des Nationalen Gesundheitsdienstes (National Health Service, nachfolgend nur NHS) dar, der schneller war, als die Regierung Attlee erwartet hatte.[17] Im un-

---

14 Bei einem nicht geringen Teil der Wählerschaft gab es Befürchtungen, dass ein eventueller Wahlsieg der Konservativen eine hohe Arbeitslosigkeit, Verstärkung der selbständigen unternehmerischen Tätigkeit und Aufhebung oder zumindest eine Schwächung des Sozialstaats zur Folge haben würde. Vgl. M. Abrams, Social Trends and Electoral Behaviour, in: British Journal of Sociology 13, 1962, No. 3, 240f. Das Wahlmanifest der Labouristen hatte den nicht besonders originellen Titel Let Us Win Through Together, während das Anfang 1950 veröffentlichte Tory-Programm This Is The Road hieß. Vgl. Conservative Party, This Is The Road. London 1950, 1-4; M. Francis, Not Reformed Capitalism, But … Democratic Socialism, in: H. Jones/M. Kandiah (Eds.), The Myth of Consensus. Basingtoke 1996, 43ff.

15 Die Historiker sind der Meinung, dass die Labouristen einen so knappen Sieg unter anderem darum erzielten, weil es ihnen gelungen war, den sog. 1930er-Jahre-Mythos (the 1930 myth) aufrechtzuerhalten, der die Konservativen als asoziale Politiker, die nur das Wohl der Oberschichten im Auge hatten, präsentiert. Die Labour Party strebte dies auch in den folgenden Jahren an. Vgl. S. Laing, Representation of Working-Class Life, 1957-1964. Basingtoke 1986, 7ff. Zu den Wahlergebnissen von 1950 allgemein H. G. Nicholas, The British General Election of 1950. London 1951.

16 Ebd. 4, 9ff, R. Blake, The Conservatives from Peel to Churchill. London 1970, 263f.

17 J. Tomlinson, Welfare and the Economy, in: Twentieth Century British History 6, 1995, No. 2, 210ff.

vollständigen Finanzjahr nach dessen Einführung, das heißt von Juli 1948, bis März 1949, beliefen sich die tatsächlichen Kosten entgegen den vorausgesetzten 241,4 Millionen auf 251,2 Millionen Pfund (für ein vollständiges Finanzjahr hätten sich die tatsächlichen Kosten nach Berechnungen der Fachleute aus dem Finanzministerium auf 339,6 Millionen entgegen den vorausgesetzten 326,3 Millionen belaufen). Im Folgejahr (1949-1950) wurden die Ausgaben auf 387,6 Millionen Pfund geschätzt und dieser Betrag wurde nicht überschritten, wobei im Jahr 1950-1951 mit Ausgaben von 398,3 Millionen gerechnet wurde, während sie tatsächlich 405,8 Millionen Pfund betrugen.[18]

Das Kabinett Attlee versuchte, bereits auf die erste Schätzung von Unterschieden zwischen den geplanten und tatsächlichen Ausgaben für den NHS zu reagieren. Anfang Oktober 1949 bemühte sich der Finanzminister Stafford Cripps erfolglos, Aneurin Bevan für den Gedanken, Gebühren für Rezepte einzuführen, zu gewinnen. Im Frühjahr 1950 versuchte er es erneut, diesmal mit dem Vorschlag, die Patienten sollten mindestens den Zahnersatz (künstliches Gebiss), Brillen und Sanitätsbedarf bezahlen.[19] Bevan war wieder dagegen und bestand auf kostenloser medizinischer Betreuung; er war nur damit einverstanden, die Ausgaben für das Gesundheitswesen sorgfältiger als bisher im Auge zu behalten.[20] Im Oktober 1950 mischte sich der Premierminister selbst in diesen Konflikt ein, indem er den schwerkranken Cripps durch den „aufgehenden Parteistar" Hugh Gaitskell ersetzte; einige Monate später – im Januar 1951 – wurde Bevan „auf den Arbeitsministerposten abgeschoben". Dadurch entwickelte sich ein „riesiges Potential nicht nur für einen politischen, sondern auch persönlichen Konflikt dieser Männer"[21] und gleichzeitig für die Teilung der sowieso polarisierten Labour-Party in zwei unversöhnliche Flügel.

Und gerade in dieser für die Labouristen am wenigsten günstigen Zeit brach der Korea-Krieg aus. Für die Vereinigten Staaten von Amerika, die durch den Verlust Chinas, wo im Herbst 1949 ein kommunistischer Staat entstanden war, durch die erfolgreiche Vollendung des sowjetischen Atomprogramms und die allgegenwärtige innenpolitische „Spionagemanie" frustriert waren, stellte dieser

---

18 Das Hauptproblem bestand darin, dass die Regierung bei der Planung die etwa 3%-ige Inflation nicht berücksichtigte, und auch in der naiven Erwartung, dass mit besseren medizinischen Diensten auch die Nachfrage danach sinken wird, denn Krankheiten können effektiver behandelt werden und die Bevölkerung wird gesünder sein. Vgl. Report of the Committee of Enquiry into the Cost of the National Health Service, Cmd. 9663, (der Bericht von Guillebaud [Guillebaud Report]), HMSO. London 1956, 7.

19 Zu Zahn- und Augenärzten und deren Einstellung vgl. C. Webster, The Health Services since the War, Vol. 1. London 1999, 1. Kapitel.

20 Vgl. B. Brivati, Hugh Gaitskell. London 1996, 116ff.; P. M. Williams, Hugh Gaitskell. London 1979, 214ff.; Morgan, Labour in Power (wie Anm. 3), 412f.

21 K. O. Morgan, Harold Wilson. London 1992, 163.

Krieg eine sehr ernsthafte Probe in der bipolar geteilten Welt dar. Aus diesem Grund verlangten sie von ihrem engsten Verbündeten nicht nur diplomatische Unterstützung, sondern auch eine wesentliche Erhöhung der Verteidigungsausgaben sowie eine Wehrdienstverlängerung von anderthalb auf zwei Jahre.[22] Aus der Sicht britischer (sowie anderer westeuropäischer) Politiker lag die Befürchtung in der Luft, dass wenn man dem amerikanischen Anliegen nicht einmal teilweise entgegenkommt, dies eine wesentliche Beschränkung ihrer militärischen Präsenz auf dem alten Kontinent zur Folge haben könnte, was die Bedrohung seitens der Sowjetunion, die von dem alternden, paranoiden Diktator Stalin regiert wurde, wesentlich erhöhen konnte.[23]

Angesichts der oben angeführten Erklärung ist es nicht überraschend, dass sich die Regierung Attlee im Januar 1951 für eine sukzessive Erhöhung der Militärausgaben von 750 Millionen (1950) bis auf 4 700 Millionen Pfund (1954) entschied.[24] Um über diesen Anstieg überhaupt real nachdenken zu können, sah der Finanzminister Gaitskell viele Haushaltskürzungen vor, einschließlich der Gesundheitsausgaben – unter anderem auch die Tatsache, dass die Briten Gebühren für Zahnprothesen, Brillen und Rezepte zahlen werden. Das Kabinett nahm schließlich nach heftigen Diskussionen nur die ersten zwei Punkte seines Vorschlags (die Rezeptgebühr wurde wie im Vorjahr abgelehnt) an, Aneurin Bevan, Harold Wilson (ein weiterer Kabinettsminister) und John Freeman traten jedoch aus Protest zurück. Sie argumentierten durchweg damit, es handele sich um eine „grundsätzliche Sache" und „es sei keinesfalls auf das kostenlose Gesundheitswesen zu verzichten"; sie griffen ebenfalls die Höhe der Verteidigungsausgaben (der „Rüstungsausgaben", wie sie konsequent anführten) an.[25] Diese grundlegenden Tatsachen und nicht eine allmähliche „Genesung der Torys" nach der „Katastrophe vom Sommer 1945" stellten also die wichtigsten Ur-

22 Vgl. C. Barnett, The Verdict of Peace. London 2001, 16-26; S. Greenwood, A War We Don't Want: Another Look at the British Labour Government's Commitment in Korea, 1950-51, in: Contemporary British History 17, 2003, No. 4, 1-24.

23 Eine wichtige Rolle spielte auch die Verhandlung über den Beitritt Großbritanniens zur Montanunion. A. Bullock, Ernest Bevin: Foreign Secretary, 1945-1951. Oxford 1983, 782ff. Zur Situation auf der internationalen Szene vgl. K. Durman, Popely ještě žhavé. Velká politika 1938-1991, díl 1: Světová válka a nukleární mír, 1938-1964 [Die noch glühenden Aschen. Die Große Politik 1938-1991, Bd. 1: Weltkrieg und nuklearer Frieden, 1938-1964]. Praha 2004, vor allem 3. Kapitel (Stalin – „učitel národů" a „zajatec politbyra, 1945-1947) [Stalin- Lehrer der Völker und Häftling des Politbüros], 147-224; P. Hennessy, Never Again. London 1992, 410.

24 In Wirklichkeit erreichten sie nie diese Höhe; „gezügelt" wurden sie auch von der nachfolgenden konservativen Regierung. Vgl. M. Hill, The Welfare State in Britain. A Political History since 1945. London 1993, 42ff.

25 K. Harris, Attlee. London 1982, 477-480; B. Pimlott, Harold Wilson. London 1992, 162ff.

sachen der faktischen (1950) sowie der tatsächlichen (1951) Niederlage der Labour Party in den Parlamentswahlen und ihres Rückzugs in die Opposition dar.

Als die Labouristen, wie wir schon wissen, im Februar 1950 eine Mehrheit von sechs Stimmen im Unterhaus und nach einer dramatischen Abstimmung auch das Vertrauen gewannen[26], nahm das „Kabinett der müden Männer", wie die Regierung von der Presse bezeichnet wurde, die alltägliche Arbeit auf. Trotz der allgemeinen Erwartung blieb sie länger an der Macht als vorausgesetzt, vom 6. März 1950 bis 5. Oktober 1951. Angesichts der knappen Mehrheit handelte es sich um eine „reine Erhaltungsregierung", keine grundlegenden Schritte gemäß dem Parteiprogramm konnten unternommen werden. Zurückblickend soll noch an die Veranstaltung des sog. Britischen Festivals (Festival of Britain) erinnert werden, das vom Mai bis September 1951 in London sowie an anderen Orten „auf dem Lande" stattfand. Premier Attlee beabsichtigte, mit dieser Veranstaltung seinen Mitbürgern in „schweren Zeiten" nicht nur zu ermöglichen, sich darüber zu freuen, dass „Großbritannien immer vital und unbezwingbar ist und dass es seinen Platz in der Welt hat", wie er sagte, sondern auch darauf hinzuweisen, „wie gut es sich vom Krieg erholt hatte" [27], was im Prinzip stimmte, obwohl diese „Erholung" viel komplizierter war, als anfangs gedacht.

Die Wahlen von 1951 verliefen ohne ernsthafte Zwischenfälle. Die Labouristen hatten ihre „großen Themen", selbst wenn sie – vor allem im Vergleich zu 1945 – etwas „abgeleiert" waren, insbesondere die weitere Entwicklung des Sozialstaats.[28] Außerdem nutzten sie reichlich die nervöse Atmosphäre der „beiderseitigen Angst" aus und warnten vor einem dritten Weltkrieg, wobei sie so weit gingen, dass sie andeuteten, dem Oppositionsführer, dem „Kalten Krieger" Churchill könne man in den Fragen von Frieden oder Krieg nicht trauen. Einigen Historikern zufolge deutete der „leicht hysterische Ton" der Labour-Kampagne darauf hin, dass die Partei eine Niederlage mehr als vor einem Jahr fürchtete, falls sie nicht sogar damit rechnete. Die Torys zählten in ihrer Kam-

---

26 Die Abgeordneten wurden aus Krankenhäusern nach Westminster gebracht, um abstimmen zu können. George Witt schrieb diesbezüglich, dass es sich um einen „erschöpfenden und unwürdigen Prozess" handelte.

27 Das Festival hatte eher Großbritannien als das Britische Imperium zum Thema; es zeigte Beispiele aus Kunst, Wissenschaft, Technologie, Industrie und Landwirtschaft. Der Hauptteil war am Londoner „Südufer" der Themse (South Bank und Southwark) konzentriert, manche mit dem Festival zusammenhängende Veranstaltungen fanden im ganzen Land statt. Als Hoffnungssymbol der Zeit blieb den Briten die The Royal Festival Hall. Vgl. F. M. Leventhal, Festival of Britain (1951), in: ders., Festival of Britain (1951), Bradford 1951, 286f; R. Hewison, Culture and Consensus: England, Art and Politics since 1940. London 1995, 58ff.

28 Einer der wichtigsten „Wahltriumphe" der Labouristen war, dass sie sich als eine in allerlei Hinsicht vollwertige Alternative der mit dem Establishment verbundenen Torys präsentieren konnten.

pagne auf die Stimmen derjenigen, die mit dem ungenügenden Tempo des Nachkriegswiederaufbaus nicht zufrieden waren, auf die Gegner des umfangreichen Sozialstaats und auf eine bloße Sehnsucht der Inselbewohner nach einer Änderung. Bei der Formulierung ihrer Programmthesen mussten sie sehr vorsichtig vorgehen: der Labour-Welfare State hatte zwar zahlreiche und ziemlich laute Kritiker, seine eindeutige Ablehnung könnte jedoch in eine ähnliche Katastrophe wie 1945 münden. Aus diesem Grund betonten Churchills Leute eher, dass sie sowohl den Sozialstaat als auch die ganze Regeierung rationeller und effektiver machen würden, selbstverständlich bei Beibehaltung „alles Guten", was die Labouristen im vergangenen Jahren getan hatten.

Nach Bekanntgabe der Wahlergebnisse stellten die wie immer sehr selbstsicheren Konservativen fest, dass sie viel schlechter abgeschnitten hatten als erwartet. Die Mehrheit von 26 Stimmen gegenüber den Labouristen und 17 Stimmen insgesamt war überhaupt nicht überzeugend; für die Besiegten stimmten sogar mehr Bürger als für den Sieger, die nur dank der Besonderheiten des britischen (politischen) Wahlsystems gewonnen hatten.[29] Infolge des knappen Ergebnisses konnten die Torys keine grundlegenden Änderungen, mit denen einige Wähler trotz der vorsichtigen Wahlrhetorik ihren Machtantritt verbanden, unternehmen. In den folgenden Jahren schlug der Welfare State auf den Britischen Inseln so tiefe Wurzeln, dass seine grundlegende Revision bis zum Machtantritt Margaret Thatchers in der Downing Street Nr. 10 1979 unmöglich war.

Als der siebenundsiebzigjährige Winston Churchill im Herbst 1951 sein letztes Kabinett (bis 1955) zusammenstellte, schienen die „alten guten Zeiten" – aus Tory-Sicht - noch einmal zurückgekehrt zu sein. Der Premier, der prinzipiell davon überzeugt war, dass die Konservativen vor allem dank seines Charismas die Wahlen gewonnen hatten, ernannte mit Zustimmung des Königs ein Kabinett der „politischen Veteranen", größtenteils aus den Mitgliedern seines Kriegsrats, von ein paar „neuen Gesichtern" ergänzt, die ihm einen „Anschein von Modernität" geben sollten.[30] Von dessen wichtigsten Mitgliedern sind mindestens R. A. Butler, der Finanzminister wurde, oder der Partei-„Kronprinz" An-

---

29 Ein Teil der konservativen Gewinne hatte man der Tatsache zu verdanken, dass sich die Liberalen im Vergleich zu 1945 „nach rechts" bewegten, infolge dessen sie überregional nur noch 100 Kandidaten für das Unterhaus stellen konnten. Die Konservativen waren besser organisiert, sie konnten von den sog. Poststimmen mehr profitieren als die Labouristen. Eine Rolle spielte auch das schlechte Wetter, denn die weniger disziplinierten Wähler der Labouristen blieben zu Hause. Trotzdem konnten sich die Labouristen als „moralische Sieger" präsentieren, denn sie erhielten nicht nur mehr Stimmen als die Konservativen, sondern die bisher meisten Stimmen in Großbritannien überhaupt. Vgl. D. Butler, British General Elections since 1945. Oxford 1995, 63f.

30 R. A. Butler, The Conservatives: A History from their Origins to 1965. London 1977, 427ff.

thony Eden, der an „seinen" Posten im Außenministerium (Foreign Office) zurückkehrte, anzuführen; den Prestigeposten des Lord Präsidenten bekleidete Lord Woolton, der sich in den vergangenen Jahren um eine bestimmte Parteimodernisierung verdient gemacht hatte und der „Liebling" der Mittelschichten war, des äußerst „empfindlichen" Ministeriums für Wohnwesen und Lokalregierungen nahm sich Harold Macmillan und des Ministeriums für Arbeit Walter Monckton an.

Das Hauptproblem der Regierung, die insbesondere die Wirtschaft als Ziel ins Auge gefasst hatte, bestand darin, dass der Premier nicht imstande war – besonders angesichts seines vorgerückten Alters –, ihre Tätigkeit effektiv zu leiten[31], und der Finanzminister keine ausreichenden Erfahrungen auf diesem Gebiet hatte, sodass das Amt tatsächlich vom ständigen Ministersekretär Sir Edward Bridges, von Sir Edwin Plowden und William Armstrong geführt wurde.[32] Bei den oppositionellen Labouristen brach wieder ein offener „Bürgerkrieg" aus. Die Bewerber um den Parteivorsitz nach Major Attlee, der auch nach der Wahlniederlage mit achtundsechzig Jahren überraschenderweise den Parteivorsitz nicht abgab – Bevan, Gaitskell und Morrison –, fochten nicht nur rein politische, sondern auch leidenschaftliche ideologische Kämpfe um die zukünftige Gestalt der Labour Party aus.[33] Wie zerstörerisch der innenparteiliche Kampf war, belegt unter anderem die Tatsache, dass die Torys bis 1964 in der Regierung blieben, also dreizehn lange Jahre, obwohl sie der Öffentlichkeit nichts anderes als eine möglichst anständige Verwaltung der öffentlichen Angelegenheiten und „ein Inganghalten des Staats" anbieten konnten, abgesehen von Katastrophen wie der „Suez-Krise".[34]

Was die Entwicklung des britischen Sozialstaats nach 1951 anbelangt, kommen die Historiker, wie angedeutet, darin überein, dass es sich prinzipiell um eine Periode der Kontinuität mir der vorhergehenden Labour-Periode handelte. Kenneth Owen Morgan schrieb diesbezüglich von einem „konservativen Kompromiss"[35], Michael Fraser verglich die gemeinsame politische Basis der Konservativen und Labouristen, die unterschiedliche Ziele verfolgten, mit „zwei Zügen, die von gegenüberliegenden Bahnsteigen eines großen Londoner Bahnhofs losfahren und die lange nebeneinander parallel auf breiten Schienen fahren,

31 C. Ponting, Churchill. London 1995, 756f.

32 Howard, RAB (wie Anm. 11), 182 ff.

33 Vgl. H. Pelling, A Short History of the Labour Party. London 1961, 111ff.; J. Campbell, Nye Bevan and the Mirage of British Socialism. London 1978, 288ff.; D. Healey, The Time of My Life. London 1990, 152ff.; Williams, Hugh Gaitskell (wie Anm. 21), 301ff.

34 Detailliert vgl. z. B. D. Sandbrook, Never Had It So Good. A History of Britain from Suez to the Beatles. London 2005-2006, 1-30.

35 K. O. Morgan, The People's Peace. British History 1945-1989. Oxford 1990, 112.

aber immer auf entfernte Bahnhöfe zielen".[36] Das angloamerikanische Monatsheft Encounter feierte wieder den Triumph des Keynesianismus und verkündete das „Ende der Ideologie" [37]; viele damalige Politiker sprachen sogar von einer „einheitlichen" oder „einer Nation" (One Nation).[38] Eine bestimmte Zeit lang schien deswegen die Zeit der verhängnisvollen Konflikte zwischen der Linken und Rechten um die zukünftige Gestalt des (nicht nur Sozial-) Staats langsam zu Ende zu gehen. Die Realität sah aber, wie wir wissen, anders aus. Insbesondere in den 70er Jahren polarisierte sich die britische politische Szene wieder in einer Weise, die Anfang der fünfziger Jahre fast unvorstellbar gewesen war.

---

36 M. Fraser, British Politics 1945-1987: Four Perspectives, in: P. Hennessy/A. Seldon (Eds.), Rulling Performance: British Governements from Attlee to Thatcher. Oxford 1989, 310.

37 Encounter, April 1955.

38 Der Begriff „einheitliche" oder „eine Nation" (One nation) kam aus dem gleichnamigen Buch, das im Oktober 1950 von einer Gruppe von neun jungen konservativen Abgeordneten, zu der bedeutende Politiker wie beispielsweise Edward Heath, Iain Macleod, Robert Carr bzw. Enoch Powell gehörten, herausgegeben wurde. Das Buch spiegelte die konservative Rhetorik der 1950er und 1960er Jahre wider, die sich auf die ehemaligen gemäßigten Tory-Reformatoren (Benjamin Disraeli, Stanley Baldwin und andere) bezog. Die Autoren verpflichteten sich, die Labour-Politik bei der Unterstützung des Sozialstaates fortzusetzen, was die Unterstützung von Vollbeschäftigung, Bau neuer Wohnungen, Sozialdienstleistungen, Gesundheits- und Schulwesensreformen beinhaltete. Nachdem das Buch erschienen war, trafen sich die Politiker regelmäßig und begannen sich bald „Gruppe einer Nation" (One Nation Group) zu nennen. Vgl. Sandbrook, Never Had (wie Anm. 34), 51; Conservative Political Centre, One Nation: A Tory Approach to Social Problems. London 1950; J. Campbell, Edward Heath: A Biography. London 1993, 76-79; R. Shepherd, Iain Macleod: A Biography. London 1994, 61-70.

Politische, ökonomische und soziale Voraussetzungen der Nachkriegstransformation Japans

Der Zusammenbruch Japans infolge seiner Niederlage im Zweiten Weltkrieg führte überraschenderweise zur Entstehung relativ günstiger Bedingungen für einen neuen Anfang und umfangreiche Änderungen. Der durchschnittliche Japaner fühlte, dass ihn Regierung und Militärspitze getäuscht haben, er hatte kein Schuldgefühl wie z. B. die Deutschen, deshalb akzeptierte er leicht eine Vielzahl von Änderungen. Japan zeigte sich weit offen für neue Einflusse und „sechseinhalb Jahre amerikanischer Okkupation war eine ganz neue Erfahrung für das japanische Volk. Diese neue Erfahrung zeigte sich entgegen allen Erwartungen als eher glücklich und möglicherweise einmalig in der Geschichte der Menschheit (...) ging es um eine bestimmte Art eines sozialpolitischen Experimentes nach dem Muster der westlichen Demokratie“.[1]

Die Aufgabe „ein moralisches, psychisches und physisches Vakuum“ zu füllen, fiel praktisch allein den Amerikanern zu, im Wesentlichen nahm sich General Douglas MacArthur dieser Rolle an. Eine eher zwiespältige Persönlichkeit, lassen sich seine großen Verdienste um die Entstehung eines modernen, demokratischen und erfolgreichen Japans jedoch in keinem Falle leugnen.

I. Die Rolle MacArthurs in der Entwicklung Japans nach dem Krieg

Präsident Truman ernannte im August 1945 MacArthur zum obersten Befehlshaber der alliierten Streitkräfte (Supreme Commander for the Allied Powers, nachfolgend nur SCAP)[2], ohne dass er mit irgendeinem außer den Mitgliedern seines Stabes diese Angelegenheit konsultiert hätte. Die amerikanische Öffentlichkeit nahm die Nominierung günstig auf, MacArthur war der zweitbeliebteste unter den amerikanischen Generälen.[3] Vom politischen Standpunkt aus handelte es sich um eine gute Wahl – der General war ein konservativer Republikaner, ernannt ins Amt durch demokratischen Präsidenten, er hatte das Vertrauen der beiden wichtigsten Parteien im Lande. Bei weitem nicht alle Eigenschaften des Generals lassen sich positiv bewerten – er war überheblich und reserviert, exzentrisch, oftmals arrogant, egoistisch, theatralisch, allzu sehr beachtete er die

1 S. Ohe, The Socio-Political Experiment in Postwar Japan, in: Ethics 66, 1956, No. 4, 255.
2 Mit der Abkürzung SCAP wurden bei Zeitgenossen und auch bei heutigen Historikern sowohl die Funktion von MacArthur als auch sein Hauptstab in Tokio bezeichnet.
3An der Spitze der Popularitätsleiter aller Kriegskommandeure stand Dwight D. Eisenhower.

Meinung seiner Untergebenen nicht. „Manchmal stand mein ganzer Stab gegen mich. Aber ich wusste, was ich tue. Schließlich hatte ich mehr Erfahrungen als sie. Und meistens hatte ich recht[4]," stellte der General mit Befriedigung fest. MacArthur bestand auf der Vorstellung, dass alles Wichtige er alleine lösen müsse – deshalb hatte er weder einen Vertreter, noch einen Pressesprecher. William J. Sebald, der amerikanische Botschafter in Tokio zu der Zeit, als MacArthur in Japan wirkte, konstatierte völlig berechtigt: „Bisher war noch nie in der Geschichte der Vereinigten Staaten eine solch riesige und absolute Macht in die Hände eines einzelnen gelegt worden."[5]

MacArthur war formal vier Männern in Washington untergeordnet – dem Präsidenten, dem Kriegsminister (später Verteidigungsminister), dem Armeestabschef und dem Vorsitzenden des Korps der Stabschefs. Außerdem entstanden nach dem Krieg einige internationale Organe, welche den Verlauf der Okkupation überwachen sollten. Es handelte sich um eine Beraterkommission für den Fernen Osten (Far Eastern Advisory Commission, sie wirkte von Oktober 1945 bis Februar 1946) und eine Fernostkommission (The Far Eastern Commission, sie war aktiv von Februar 1946 bis April 1952) mit Sitz in Washington. In ihr wirkten die Vertreter von zunächst 11, später 13 Staaten, welche im Kriegszustand mit Japan waren. Im Alliierten Rat für Japan (Allied Council for Japan), der sich zum ersten Male am 27. Dezember 1945 in Tokio traf, tagten die Vertreter der vier Großmächte – USA, Großbritannien, Sowjetunion und China. Der Rat wurde bald zur „Arena der griesgrämigen Argumentation". Mac Arthur nahm an seinen Sitzungen nur einmal teil und gab zu, dass er lediglich beratende Funktion habe. Die Tätigkeit des Rates endete im April 1952, als der Friedensvertrag mit Japan in Kraft trat. Keine der Kommissionen wurde zu einer bedeutsamen Institution, welche auf grundsätzliche Weise fähig gewesen wäre, die Prinzipien der Okkupationspolitik in Japan zu beeinflussen.

Obwohl Staatssekretär James Francis Byrnes und Kriegssekretär Robert Paterson von Anfang an darauf bestanden, dass nicht MacArthur die Grundkonzeption der Okkupationspolitik bestimmen sollte und der damalige Unterstaatssekretär Dean Acheson (später Staatssekretär) forderte, sie gemeinsam durch das Außen- und das Kriegsministerium und die Kriegsflotte auszuarbeiten, schafften sie es nicht, aus MacArthur ein bloßes Werkzeug der offiziellen, in Washington formulierten Politik zu machen. Der General konnte seine Autorität auf eine eindeutige Passage im Dokument über Japans Kapitulation stützen, in der es heißt: „Die Machtbefugnisse von Kaiser und japanischer Regierung zum Regieren im Staate werden dem Oberbefehlshaber der vereinigten Militärkräfte unter-

---

4 W. Manchester, American Caesar. Douglas MacArthur, 1880–1964. Boston/Toronto 1978, 468.

5 W. J. Sebald/R. Brines, With MacArthur in Japan, New York 1965, 103.

geordnet, der zur Verwirklichung der Kapitulationsbedingungen solcherart Schritte unternimmt, die er für angebracht hält."[6] Auch der Hinweis des Präsidenten: „Sie werden Ihre Autorität auf die Art ausüben, die Sie mit Blick auf Ihre Mission für angemessen halten. Unsere Beziehungen zu Japan beruhen nicht auf einer Vertragsbasis, sondern auf der bedingungslosen Kapitulation (...). Ihre Autorität ist die höchste"[7] führte dazu, dass der General die Okkupationspolitik nach seiner Art leitete, und in mancher Hinsicht war er wirklich allmächtig – er konnte Kaiser Hirohito „die Ausführung der Funktion" beanstanden, das Parlament entlassen, politische Parteien außer Gesetz stellen oder wenn auch immer eines öffentlichen Amtes entheben, ausländische Diplomaten übergaben ihre Beglaubigungsschreiben ihm und keinesfalls Hirohito, amerikanische und andere Journalisten und Geschäftsleute durften ohne seine Zustimmung nicht ins Land einreisen, aus dem er sie auch jederzeit ausweisen konnte.[8]

Die amerikanische Regierung bereitete sich lange vor der Kapitulation auf die Lösung der Nachkriegsprobleme in Japan vor. Daher konnte schon am 6. September 1945 ein Dokument mit dem Titel Die anfängliche Politik der Vereinigten Staaten nach der Kapitulation Japans (United States Initial Postsurrender Policy for Japan) veröffentlicht werden, welches den Blick weit in die Zukunft gerichtet hatte und ohne Zweifel eine positive Rolle in der anfänglichen Phase der Okkupation gespielt hat.

Die erste Phase der Okkupation Japans (1945–1947)[9] verlief im Zeichen tiefer gesellschaftlicher Veränderungen. Die zweite Phase (1947–1952), charakterisierbar durch die gesamte Rekonstruktion des Landes, beschleunigte und veränderte die Wirkung zweier Faktoren. In erster Reihe war dies der Beginn des Kalten Krieges, vor allem der Antritt der Kommunisten in China und der Ausbruch des Korea-Krieges im Juni 1950. Der zweite Faktor, welcher zu wesentlichen Veränderungen der Okkupationspolitik führte, waren die riesigen Finanzmittel der Vereinigten Staaten zur Unterstützung Japans, welche allein im Jahre 1947 eine Höhe von 400 Millionen Dollar erreichten.[10] Die hauptsächlichen Bemühungen der Amerikaner konzentrierten sich daher darauf, dass die

6 Documents on American Foreign Relations 3. Princeton 1963, 109f.

7 Manchester, American Caesar (wie Anm.4), 470.

8 Die Sache ging so weit, dass Journalisten und Geschäftsleute sich ohne seine vorherige Zustimmung nicht einmal ein Zimmer in japanischen Hotels reservieren durften. Manchester, American Caesar (wie Anm. 4), 471.

9 Bemerkenswerte Einblicke zum Charakter der amerikanischen Okkupation Japans und zur Forschungsentwicklung dieses Problems bringen die Beiträge von R. A. Moor, Comment: Reflections on the Occupation of Japan, in: The Journal of Asian Studies 38, 1979, No. 4, 721–734; R. A. Moose, The Occupation of Japan as History. Some Recent Research, in: Monumenta Nipponica 36, 1981, No. 3, 317–321.

10 R. Story, A History of Modern Japan. Harmonsworth 1970, 254.

Japaner sich so schnell wie möglich auf eigene Beine stellten und eine ökonomische Belebung erreicht wurde.

Die Amerikaner verstanden, dass eine einseitige Politik der Revanche Unruhe, Verzweiflung und Hass hervorrufen würde, daher beschlossen sie ein Programm demokratischer Reformen, welches Japan von Grund auf verändern sollte. Mit Blick auf die grundverschiedenen kulturellen und sprachlichen Gegebenheiten kamen die Amerikaner zu dem Entschluss, dass es nicht gut wäre, wenn sie das Land selbst regieren würden, daher entschieden sie sich – im Gegensatz zu Deutschland – das Land mittels einer japanischen Regierung und weiterer japanischer Organe zu lenken.[11] Die Okkupation war zwar formal eine Angelegenheit der Verbündeten, aber an ihrer Realisierung beteiligten sich nur amerikanische und britische Einheiten.[12] Die Sowjetunion lehnte es ab, seine Soldaten einer Führung unter MacArthur anzuvertrauen, der chinesische Führer Generalissimus Chiang Kai-shek konzentrierte sich auf das endgültige Kräftemessen mit den Kommunisten und dachte daher nicht an eine Entsendung von Einheiten nach Japan.

II. Die ersten Schritte und Reformen der Okkupationsverwaltung

Schon während der ersten Wochen und Monate der Okkupation führte MacArthur eine Reihe grundsätzlicher Maßnahmen durch, gleichzeitig liefen Vorbereitungen zu umfangreichen Reformen auf vielen Gebieten. Am 13. September 1945 wurde das kaiserliche Hauptquartier aufgelöst, der 10. Oktober brachte das Ende der Vereinigten Marine, zwei Tage später wurden die Generalstäbe der Armee und der Kriegsflotte aufgelöst, bis zum Ende des Jahres 1945 hörten die japanischen Streitkräfte auf zu existieren. Ultranationalistische und militaristische Organisationen wurden aufgelöst, repressive Gesetze aufgehoben.

Im Oktober 1945 wurde die Regierung beauftragt, alle politischen Gefangenen zu entlassen, einschließlich 16 000 Kommunisten, die dann für einige Zeit Erfolge dank der Krisensituation der Nachkriegszeit feierten. Der bekannte amerikanische Diplomat George Frost Kennan kritisierte in diesem Zusammenhang sogar MacArthur dafür, dass er die Armee und die Geheimpolizei - Kempeitai - auflöste und dann offensichtlich keine wirkungsvollen Mittel im Kampf gegen die Kommunisten hatte.[13]

---

11 Daher spreche ich auch im Zusammenhang mit der Position der Verbündeten in Japan als von einer „Okkupationsmacht“ und keinesfalls von einer „Okkupationsverwaltung“, weil die Verwaltung des Landes die Japaner selber ausführten.

12 Ende des Jahres 1945 gab es in Japan 152 000 Amerikaner und 38 000 Soldaten aus dem Britischen Reich, überwiegend handelte es sich um Australier.

13 G. F. Kennan, Memoirs, 1925–1950. Boston 1967, 375f., 386–390.

Nachdem plötzlich die Repressionsinstitutionen des Polizeistaates zu fungieren aufhörten, setzen sich plötzlich für Jahre unterdrückte Kräfte in Bewegung. Frauen bekamen in allen Bereichen die volle Gleichberechtigung mit den Männern, die traditionelle Autorität des Familienoberhauptes über die anderen Mitglieder wurde liquidiert, der Adel und Adelstitel wurde abgeschafft, Ausnahmen blieben der Kaiser und seine Familie. Die Aktivitäten der politischen Parteien wurden erneuert.

Bald nach Beginn der Okkupation begann eine Welle von Säuberungen, welche rund 200 000 Menschen betraf. Die Direktive des amerikanischen Korps der Stabschefs vom September 1945 forderte MacArthur auf, alle zu entlassen, die auf irgendeine Weise für die japanische Aggression in Übersee verantwortlich waren oder sich direkt an ihrer Verwirklichung beteiligten. Diese Menschen wurden aus den Regierungsämtern und aus allen gesellschaftlich bedeutsamen Behörden entlassen. Die Direktive bestimmte klar, dass in diesen Behörden auch keine Person bleiben darf, welche „vom Jahre 1937 an in Schlüsselpositionen mit hoher Verantwortung in Industrie, Finanzwesen, Geschäftswesen, Landwirtschaft oder Exponent des militanten Nationalismus und der Aggression war“.[14] Das betraf die Offiziere von Armee und Polizei, die Beamten in der Zivilverwaltung und alle Politiker, welche sich seinerzeit zur Vereinigung zur Unterstützung der kaiserlichen Regierung bekannt hatten. Der Säuberungseffekt auf das politische Leben war drastisch – so betraf er z. B. außer 48 Personen alle Mitglieder beider Parlamentskammern.

Schon am 22. Oktober 1945 erschien ein Richtungspapier zur Reform des japanischen Schulwesens. Geist und Struktur des ganz vom Staat kontrollierten Erziehungssystems wurden von Grund auf geändert, die allmächtige Aufsicht des Erziehungsministeriums verfiel. Gehen mussten diskreditierte Lehrer, welche sich wesentlich der Propaganda und Propagierung des Militarismus und der Expansion angeschlossen hatten. Es wurden Lehrbücher revidiert und von militaristischer und nationalistischer Propaganda befreit. In der Erziehung von Schülern und Studenten begann eine Verschiebung von Indoktrination und Auswendiglernen zur Unterstützung von Selbständigkeit und zur Formung einer freien, demokratischen Persönlichkeit. Der Pflichtschulbesuch wurde von 6 auf 9 Jahre erweitert, die Studienmöglichkeiten nach der Grundschule wurden erweitert, schrittweise wurde der elitäre Charakter des japanischen höheren Schulwesens beseitigt. Die japanischen Studenten wurden viel offener, gradliniger aber auch weniger diszipliniert als ihre Vorgänger aus der Vorkriegszeit.

Die offensichtlich gewagtesten, am weitest gehenden und konsequentesten Reformen fanden in Japan auf dem Lande statt. Ihr Ziel war die Verbesserung der bisher sehr ungünstigen Stellung der Bauern-Pächter. Die Situation des ja-

14 Story, A History (wie Anm. 10), 250.

panischen Bauern verbesserte sich zwar etwas, denn die Inflation erleichterte ihm die Rückzahlung seiner Schulden, andererseits wirkten aber auf dem Lande lange andauernd einige ungünstige Probleme. Ein sehr kontroverses Phänomen war die wesentlich erweiterte Pacht von Boden. Zum Kriegsende besaßen den größten Teil des Bodens etwa 160 000 Besitzer, die jedoch darauf zum größten Teil nicht arbeiteten, sondern ihn Pächtern vermieteten. Schon in der Vorkriegszeit wuchs die Zahl der durch beträchtliche Pflichten gegenüber den Bodenbesitzern und dem Staate geschädigten Pächter gewaltig. Das Land trug den Hauptteil der Steuerlast, deren Umfang vor allem durch wachsende Rüstungsausgaben bestimmt wurde. Die japanische Regierung war schon damals unzufrieden mit der steigenden Zahl von Pächtern, versuchte daher diesen Prozess anzuhalten und erreichte tatsächlich, dass der von Pächtern bearbeitete Boden nicht mehr als 50 % des Gesamtfonds übertraf.

Einige Fachleute behaupten sogar, dass MacArthur - was die Bodenreform in Japan betraf – weiterging als die chinesischen Kommunisten[15], denn nach Verwirklichung dieses Landwirtschaftsprogramms war bis 90 % des Bodens in Händen derer, die darauf arbeiteten. Das erste Gesetz beschloss das Parlament schon am 28. Dezember 1945. Es legte fest, dass die Rente nur in Geld bezahlt werden kann und der einzelne nur 5 chō (4,95 Hektar) Boden besitzen könne.[16] Es ist wahr, dass eine Reihe von Personen in Japan auch größere Flächen besaß. Das zweite Gesetz vom März 1946 brachte eine rasante Maßnahme – es löste die Institution der sog. nicht anwesenden Eigentümer auf und ermöglichte der Regierung, privaten Boden aufzukaufen und ihn dann zu sehr vorteilhaften Bedingungen privaten Bauern zu verkaufen.[17]

Hauptphase der Reformen waren die Jahre 1947–1949. Als sie zu Ende war, hatten 2 Millionen Hektar den Eigentümer gewechselt. Das durchschnittliche Ausmaß an Boden auf der fruchtbaren Insel Honshu umfasste 3 chō (2,97 Hektar), dagegen auf dem unwirtlichen Hokkaido 12 chō (11,88 Hektar). In den folgenden Jahren war der Bodenverkauf strengen Regeln unterworfen, ein Gesetz aus dem Jahre 1952 legte sogar fest, dass landwirtschaftlich genutzter Boden nur dem verkauft werden darf, der schon wenigstens 0,3 chō (0,29 Hektar) besaß.[18] Der gesamte Prozess bedeutete, dass der Reichtum großer Eigentümer auf dem Lande wesentlich reduziert wurde. Der erzwungene Verkauf, der sich wegen des

15 Das war z. B. die Meinung des späteren Botschafters Edwin Oldfather Reischauer. Vgl. Manchester, American Caesar (wie Anm. 4), 508.

16 D. Flath, The Japanese Economy. Oxford/New York 2005, 74.

17 Der Verkaufspreis für die Bauern war lächerlich niedrig, eine Einheit Ackerboden (d.i. 0,4 Hektar) kostete so viel wie eine Packung Zigaretten auf dem schwarzen Markt. Darüber hinaus konnten sie ihre Schulden innerhalb von 30 Jahren zu einem Zinssatz von 3,2 % bezahlen. Manchester, American Caesar (wie Anm. 4), 508.

18 Flath, Economy (wie Anm. 16), 74.

sehr niedrigen Aufkaufpreises nicht allzu sehr von einer Enteignung unterschied, betraf auf dem japanischen Lande etwa 3,7 Millionen Personen. Bei weitem ging es jedoch nicht nur um große Eigentümer sondern auch um einen Teil der Mittelklasse.

Die Reform, welche sofort in vielen Bereichen in das japanische Landleben eingriff, empfing der größte Teil der Bevölkerung positiv. Unter anderem glich sie die sozialen und ökonomischen Unterschiede aus, ganz wesentlich veränderte sie die ökonomische und soziale Struktur und führte faktisch insgesamt zur ökonomischen Stabilisierung auf dem japanischen Lande. Die Bodenreform war auch einer der wesentlichen Gründe, warum die japanische Landbevölkerung niemals nach links tendierte.

Ein wichtiger Schritt der Okkupationsmacht war die Erneuerung der Gewerkschaftsbewegung, welche im Jahre 1940 gänzlich verboten worden war.[19] Die ganze Angelegenheit war mit wesentlichen Änderungen des Arbeitsrechtes verbunden, was Folge der Bemühungen war, es substantiell den Gesetzen in den USA und den entwickelten europäischen Ländern anzupassen.[20] Das im Dezember 1945 angenommene Gewerkschaftsgesetz erlaubte kollektive Verhandlungen, billigte das Recht auf Streik, verbot die Diskriminierung von Arbeitnehmern durch den Arbeitgeber wegen einer Mitgliedschaft in den Gewerkschaften. Ein Gesetz zur Neuregelung der Arbeitsverhältnisse vom September 1946 regelte unter anderem detailliert die Tätigkeit einer Kommission zur Schlichtung von Arbeitsverhältnissen. Das Gesetz über Arbeitsbedingungen vom April 1947 verbat dann Kinderarbeit, bestimmte eine dreißigtägige Kündigungsfrist, legte Entschädigungen bei Arbeitsunfällen fest und widmete sich wesentlich der Problematik der Arbeitssicherheit. Die Gesetze der letzen Okkupationsjahre betrafen die Arbeitsverhältnisse im öffentlichen Sektor.[21] Die Streiks von Polizisten, Feuerwehrleuten, Regierungsbeamten waren gesetzlich verboten, fernerhin wurde das Verbot auf alle öffentlichen Angestellten einschließlich der Eisenbahner erweitert. Die Bemühungen der Okkupationsmacht auf dem Gebiet der Gewerkschaftsbewegung blieben ziemlich ohne Wirkung. Von Anfang an hatten nämlich in den erneuerten Gewerkschaften die Kommunisten mächtigen Einfluss, darüber hinaus bildeten im Unterschied zu den USA einen großen Teil der Gewerkschaftsmitglieder die staatlichen Angestellten (Beamte, Lehrer, Eisenbah-

---

19 Näheres zur Gewerkschaftsentwicklung nach dem Kriege s. W. T. Moran, Labor Unions in Postwar Japan, in: Far Eastern Survey 18, 1949, No. 21, 241–248.

20 Näheres zum Arbeitsgesetzbuch vgl. Flath, Economy (wie Anm. 18), 77–80.

21 Die Okkupation Japans dauerte bis zum Abschluss eines Friedensvertrages im Jahre 1952. Im angeführten Falle ging es um ein Gesetz über die nationalen öffentlichen Dienste (1950) und um ein Gesetz über die Arbeitsverhältnisse in den öffentlichen Korporationen (1952).

ner, Arbeiter in staatlichen Industrieunternehmen).[22] Außerdem zeigte sich bald, dass die Arbeiter sich primär nicht auf ökonomische Fragen und die Beziehungen zu den Arbeitgebern konzentrieren, vielmehr ist ihre Hauptaktivität auf politische Ziele gerichtet. Erst im Jahre 1950 wurde der Einfluss der Kommunisten in den Gewerkschaften wesentlich reduziert.

Zu wesentlichen Änderungen und Verbesserungen kam es auf dem Gebiet der öffentlichen Gesundheitspflege. Im SCAP entstand eine Sektion für das öffentliche Gesundheitswesen unter Leitung des Militärarztes Dr. Crawford Sams, welche eine nationale Hygienekampagne startete; die Erfüllung dieser Aufgabe übernahm zuletzt das japanische Gesundheitsministerium. Bestandteil der Kampagne war eine ausgedehnte Impfaktion, welche erstaunliche Ergebnisse brachte – am Ende des Programms sank die Zahl der Toten an Tuberkulose um 88 %, bei Ruhr um 86 %, bei Typhus um 90 %. Nach Schätzungen von Sams brachte die von den Amerikanern eingeführte Prävention und Kontrolle von Infektionskrankheiten solche Ergebnisse, dass sie das Leben von mehr als 2 Millionen Japanern retteten, was mehr war als die Zahl der im Zweiten Weltkrieg gefallenen Japaner. In dem relativ kurzen Zeitabschnitt der Okkupation wurden auf dem Gebiet der Gesundheitspflege hervorragende Ergebnisse erreicht – unter anderem stieg z. B. das Durchschnittsalter der Männer um 8, das der Frauen um 14 Jahre, was wirklich „in der Geschichte der Medizin mit keinem Land der Erde in einem vergleichbaren Zeitraum vergleichbar war".[23]

III. Reformen im Industriebereich

Ein der grundlegenden Ziele der Amerikaner war die Liquidation der sog. Zaibatsu – riesiger Finanz- und Industriekonglomerate, gewöhnlich in Familienbünden begründet, welche dank zahlreicher Tochtergesellschaften die verschiedensten Geschäftsfelder beherrschten.[24] Die zehn größten unter ihnen repräsentierten im Jahre 1945 ein Drittel der japanischen Wirtschaft, die vier größten dann ein Viertel.[25] Die Mehrheit der Zaibatsu entstand unter Kaiser Mutsuhito-Meiji (1867–1912) und Yoshihito-Taishô (1912–1926). Einige wurden jedoch schon zu Beginn des Tokugawa Shôgunat im 17. Jahrhundert gegründet. Andere wiederum existierten relativ kurze Zeit und ihre Entstehung war mit den öko-

22 E. O. Reischauer, Japan. The Story of a Nation. New York 1974, 37.

23 S. L. Mayer, MacArthur in Japan. New York 1973, 47f.

24 Zur Frage der Liquidation der Zaibatsu vgl. T. A. Bisson, Zaibatsu Dissolution in Japan. Berkeley 1954, 63; K. Yoshihara, Japanese Economic Development. A Short Introducti-on, Tokyo/Oxford/New York 1986, 125–132; Flath, Economy (wie Anm. 18), 77-75.

25 K. T. Brown, Britain and Japan. A Comparative Economic and Social History since 1900. New York 1998, 133.

nomischen Aktivitäten in der Mandschurei verbunden.[26] Es ist zwar unbestreitbar, dass viele dieser Monopole riesige Gewinne aus der Militärproduktion machten, aber die Ansicht, das System der Zaibatsu sei verantwortlich für die japanische Aggression im Ausland, war mindestens diskutabel. Seitens der Sieger war auch das Argument fragwürdig, dass solch eine Konzentration von Reichtum nicht für die Entwicklung eines gesunden demokratischen Systems förderlich ist. In den 20er Jahren, als sich Vorkriegsjapan weitestgehend dem liberalen parlamentarischen System angenähert hatte, hatten nämlich die mächtigsten Zaibatsu feste Bindungen zu den wichtigsten politischen Parteien. Die liberal orientierte Partei Kensei-Kai und nach der Reorganisation im Jahre 1927 auch ihre Erbin Minseitô stützten sich auf die Zusammenarbeit mit dem Konzern Mitsubishi. Ihre Hauptkonkurrentin, die Partei Seiyūkai, unterstützte wiederum der Konzern Mitsui. Die Radikalen, die sich nach dem Jahre 1932 um die Machtübernahme bemühten, konnten schwerlich die Monopole der Zaibatsu als ihre natürlichen Verbündeten begreifen.

Im November 1945 legte die japanische Regierung einen entsprechenden Vorschlag für ein Gesetz gegen die Monopole der Zaibatsu vor, im April 1946 stimmte das Parlament diesem zu und es wurde eine Kommission zur Liquidierung der Holdinggesellschaften gegründet, welche die Enteignung und Liquidation überwachen solle. Die Kommission beschlagnahmte die Aktiva von 56 Mitgliedern der Zaibatsu Familien, einschließlich der vier größten (Mitsui, Mitsubishi, Sumitomo, Yasuda), der vier kleineren (Asano, Furukawa, Ōkura, Nomura) und der zwei größten „neuen" Zaibatsu (Nissan und Nakajima). Die Hauptholdinggesellschaften wurden aufgelöst und die Aktien der nicht aufgelösten Gesellschaften zum öffentlichen Verkauf gegeben. Auf Grundlage einer Entscheidung vom Juli 1946 vollzog sich eine Reihe rasanter Maßnahmen. Es ging um die Enteignung des Eigentums ausgewählter Einzelpersonen, Gesellschaften und ihrer Niederlassungen. In einer Reihe von Unternehmungen kam es auch zu einer Säuberung des Managements. Den größten Teil ihres Vermögens übernahm die Regierung. Am wenigsten waren die kleinen Vermögen betroffen – von Vermögen bis do 100 000 Yen wurden 25 % konfisziert, von Vermögen

26 Von den größten Zaibatsu entstanden im 17. Jahrhundert Mitsui und Sumitomo, der bekannte und größte Monopol Mitsubishi wurde im Jahre 1871 durch den Samurai Yatarō Iwasaki in Nagasaki gegründet. Einige Zaibatsu hatten horizontalen Charakter und entwickelten breite Aktivitäten in den verschiedensten Zweigen. Andere waren spezialisiert – Yasuda (Bankwesen), Asan (Zementfabriken) usw. Von den übrigen sind die Zaibatsu Furukawa, Kawasaki, Nichitsu, Mangyō, Mori, Nissō, Nomura und Riken zu erwähnen. L. Fréderic, Japan Encyclopedia. Cambridge/London 2002, 1069. Zum Entstehen der vier größten Zaibatsu (Misui, Mitsubishi, Yasuda und Sumitomo) s. Flath, Economy (wie Anm. 18), 67-69.

über 15 Millionen Yen 90 %.[27] Gleichzeitig wurden progressive Einkommens- und hohe Erbschaftssteuern eingeführt. Für die Zukunft war die Vermögenskumulation wesentlich erschwert. Das Vermögen der mit der Zaibatsu verbundenen Familien verminderte sich erheblich und deren politische Bedeutung sank. Die Monopole der Zaibatsu wurden auf verschiede Gesellschaften aufgeteilt und Gesetze über Vereinigungen verhinderten eine Wiederzusammenlegung in der Zukunft.

Im Hinblick auf eine fortschreitende ökonomische Stagnation erwies sich die Liquidation der Zaibatsu als zweifelhafter Schritt mit überwiegend negativen Folgen für die Entwicklung der japanischen Wirtschaft. Obwohl die Auflösung von mehreren hundert weiteren Gesellschaften geplant war, wurde im Jahre 1949 das Programm auf nur einige von ihnen begrenzt. Den Impuls zu einer grundsätzlichen Wende gab dann der Korea-Krieg. Einige Kenner lehnen die Behauptung ab, zu Beginn der 50er Jahre des 20. Jahrhundert sei es zu einer Erneuerung der Zaibatsu in modifizierter Form gekommen, und sind der Meinung, dass die Vereinigung einiger großer Gesellschaften, zu der es kam, keine Erneuerung der Vorkriegsmonopole sei.[28] Wahr ist jedoch, dass es zu Beginn der 50er Jahre unzweifelhaft zu einer Erneuerung sui generis kam. Die neu entstandenen Zaikai, an Banken angeschlossene Industrie- und Finanzgruppen, waren nach Hierarchie und Verbindungen charakteristisch für Japan und wurden zur Grundlage für eine dynamische Entwicklung der japanischen Ökonomie und ihre blendenden Ergebnisse. Sichtbarer Beweis sind die Ergebnisse des Konzerns Mitsubishi, der im Jahre 2002 350 000 Leute beschäftigte und über 10 % des japanischen Bruttosozialproduktes erwirtschaftete.[29]

Bei Kriegsende entsprach der Umfang der japanischen Industrieproduktion 16 % der Vorkriegsproduktion. Insgesamt erreichte die amerikanische Nachkriegswirtschaftshilfe für Japan eine Summe von 4 Milliarden Dollar. Es ist notwendig darauf hinzuweisen, dass in Westdeutschland die amerikanische Hilfe pro Kopf gerechnet dreifach so hoch war. MacArthur gründete in der SCAP eine ökonomische und wissenschaftliche Sektion, die die Wiederherstellung überwachen sollte; mit deren Leitung betraute er William Marquat. Im April 1949 besuchte Japan eine Delegation des amerikanischen Bankiers Joseph M. Dodge, seinerzeit Präsident des amerikanischen Bankenverbandes. Dodge empfahl, dass die japanische Regierung ein Programm „Fiskalische Enthaltsamkeit“ einführe, Ergebnis seiner Konsultationen mit dem SCAP war ein Plan zur Finanzstabilisierung und zu einem ausgeglichenen Etat für Japan. Es gelang, das

27 Reischauer, Japan (wie Anm. 22), 229.
28 Ebd. 230.
29 L. Fréderic, Encyclopedia (wie Anm. 26), 643.

Verhältnis des Yen zum Dollar zu stabilisieren[30], mit amerikanischer Hilfe begann bald der japanische Export zu wachsen, im Laufe von drei Jahren sank der japanische Import aus den USA auf die Hälfte, in fünf Jahren überschritt das Nationalprodukt Japans das Vorkriegsniveau. Die japanischen öffentlichen Schulden betrugen nur 2 Milliarden Dollar, waren also gleich hoch wie die Schulden der Stadt New York am Ende des Zweiten Weltkrieges.[31]

IV. Neue Verfassung

Anfang Oktober 1945 resignierte Premier Higashikuni, im Amt ersetzte ihn der dreiundsiebzigjährige Kijūrō Shidehara, der als Außenminister die Verkörperung liberaler Tendenzen in der japanischen Außenpolitik der 20er Jahre wurde. Ihm legte MacArthur ein Verzeichnis der Reformen vor, welche so schnell wie möglich erledigt werden sollten. Hauptaufgabe der neuen Regierung war die Bearbeitung von Verfassungsvorschlägen, welche die bestehende Verfassung ersetzen solle, die in der Ära Meiji im Jahre 1889 verkündet wurde. Der Premier ernannte einen Ausschuss zur Umarbeitung der Verfassung, an deren Spitze das Regierungsmitglied Dr. Matsumoto gestellt wurde, aber das war für die nächste Zeit alles. Es vergingen Wochen und nichts geschah. Schließlich wurde im Januar 1946 von der japanischen Regierung dem SCAP eine mäßig modifizierte Version der Verfassung von Meiji vorgelegt, welche am 1. Februar 1946 die Zeitschrift Mainichi Shimbun veröffentlichte. Dies stellte für MacArthur ein großes Problem dar, weil er für den 10. April 1946 Wahlen ausgeschrieben hatte, die er als Plebiszit über die neue Verfassung ansah. Der General begriff, dass die Ausfertigung des Verfassungsvorschlages die Amerikaner selber übernehmen müssen. Mit dieser Aufgabe wurde der Sektionsleiter des Oberkommandos der Alliierten General Courtney Whitney betraut und der Verschlag war innerhalb einer Woche geboren.[32] Die Minister Yoshida und Matsumoto übernahmen am 13. Februar 1946 den Text des amerikanischen Verfassungsentwurfes, mit dessen Inhalt sie außerordentlich unzufrieden waren. Auch der Kaiser war anfangs nicht geneigt ihn anzunehmen, später entstand jedoch der Mythus, dass Hirohito von Anfang an ein begeisterter Befürworter des amerikanischen Verfassungsentwurfes war.[33] Es war schon bemerkenswert, dass ihn zur Änderung seines Standpunktes offensichtlich auch die Ansicht seiner eigenen Familienmitglieder bewegt hat. Schon Ende Februar 1946 bedrängte der Bruder des Kai-

30 Das Verhältnis vom Yen zum Dollar betrug 300: 1, vor dem Krieg dagegen 3:1. Reischauer, Japan (wie Anm. 22), 236.

31 Manchester, American Caerar (wie Anm. 4), 507.

32 Der Verfassungsvorschlag wurde in den Tagen vom 3. bis 10. Februar 1946 ausgearbeitet.

33 H. P. Bix, Hirohito a vznik moderního Japonska [Hirohito und die Entstehung des modernen Japans]. Praha 2002, 441–444.

sers, Prinz Mikasa, den Herrscher, zurückzutreten und öffentlich die Verantwortung für die Niederlage Japans zu übernehmen. In ähnlichem Ton äußerte sich Prinz Higashikuni für die Zeitung New York Times am 4. März 1946, in der sich der Prinz auch dafür aussprach, der Kaiser solle zu Gunsten seines Sohnes abdanken, wobei während der Zeit von Akihitos Unmündigkeit Hirohitos Bruder Prinz Takamatsu die Funktion des Regenten wahrnehmen solle. Diese Ereignisse brachten Hirohito schließlich wohl dazu, dem amerikanischen Vorschlag zuzustimmen.

Nach MacArthur handelte es sich „ohne Zweifel um die liberalste Verfassung in der Geschichte, welche sich das Beste aus den Verfassungen vieler Länder geliehen hatte“.[34] Hauptvorbilder bei der Ausarbeitung waren das amerikanische und das britische Modell; die Änderungen hatten wirklich grundsätzlichen Charakter. Die Souveränität ging vom Kaiser auf das Volk über, gemäß der Verfassungsdefinition wurde der Herrscher nur „Symbol von Staat und Einheit des Volkes“.[35] Die Verfassung löste die Feudalaristokratie auf, senkte die Altersgrenze der Wähler von 25 auf 20 Jahre, die Frauen bekamen das volle Bürgerrecht und es wurden die bürgerlichen Grundrechte garantiert, welche als „ewig und unverletzbar“ galten. Die Gouverneure der 46 Präfekturen mussten gewählt werden, ebenso wie die Räte in den Präfekturen und die Stadträte. Es entstanden drei getrennte Machtorgane – die Regierung, das oberste Gericht als oberste Instanz einer unabhängigen Gerichtsbarkeit und ein Zweikammernparlament. Darin gewann die entscheidende Stellung das Abgeordnetenparlament, welche das Recht erlangte, aus den Reihen seiner Abgeordneten den Ministerpräsidenten zu wählen und über das Budget abzustimmen. Der Geheime Rat und die alte Oberkammer wurden aufgelöst. Diese ersetzte das neue Beraterparlament, welches auch ein gewähltes Organ war. Die Hälfte ihrer Mitglieder wird alle drei Jahre auf sechs Jahre gewählt, wobei zwei Fünftel seiner Mitglieder alle Bürger wählen, drei Fünftel die Versammlungen in den Präfekturen.[36]

Den wohl bemerkenswertesten Teil der Verfassung stellte der 9. Artikel II. Kapitel dar, der folgende Verpflichtung enthielt: „Das japanische Volk bemüht sich aufrichtig um den internationalen Frieden, begründet auf Gerechtigkeit und

---

34 Manchester, American Caesar (wie Anm. 4), 499.

35 Vom rein rechtlichen Standpunkt aus hat Japan kein Staatsoberhaupt, der Kaiser ist nur ein lebendes „Symbol des Staates und der Einheit des Volkes“. Der Ministerpräsident steht nur an der Spitze der Regierung, auch er übt also nicht die Rolle des Staatsoberhauptes aus. J. M. Packard, Sons of Heaven. A Portrait of Japanese Monarchy. New York 1987, 337.

36 Das Abgeordnetenparlament kann mit Zweidrittelmehrheit jede Entscheidung des Beraterparlamentes überstimmen. Die Hauptrolle des Beraterparlamentes besteht darin, dass Verfassungsergänzungen eine Zweidrittelmehrheit in beiden Parlamentskammern erlangen müssen. Reischauer, Japan (wie Anm. 22), 227.

Ordnung, deshalb entsagt es für immer dem Kriege als souveränem Recht der Nation. (...) Boden-, See- und Flugstreitkräfte sowie das gesamte Kriegsmaterial werden niemals mehr unterhalten. Es enthält sich des Rechtes Krieg zu führen."[37] Dass dieser Artikel eingeführt wurde, setzte angeblich MacArthur durch, im Gegensatz dazu behauptete der General, dass dies der Wunsch von Shidehara war. Den Text des Verfassungsvorschlages druckten alle bedeutenden japanischen Zeitungen ab und die Öffentlichkeit wurde zur Diskussion und zur Vorlage von Vorschlägen aufgefordert. In diesem Zusammenhang verkündete MacArthur: „Ich kenne kein ähnliches Dokument, das soviel Aufmerksamkeit und öffentliche Debatten hervorgerufen hätte, einschließlich unserer eigenen Verfassung."[38] In diesem Falle ging es um einen noch diskutablen Ausspruch – Kritik in der Presse wurde unterdrückt, offizielle Rundfunksendungen mussten den Vorschlag unterstützen. Endlich verkündete MacArthur am 6. April 1945 seine Zustimmung zur endgültigen Version des Verfassungsvorschlags. Beide Kammern des alten Parlamentes billigten zwar ohne Begeisterung den Vorschlag aber mit großer Stimmenmehrheit. Die neue Verfassung, verkündet im Oktober 1946 und gültig ab dem 3. Mai 1947, wurde als Ergänzung zur alten Verfassung Meiji vom Jahre 1889 angenommen, was für die Japaner sicher wesentliche Bedeutung in Hinblick auf ihren Hang zur Kontinuität hatte.

Die Parlamentswahlen vom April 1946 spiegelten gänzlich die neuen Verhältnisse wieder. Es nahmen an ihnen 2 781 Kandidaten teil, welche sich um 466 Mandate bewarben.[39] Den Sieg errang die Liberale Partei mit 140 Sitzen, nach ihr folgten die Fortschrittliche Partei mit 92 Mandaten und die Sozialdemokratische Partei, welche 92 Abgeordnete hatte. Mit der Zusammenstellung der Regierung nach den Wahlen wurde der Führer der Liberalen Partei Shigeru Yoshida beauftragt, der am 22. Mai 1946 das erste seiner fünf Nachkriegskabinette bildete, an der Regierungsspitze stand er insgesamt fast sieben Jahre. Seine Regierungen wurden maßgeblich von MacArthur unterstützt, dem Parlament legten sie an die 700 Gesetzesvorschläge vor, energisch traten sie der Drohung eines wachsenden Einflusses der Kommunisten entgegen. Ohne Übertreibung lässt sich also konstatieren, dass die oben angeführten Maßnahmen und die Annahme einer neuen Verfassung die Grundlage bildeten, auf der das neue demokratische Japan erbaut wurde.

---

37 Manchester, American Caesar (wie Anm. 4), 499f.

38 Ebd. 500.

39 Ebd. 502.

Zu den Anfängen der kommunistischen Gestalt des Sozialstaates in der Nachkriegs-Tschechoslowakei

Die Ereignisse des Februars 1948 gehören mit ihren Langzeitfolgen zu den tragischsten Momenten der tschechischen Geschichte. Rein aus Sicht der tschechoslowakischen Geschichte bedeuteten diese den letzten Schritt in die Arme des bolschewistischen Totalitarismus bei gleichzeitiger Aufgabe sämtlicher Attribute einer freien Gesellschaft. Aus Sicht der internationalen Geschichte brachte der Putsch gleichsam eine sofortige Reaktion der westlichen, demokratischen Mächte mit den Vereinigten Staaten an der Spitze mit sich. In den folgenden Wochen wurden wichtige Institutionen und Organisationen gegründet (z. B. die Westeuropäische Union)[1] und wichtige Gesetze verabschiedet oder unterzeichnet (stellvertretend für alle das European Recovery Program, bekannter als Marshallplan)[2], die eine direkte und eindeutige Antwort auf die Entwicklung in der tschechoslowakischen (und eher in der tschechischen) politischen Szene darstellten.

Der 25. Februar und die auf ihn folgenden Tage gaben für mehrere Jahrzehnte die Koordinaten vor, an denen sich der plötzlich und lautstark fallende Eiserne Vorhang befinden sollte und war so einer der wichtigsten Meilensteine der sich verschlechternden internationalen Beziehungen, die gerade in dieser Zeit unwiderlegbar die Merkmale eines Konfliktes des Kalten Krieges annahmen.

Angesichts der sichtbaren und international breit reflektierten Folgen der Übernahme der absoluten Macht durch die Kommunisten erscheint es vielleicht etwas paradox, dass die Februarereignisse aus Sicht der Entwicklung der tschechoslowakischen (und vor allem der tschechischen) Wirtschaft und des heimischen wirtschaftspolitischen Modells keine besonders drastische Veränderung, keinen qualitativen Bruch des bisherigen Trends bedeutete oder einen grundle-

---

1 Für die Bezeichnung dieser Organisation wird eben der Name „Brüsseler Pakt" benutzt. Jene Organisation wurde der Pfeiler der bisher lediglich angedachten euroatlantischen Sicherheitsarchitektur.

2 Mit dem Marshallplan im Hinblick auf die Tschechoslowakei haben sich schon viele Historiker beschäftigt. Eine Detailbeschreibung der Verhandlungen von tschechoslowakischen Repräsentanten über die Annahme oder Ablehnung des Plans kann man zum Beispiel bei V. Moulis, Podivné spojenectví. K československo-sovětským politickým a hospodářským vztahům mezi dubnem 1945 a únorem 1948. [Sonderbares Bündnis. Zu der tschechoslowakisch-sowjetischen Beziehungen zwischen April 1945 und Februar 1948.] Prag 1996, 52-61 finden. In Bezug auf das Thema dieses Artikels hat sich mit dem Marshallplan zum Beispiel P. Prokš, Československo na rozcestí: Marshallův plán a únor 1948 [Tschechoslowakei auf dem Kreuzweg: Marshallplan und das Februar 1948] in: Slovanský přehled [Slawische Rückschau], 1993, 170–183, H. 2, befasst.

genden Impuls für die Neubewertung der bisherigen Nachkriegsentwicklung darstellt. Das Jahr 1948 brachte auf diesem Gebiet also eine Fortsetzung des schon in den Jahren des Zweiten Weltkriegs eingeschlagenen Weges und bedeutete aus systematischer und institutioneller Sicht eher eine Beschleunigung der bisherigen Entwicklung. Von einer prinzipiellen Wende oder historischen Diskontinuität kann also hier keinesfalls die Rede sein. Die führende politische Kraft, die nach dem Februar bereits unverhohlen und unverschleiert allein aus der kommunistischen Partei und ihren nun „offiziellen" Anhängern in den übrigen Parteien der Nationalen Front bestand[3], setzte nun allein das fort, womit sich alle relevanten politischen Kräfte in der Tschechoslowakei in den Jahren 1945 bis 1948 mit mehr oder weniger Begeisterung (und nur hier und da mit leidlichem Zähneknirschen) einverstanden erklärt hatten.

Die kommunistische Machtergreifung unter naiver, überraschter oder wohl gesonnener Beobachtung durch praktisch alle anderen politischen Spieler war keine notwendige Voraussetzung der weiteren Schritte, die in den nachfolgenden Monaten und Jahren eintraten und dank derer die tschechoslowakische Wirtschaft innerhalb kurzer Zeit eine weltweit führende Stellung erlangte, was den Umfang der Verstaatlichung und der staatlichen Leitung sämtlicher wirtschaftlichen Aktivitäten anbelangt. Der ursächliche Zusammenhang war entgegen gesetzter Art. Die politische Veränderung, die 1948 eintrat, war direkt durch die vorangegangene Entwicklung im wirtschaftlichen Bereich bedingt, unabhängig davon, ob es sich dabei um dramatische Änderungen der Besitzverhältnisse, utilitäre, politisch ausgerichtete Maßnahmen im Bereich Wirtschaftspolitik oder ähnlich motivierte Schritte in der außenwirtschaftlichen Orientierung handelte. Die wirtschaftliche Entwicklung der ersten Nachkriegsjahre hatte also grundlegende, notwendige und in vielerlei Hinsicht sogar praktisch ausreichende Voraussetzungen geschaffen, die Umgestaltung der politischen Ordnung zu vollenden.

War der Februar 1948 eine der finstersten Epochen der tschechischen Geschichte, so zeigt sich bei einem in die Zusammenhänge eingeordneten Rückblick deutlich, dass die Machtergreifung der Abschluss der von führenden Kommunisten und ihren wissentlichen und nichts ahnenden Handlangern in den übrigen Parteien zumindest seit dem eigentlichen Ende der Kriegsereignisse unternommenen Schritte war. Die Kommunisten hatten als einzige eine klare Vorstellung von den Zielen der einzelnen Maßnahmen und verstanden es meister-

3 Die Nationale Front ist im Jahre 1945 entstanden. Sie hat alle genehmigten politischen Parteien, deren Anzahl im Vergleich mit dem Vorkriegsstand stark reduziert wurde, und einige gesellschaftliche Organisationen vereinigt. Ihre Aufgabe war die politische Kernfragen und Streitigkeiten zu lösen. Dominante Rolle innerhalb der Nationalen Fronte gehörte der Kommunistischen Partei der Tschechoslowakei.

haft die Nachkriegssituation und die Meinungsdifferenzen bei der Mehrheit der tschechoslowakischen Gesellschaft auszunutzen.

Den Weg durch die wirtschaftlichen Veränderungen hindurch, vor allem aber die Änderung der Eigentumsverhältnisse, hatte ganz klar auch die Besatzungspolitik Nazideutschlands erleichtert, bei der die staatliche Lenkung wichtiger Teile der inländischen Industrie ebenso eine Rolle spielten, wie sozialisierende Tendenzen in ganz Europa. Hier ist jedoch die Tatsache zu erwähnen, dass auch die Herangehensweise der Regierungen der Ersten Tschechoslowakischen Republik[4] für viele der von Kommunisten initiierten oder zumindest unterstützen wirtschaftspolitischen Entscheidungen in der Zeit unmittelbar nach dem Krieg eine Art Vorfeld und historische Rechtfertigung darstellte. Gemeint sind vor allem die drastischen Maßnahmen auf dem Gebiet der Eigentumsverhältnisse, die bereits im ersten Jahrzehnt der Existenz des selbstständigen Staates umgesetzt oder zumindest vorbereitet und gesetzgeberisch ausgestaltet wurden. Die Regierung der Nationalen Front, die von dem von Kommunisten entworfenen und im April 1945 genehmigten Programm von Košice ausging[5], stützte ihre Maßnahmen nicht nur auf die antideutsche (und zum damaligen Zeitpunkt völlig verständliche) Stimmung bei der Mehrheit der Gesellschaft, sondern legitimierte diese in vielerlei Hinsicht höchst effektiv mit ähnlichen Schritten, wie die Regierungen der Ersten Republik, deren demokratischen Charakter vor allem im Vergleich mit der Epoche des Zweiten Weltkrieges und der Realität der gerade zu Ende gegangenen deutschen Besatzung niemand anzuzweifeln wagte.

Die prinzipielle Ablehnung von privatem Eigentum und die grundlegende Umgestaltung der Eigentumsstruktur vor allem der tschechischen Wirtschaft endeten bei Weitem nicht mit der Konfiszierung des Eigentums „deutscher und ungarischer Kollaborateure und Verräter". Sehr schnell und fließend ging man zur Phase der Vollendung der in der Ersten Republik in Angriff genommen Umwandlung der Besitzverhältnisse über, bei deren praktischer Umsetzung die

4 Anmerkung des Übersetzers: Gemeint ist die in Folge des 1. Weltkrieges entstandene und bis zur Besetzung durch Hitler-Deutschland existierende Tschechoslowakei (1918-1938).

5 Das Regierungsprogramm von Košice wurde ein Grundlegendes Dokument der kommunistischen Machtübernahme. Es wurde in Košice im April 1945 verabschiedet. Neben dem Konzept der Nationalen Front hat es auch weitere Vorstellungen von zukünftiger Staatsordnung enthalten. Das Institut der Nationalen Front war ein Bestandteil der sogenannten „nationalen und sozialistischen Revolution", die „auf einem breiten Konsens aller politischen Kräfte basierte und nicht als etwas, das die politische Pluralität untergräbt, sondern eher als unbedingte Dimension der politischen Demokratie, verstanden wurde," J. Rupnik, Kořeny českého stalinismu [Die Wurzeln des tschechischen Stalinismus], in: Acta contemporanea. K pětašedesátinám Viléma Prečana [Acta contemporanea. Zum 65. Geburtstag von Vilém Prečan]. Praha 1998, 324. Dessen ungeachtet hat diese Ordnung die Machtübernahme von der Kommunistischen Partei im Februar 1948 bedeutend erleichtert.

damaligen Regierungen wegen absoluter wirtschaftlicher Ineffektivität oder rechtlichen Fehlgriffen oft auf halbem Wege stehen geblieben waren. Ganz zweifellos fand so in vollem Umfang die uralte Behauptung Bestätigung, dass jegliche Ablehnung von Eigentumsrechten – selbst wenn diese durch gesetzliche Maßnahmen untermauert sind, die von der Mehrheit der Gesetzgeber genehmigt und der gesamten Gesellschaft unterstützt werden – eine grundlegende Instabilität in das wirtschaftliche, politische und gesellschaftliche System hinein bringen und enorme Risiken für die künftige Entwicklung bedeuten.

I. Die Beschlagnahmung des Vermögens national unzuverlässiger Gruppen

Die von den Kommunisten geführte Nationale Front begann mit offener Unterstützung alle Machtzentren des befreiten Landes – eingeschlossen Präsident Beneš, der auf demokratische Legitimität und landesweite Unterstützung baute – den planmäßigen Umbau der Wirtschaft mit einer beispiellosen Enteignung von Personen, die in irgend einer Weise (selbst nur bei gleicher nationaler Zugehörigkeit) mit den Verlierern des Zweiten Weltkrieges in Verbindung gebracht werden konnten. Für die Kräfte, die mit dem Februarputsch knapp drei Jahre später an die absolute Macht gelangten, war eine derartige Enteignung die perfekte Gelegenheit praktisch ohne politisches Risiko die Unterstützung der gesamten Nation zu erlangen und die politischen Gewinne, die sich aus der Umsetzung der Maßnahmen, denen außer den slowakischen Demokraten keine relevante Opposition entgegentrat, ergaben, für sich zu monopolisieren.

Die Nationale Front hatte im Programm von Košice mit dem Segen des Präsidenten in vollendeter Einheit über die Verstaatlichung des riesigen Vermögens der national unzuverlässigen Elemente entschieden. Vor der eigentlichen Verstaatlichungskampagne im Oktober 1945 – die Konfiskation war eine ausgeklammerte Angelegenheit – wurden so in mehr als 9 000 Firmen, 40 000 Gewerbebetrieben und fast 1 000 Werken im Ressort des Ernährungsministeriums staatliche Verwalter installiert. Es erübrigt sich hier nach einer moralischen oder anders gearteten Rechtfertigung und der Nachvollziehbarkeit derartiger Maßnahmen zu fragen. Von Interesse sind hier allein die instrumentellen Seiten des gesamten Verstaatlichungsprozesses und dessen Einfluss auf die Lenkung des Staates in die Botmäßigkeit politischer Gruppen, die ihre Inspirationen in den Praktiken des bolschewistischen Russlands suchten.

II. Die Bodenreform als Wahlkampftrumpf

Den Kommunisten war es durch geschickte Manöver gelungen, die Verteilung der beschlagnahmten Güter, vor allem von kleinerem Vermögen, für sich zu monopolisieren, wodurch man sich vor den Wahlen im Frühjahr 1946 als Partei mit einem breiten Wählerspektrum zu etablieren verstand, das den neu erlangten Besitz in der einen oder anderen Weise gerade der kommunistischen Partei zu verdanken hatte. Ein Musterbeispiel für einen durch politische Manipulation errungenen Wahlgewinn war die Bodenreform bzw. deren „erste Phase", die gerade die Verwendung des enteigneten Bodens zum Gegenstand hatte. Die Bodenreform wurde so zu einem der Grundsteine des Sieges der Kommunisten in den ersten Nachkriegswahlen und war – obwohl auch andere Faktoren[6] eine gewisse Rolle spielten – eine der Ursachen für die unterschiedlichen Wahlergebnisse im tschechischen und slowakischen Teil des Landes.[7]

Den Dekreten Nr. 10, 12 und 28 von 1945 zufolge wurden fast 3 Millionen Hektar Acker und Wald beschlagnahmt. Innerhalb eines Jahres wurden allein in den böhmischen Ländern knapp 2,5 Millionen Hektar Ackerboden zugeteilt, von dem sich 80 % in den Grenzgebieten befanden. Keinesfalls zufällig zog sich dann an den Grenzen entlang ein sog. „roter Gürtel", die Basis für das Elektorat der Kommunisten bei den Wahlen 1946.

Die nichtkommunistischen Parteien, mit Ausnahme der slowakischen Demokraten, unterstützten die kommunistischen Aktivitäten auf diesem Gebiet in selbstmörderischer Naivität. Hintergrund ihrer Motivation war die Vorstellung, dass es so gelänge, die traditionell veranlagte ländliche Wählerschaft der verbotenen Agrarpartei zu gewinnen, die in der Ersten Republik im Prinzip eine maßgebliche politische Gruppierung gewesen war. Ebenso rechnete man mit der Fortführung der Praktiken aus der Zeit der Ersten Republik, das heißt mit sog. Rest-Gutshöfen als idealem Instrument der politischen Korruption und unterschätzte so die Motivation und Fähigkeiten der kommunistischen Partei (Komunistická strana československá [Kommunistische Partei der Tschechoslowakei], nachfolgend nur KSČ), der es dank skrupelloser politischer Taktik gelungen war, die bisher konservativ eingestellte Landwählerschaft auf ihre Seite zu ziehen, um zwei Jahre später dem Lande in Form einer gewaltsamen Kollektivierung nach sowjetischem Schnitt den Krieg zu erklären.

Im prinzipiell gleichen Geiste schaffte es die KSČ trotz des nun aufkommenden Widerstandes der politischen Opposition die Ausweitung der Umgestal-

---

6 Zu den weiteren Faktoren des ungleichen Wahlergebnisses in Tschechien und in der Slowakei kann man folgende zählen: stärkerer Religionseinfluss in der Slowakei, der die Kommunistische Partei benachteiligt hat; oder unterschiedliche ökonomische Struktur mit einer Konsequenz von niedrigerer Anzahl der Industriearbeiter in diesem Teil der Republik.

7 In der Slowakei, wo die Enteignungskampagne einen weitaus geringeren Umfang hatte und deren Hauptteil erst nach der Übernahme der Macht durch die Kommunisten 1948 umgesetzt wurde, hatte die Demokratische Partei als einzige gegen die massiven Verschiebungen der Besitzverhältnisse auftretende politische Kraft die Wahlen gewonnen.

tung der Besitzverhältnisse in der Landwirtschaft auch auf Grundbesitz mit einer Fläche von mehr als 150 Ackerboden bzw. 250 Hektar Wald durchzusetzen (sog. Ďuriš-Gesetze vom Herbst 1946). Hatte man den Deckel von Büchse der Pandora zu Beginn des 20. Jahrhunderts nur halb geöffnet und den Inhalt in Gestalt der Verletzung der Unantastbarkeit des privaten Grundbesitzes herausgelassen, wurde dieser nun endgültig aufgerissen und es war nur die Frage einer höchst kurzen Zeit, bis sich die immer unverschämter werdenden Forderungen der Kommunisten eindeutig zu den bolschewistischen Praktiken ihrer sowjetischen Lehrer bekannten.

Einen weiteren Schritt in diese Richtung kam in Gestalt des sog. Königsgrazer Programm (Hradecký program) der KSČ vom April 1947, in dem die Obergrenze für privaten Grundbesitz auf 50 Hektar festgesetzt wurde. In diesem Programm wurde bereits die Entwicklung der Kollektivwirtschaft besprochen. Außerdem wurden hier weitere Schritte angedacht, deren endgültiges Ziel es war, sämtliche private unternehmerische Aktivitäten im Agrarsektor schrittweise einer direkten oder verdeckten staatlichen Beaufsichtigung zu unterstellen. Die Umsetzung des Programms verschmolz dann mit der Zwangskollektivierung, die von Anfang an das eindeutige und endgültige Ziel der kommunistischen Partei gewesen war.

III. Die Verstaatlichung des industriellen Eigentums

Wie in der Landwirtschaft war auf dem Gebiet des industriellen Eigentums nicht die Bestrafung von Kollaborateuren und Verrätern vorrangiges Ziel der KSČ, sondern die Ausnutzung der allgemeinen antideutschen Stimmung, um auch die Besitzverhältnisse in der Industrie vollständig umkrempeln zu können. Damit sollten die Voraussetzungen für die Beherrschung des industriellen Sektors durch die Funktionäre und Handlanger der kommunistischen Partei als grundlegende und unerlässliche Voraussetzung für die Erlangung der Kontrolle über die gesamte Struktur der Gesellschaft geschaffen werden. Die vorgeblich demokratischen Parteien unterschätzten ebenso wie Präsident Beneš in tragischer Weise die grundlegende Bedeutung der Freiheit der Wirtschaft einschließlich der absolut integralen Freiheit des Vermögens für die Existenz einer politisch freien Gesellschaft. Bis heute existiert eine Unzahl von Beispielen – und die Tschechoslowakei nach dem Jahr 1945 ist hierbei leider ein exemplarisches Beispiel – wie die oft durch Forderungen nach der Existenz einer sog. Mischwirtschaft maskierte Ablehnung oder auch nur Anzweiflung des Rechts auf privates Eigentum notwendigerweise zur Degeneration der Grundlagen der politischen Freiheit selbst und zur schrittweisen und unaufhaltsamen Verlagerung immer größerer werdender Machtbefugnisse in die Hände zentraler Autoritäten führen muss. „Sobald die Zwangskräfte des Staates allein darüber entscheiden, wer was besitzen soll," beschreibt Rudolf Kučera die Folgen solcher Entwicklung, „hängt die Zukunft des Landes und seiner Bürger ausschließlich davon ab, wer diese Macht in seinen Händen hält."[8]

Die durch Kriegsereignisse, gewaltige Verlusten und Schäden, oft durch eigenes Versagen, das berechtigte Gefühl erlittenen Unrechts und das unterdrückte Gewissen verdeckter Kollaboration traumatisierte tschechische Gesellschaft besaß nicht genügend Widerstandskraft gegen die bolschewistische Kollektivierungsideologie, vor allem nachdem die Ablehnung der Eigentumsrechte für breite Schichten der Gesellschaft, die mit der verworfenen Habsburger Monarchie in Verbindung gebracht wurden, an der Wiege ihrer modernen Staatlichkeit gestanden hatte. Empfehlungen und Inspirationen zu sozialisierenden Schritten kamen zudem auch aus den demokratischen Ländern Westeuropas, was natürlich der Rechtfertigung eines Prozesses diente, der sich von seinem Umfang her sehr schnell und markant von dem Umfang westlicher „Nachkriegsstandards" entfernte.

Von den Enteignungsdekreten führte ein gerader Weg zu den Verstaatlichungsdekreten, die mit einer Vergeltung an den Deutschen und anderen im Grunde nichts mehr gemein hatten. Die Sozialdemokraten, aus deren Mitte die meisten der Verstaatlichungsaktivitäten der ersten Nachkriegszeit kamen, spielten bei der Durchsetzung und Aufstellung der Verstaatlichungsnormen paradoxerweise unbewusst eine undankbare Rolle. Die endgültige Fassung der Verstaatlichungsgesetze, das heißt der Dekrete Nr. 100 bis 103/1945, die vom Präsidenten am 24. Oktober 1945 verkündet worden waren[9], hatte das Industrieministerium vorbereitet, an dessen Spitze der Sozialdemokrat Bohumil Laušman, ein echter Handlanger der KSČ und fanatischer Verfechter massiver Verstaatlichungen, stand. Die Kommunisten selbst standen eher abseits und hielten sich an ihre offiziell verkündeten Grundsätze, die in der Unterstützung einer gemischten Wirtschaft und in gewissem Grade in einer deklarierten Abneigung gegen eine Verstaatlichung der Wirtschaft nach sowjetischem Vorbild bestanden. Das Risiko, dass Assoziationen mit der stalinistischen Gewaltherrschaft der

---

8 R. Kučera, Totalitní demokracie v Československu 1945 – 1948 [Die totalitäre Demokratie der Tschechoslowakei 1948-1948], in: Střední Evropa. Češi ve dvacátém století [Mitteleuropa. Die Tschechen im 20. Jahrhundert] 85. Praha 1998, 74.

9 Dekret Nr. 100/45 Gesetzblatt (nachfolgend nur GBl.) über die Verstaatlichung der Bergwerke und bestimmter Industriebetriebe; Dekret Nr. 101/45 GBl. über die Verstaatlichung bestimmter Betriebe der Lebensmittelindustrie; Dekret Nr. 102/45 GBl. über die Verstaatlichung der Aktienbanken; Dekret Nr. 103/45 GBl. über die Verstaatlichung der privaten Versicherungen, K. Jech/K. Kaplan, (Hrsg.), Dekrety prezidenta republiky 1940-1945: dokumenty [Dekrete des Präsidenten der Republik 1940 - 1945: Die Dokumente]. Brno 2002, 476-490, 663-672, 715-723 und 767-779. Die Verstaatlichung der Filmindustrie erfolgte noch vor der Verkündung der Enteignungsdekrete am 11. August 1945.

Zwischenkriegszeit in einem Land, das sich natürlich zu den Traditionen der demokratischen Gesellschaft bekennt, negative Reaktionen auslösen würden, war in der Zeit vor den Wahlen zu groß und vor allem überflüssig. Es gab genügend derer, die mehr als bereit waren, diese Arbeit für die Kommunisten selbst zu erledigen.

Abgelehnt wurde die Verstaatlichung von keiner der politisch wichtigen Kräfte. Eine wichtige Rolle in der Propaganda spielten vom kommunistischen Parteichef Antonín Zápotocký geführte Revolutionäre Gewerkschaftsbewegung ROH, die eindeutig aus der gewerkschaftlichen Organisationsstruktur der Protektoratszeit hervorgegangen war, und die sog. Nationalausschüsse[10], die Pfeiler der revolutionären Gestalt der staatlichen Verwaltungsorgane, die man praktisch schon 1944 nach sowjetischem Muster herausgebildet hatte. Die Nationalausschüsse verfügten über weitreichende Befugnisse und übernahmen in vielen Bereichen die Aufgaben von Organen und Institutionen, die unter normalen Umständen einer demokratischen Kontrolle unterlegen hätten. Wie auch die Sowjets in der Zeit der bolschewistischen Machtübernahme in Russland wurden die Nationalausschüsse zu einem Grundbestandteil der neuen Gesellschaftsstruktur. Nicht zufällig konzentrierten sich die Kommunisten darauf, gerade hier eine nicht in Frage zustellende, dominante Stellung einzunehmen.

Für die verstaatlichten Betriebe stand den ursprünglichen Eigentümern eine Entschädigung zu, die sich meist auf den anhand amtlicher Preise errechneten allgemeinen Wert des Vermögens belief. Gelegentlich erfolgte die Wertermittlung auch durch amtliche Schätzung. Für die Verwaltung dieses Vermögens und die Auszahlung der Entschädigungen wurde ein gesonderter Fond eingerichtet. Die Auszahlung der Entschädigungen wurde jedoch später widerrufen, so dass praktisch nur natürliche und juristische Personen aus den Ländern der Alliierten entschädigt wurden. Über den Umfang der Verstaatlichung in der Industrie vermittelt nachstehende die Tabelle ein Bild. Angeführt ist die Zahl der Betriebe nach Rechtsform mit Stand vom November 1947. Aus der Tabelle ist ersichtlich, dass die Betriebe zahlenmäßig zwar weniger als ein Fünftel aller Unternehmen umfassten, aus Sicht der Angestelltenzahlen bzw. der Umsätze aber mehr als 60 % ausmachten. Unter Hinzunahme der Betriebe unter öffentlicher Verwaltung (Staat, Staatsbetriebe, beschlagnahmte Unternehmen und andere öffentlich-rechtliche Subjekte) ergeben sich mehr als 75 % der Kapazitäten der Wirtschaft.

Die verstaatlichten Betriebe sollten zwar vorerst weiter im Eigentum des Staates verbleiben, aber vom Staatshaushalt getrennt und nach üblichen unternehmerischen Grundsätzen geführt werden. Die Voraussetzungen für unterneh-

10 Anmerkung des Übersetzers: örtliche Organe der Politik, die die demokratischen Städte- und Gemeindeverwaltungen ersetzten.

merische Aktivitäten waren jedoch durch mehrere Sachverhalte beeinträchtigt. Vor allem hatten die Minister, zu deren Ressort der jeweilige Betrieb bzw. die ganze Branche gehörte, das letzte Wort bei der Ernennung der leitenden Mitarbeiter. Der riesige Umfang der Verstaatlichung, die die meisten Angestellten der Industrie betraf, barg also auch ein politisches Potential, dessen sich die führenden politischen Kräfte – allen voran die Kommunisten – sehr wohl bewusst waren. Die Leitungsfunktionen in den Betrieben wurden so einer Beute der KSČ und der Sozialdemokratie.

Der politische Einfluss spiegelte sich logischerweise auch in den Qualitäten der ausgewählten Personen wider; entscheidendes Qualifikationsmerkmal war die politische Einstellung. Unter den Direktoren der verstaatlichten Betriebe gehörte mehr als ein Drittel der KSČ und ein Drittel der Sozialdemokratie an. An den Stellen, wo die Kommunisten nicht direkt den Direktor stellten – und das war überwiegend die Lebensmittelindustrie, da Minister Václav Majer nicht in dem Maße zugänglich war wie Industrieminister Laušman – wurde zumindest ein wichtiger Stellvertreter installiert. Die Anteile bei der Besetzung dieser Stellen wurde noch um die Tatsache potenziert, dass die Parteien leitende Positionen in den Schlüsselunternehmen der jeweiligen Branchen besetzten und diese natürlich für weitere Machtkämpfe nutzten, wodurch sowohl wichtige Informationen über die Entwicklung der Industriebranche als auch über Personen gesammelt werden konnten, die sich außerhalb des kommunistischen Lagers bewegten.

Weitere Möglichkeiten zur Durchsetzung ihrer politischen und wirtschaftlichen Ziele ergaben sich für die KSČ bei den Betriebsräten. Dieser Versuch einer Betriebsdemokratie wurde mit dem Dekret über die Werks- und Betriebsräte gemeinsam mit den Verstaatlichungsdekreten verkündet. Diese Interessenvertretungen der Angestellten, die offiziell „die wirtschaftlichen, sozialen, medizinischen und kulturellen Interessen der Angestellten im Betrieb schützen und wecken“[11], sollten, waren auch mit weitreichenden und nicht ganz klaren Befugnissen ausgestattet, die Geschäftsführung des Betriebes zu beaufsichtigen und zu kontrollieren und Vorschläge für Maßnahmen zu unterbreiten. Entscheidenden Einfluss bei der personellen Besetzung der Räte hatte die von der KSČ beherrschte Gewerkschaft. Außerdem gründeten die politischen Parteien in den Betrieben eigene Organisationen. Auch hier standen die Aktivitäten der Kommunisten an vorderster Stelle.

Den gewonnenen Einfluss und vor allem die Informationen über interne Vorgänge und die Lage der verstaatlichten Betriebe nutzte die KSČ ausgiebig für ihre Propagandaarbeit aus. Fälle von Diebstahl und Versuchen, sich auf Kos-

11 Dekret Nr. 104/1945 GBl. über die Betriebsräte. Jech/Kaplan, (eds.), Dekrety (wie Anm. 9), 797-809.

ten des Staatsvermögens zu bereichern, gab es in der Nachkriegszeit mit ihren Mangelerscheinungen und einem regulierten Markt genug. Im Herbst 1947 starteten die Kommunisten unter anderem auch um die im Vergleich zu Privatbetrieben schlechteren Ergebnisse der verstaatlichten Unternehmen zu verschleiern eine Kampagne für eine weitere Verstaatlichungswelle. Der Privatwirtschaft sollte damit der entscheidende Schlag versetzt werden.[12] Bekanntestes Beispiel ist die sog. Textiliade vom Januar 1948, in deren Folge der private Textilgroßhandel zerschlagen wurde. Ähnliche Aktionen wurden auch für andere Branchen geplant. Der Februarputsch bot den Kommunisten schließlich aber andere Möglichkeiten.

Im nicht verstaatlichten Sektor waren vor den Februarereignissen noch ganze 20 % der Angestellten der tschechoslowakischen Industrie beschäftigt.[13] Der Rest war direkt von den Entscheidungen derjenigen Organisationen abhängig, die zwar bisher offiziell nicht vollberechtigte Eigentümer der Betriebe waren, aber alle Instrumente zur effektiven Wahrnehmung der meisten Eigentumsrechte in ihren Händen hielten. Die Besetzung der mit der Leitung der Industrie verbundenen maßgeblichen Stellen unterlag damit schon lange vor der Übernahme der absoluten Macht durch die Kommunisten rein politischen Aspekten. Aus der politischen und wirtschaftlichen Macht wurden so kommunizierende Gefäße. Die Kontrolle über eines der Gefäße ermöglichte die Verfügbarkeit des anderen und umgekehrt. Beide zusammen ermöglichten eine schnelle Beherrschung maßgeblicher Stellen auf allen Ebenen der staatlichen Verwaltung.

Schlichtweg als Illusion erwies sich die Vorstellung der nichtkommunistischen Parteien und anderer Machtzentren, vor allem der Gruppe um Präsident Beneš, dass es vollkommen ausreichen würde, die Kontrolle über die politische Macht aufrecht zu erhalten, um eine Ausweitung der Kontrolle der Kommunisten über die wirtschaftliche und soziale Sphäre hinaus auch auf andere Bereiche des Lebens von Gesellschaft und Staat zu verhindern. Die Beherrschung der bewaffneten Kräfte, Medien, Gewerkschaften, die Monopolisierung der politischen Gewinne aus der Zuteilung von enteignetem Vermögen und die entscheidende Rolle bei der Besetzung der Leitungsgremien der verstaatlichten Betriebe waren Schritte, die es der KSČ per partes möglich machten, in den Händen einer engen Führung Befugnisse zu bündeln. Ihre Summierung mündete innerhalb kürzester Zeit in die institutionelle Verankerung einer totalitären Gesellschaft nach sowjetischem Muster. Die Ereignisse des Februar 1948 waren nicht nur der logische

---

12 Die KSČ unterbreitete den Vorschlag Wirtschaftseinheiten mit mehr als 50 Personen zu verstaatliche. Die Durchsetzung dieses Vorschlags war jedoch erst nach der Machübernahme im Februar 1948 möglich.

13 K. Půlpán, Nástin českých a československých hospodářských dějin do roku 1990 [Ein Abriss der tschechischen und tschechoslowakischen Geschichte bis 1990]. Praha 1993, 191.

Ausgang dieser Entwicklung und der Abschluss eines Szenarios, das zwar nicht von inländischen politischen Kräften entworfen worden war, dessen Realisierung und Abschluss aber voll und ganz von den Entscheidungen der tschechoslowakischen politischen Elite abhängig war. Der 25. Februar 1948 ist – in diesem Lichte betrachtet – als hervorragendes Beispiel für das völlige Versagen derjenigen Teile der Politik ansehen, die sich zu den Gedanken der Freiheit und Demokratie bekannten.

Wohlfahrtsstaat im Realsozialismus: Zu einigen Problemen der Sozialpolitik in der DDR in den 1970er und 1980er Jahren

In diesem Kapitel werden einige Probleme der Sozialpolitik in der Deutschen Demokratischen Republik (nachfolgend nur DDR) in den 70er und 80er Jahren, oft auch als die Ära des real existierenden Sozialismus/Realsozialismus bezeichnet, zusammengefasst. Betont wird die Entwicklung im Gesundheitswesen, daneben werden Probleme der Wohnungspolitik, Konsumgüter und Altersrenten behandelt.

I. Die Sozialpolitik nach 1953

Nach dem zweiten Weltkrieg wurde die sowjetische Besatzungszone (nachfolgend nur SBZ) zum ersten deutschen Arbeiterstaat. Im Artikel IV der Verfassung der neu gegründeten Deutschen Demokratischen Republik wurden sowohl das Recht auf Arbeit, als auch Sozialpflichten des Staates seinen Bürgern gegenüber verankert.[1] Bereits ein Jahr vor der Gründung der Deutschen Demokratischen Republik versicherte Walter Ulbricht in seiner Ansprache an die Bevölkerung, dass „die Zeit der Erfolge" bevorstehe.[2] Die Realität der nächsten fünf Jahre war jedoch anders als vorgesehen. Einige Autoren weisen beim sehr langsamen Erwachen der DDR-Wirtschaftdarauf hin, dass der ostdeutsche Staat die gesamtdeutschen Kriegsreparationen an die Sowjetunion zu zahlen hatte; tatsächlich wurde die DDR-Regierung verpflichtet, bis Januar 1954 etwa 14 bis 16 Milliarden Dollar gegenüber Moskau abzutragen, eine Summe, die dem gesamten Umfang des Marshall-Planes für Westeuropa entsprach.[3] Allerdings lag das Problem der lahmen DDR-Wirtschaft vielmehr bei der eigentlichen Wirtschaftspolitik der Führung der Sozialistischen Einheitspartei (nachfolgend nur SED). Der größte Teil der Investitionen galt dem Aufbau eigener Streitkräfte und im Rahmen des Aufbaus des Sozialismus vorwiegend der Schwerindustrie. Diese Politik wurde gerimgfügig geändert, als im Juni 1953 die Engpässe an Konsumwaren und die anstrengenden Arbeitsbedingungen einen sozialen Aufruhr

1 Art. 24, Abs. 2, Satz 2 der Verfassung der DDR von 1968, v. 1974, [online] [zit. 15. 08. 2010]. Zur Verfügung auf WWW: http://www.verfassungen.de/de/ddr/ddr68-i.htm.

2 H. Weber, Geschichte der DDR. München 1999, 198.

3 Zwar ist in den offiziellen Sowjetdaten die Summe von 4,292 Milliarden Dollar angegeben, trotzdem einigen sich die westlichen Ökonomen daran, dass die wirkliche Summe 16,313 Milliarden Dollar war. Vgl. J. Fisch, Reparationen nach dem Zweiten Weltkrieg. München 1992, 199.

herbeiführten, der sich fast zum Systemkollaps wandelte. Aus diesem Grund stellt das Jahr 1953 einen besonderen Wendepunkt in der Planung und Entwicklung der ostdeutschen Sozialpolitik dar.

Die DDR-Regierung, die sich der schlechten wirtschaftlichen Lage Anfang der 50er Jahre bewusst war, entschied sich der Logik nach drastische Kürzungen in den Sozialausgaben vorzunehmen. Die Bevölkerung, die sich kaum von den Kriegsjahren erholt hatte, reagierte mit großen Protesten, die in den Unruhen vom 17. Juni kulminierten. Diese dienten der Parteiführung als Lektion auf zwei Ebenen: Die Menschen lebten zwar im ersten deutschen Arbeiterstaat, wie sich die DDR darzustellen versuchte, identifizierten sich jedoch nicht mit ihm. Daher war jede soziale Errungenschaft in der DDR in der Wahrnehmung der Bewohner lediglich eine Tilgung ihrer Sehnsucht nach einem vereinigten Deutschland. Auf der zweiten Ebene verglich die Bevölkerung mit großem Neid den raschen Aufschwung des westdeutschen Wirtschaftswunders mit ihrem schwankend steigenden Lebensniveau. Im Ostberliner Kabarett „Die Distel“ wurde jenes Begehren in einem Auftritt im Februar 1955 sehr lakonisch ausgedrückt: „Der Zucker ist dort süßer, der Schellfisch ist dort schneller! Das Pflaumenmus ist müßer, der Camembert läuft schneller! Und stellt mir der Tod mit der Sense ein Bein, dann muss ich im Westen begraben sein!“[4] Die offizielle Parole „So, wie wir heute arbeiten, werden wir morgen leben“[5] erreichte in der zweiten Hälfte der fünfziger Jahre ihre Grenzen.

Die Rentenreform in der Bundesrepublik Deutschland (nachfolgend nur BRD), die die Situation der westdeutschen Pensionierten im Jahre 1957 dramatisch verbesserte, wurde von den älteren DDR-Werktätigen, deren Lebensniveau sich mit der Pensionierung deutlich verschlechterte, mit Verbitterung aufgenommen. Die Sozialpolitik der BRD entwickelte man „primär in dem defensiven Sinne, den westdeutschen Staat gegenüber kommunistischer Penetration außen- und sicherheitspolitisch ebenso wie ‚wirtschaftlich und sozial widerstandsfähig zu machen‘, aber auch in dem offensiven Sinne, die Bundesrepublik für die DDR-Bevölkerung ‚attraktiv‘ zu gestalten, um von der innenpolitischen Seite her eine langfristig angelegte Wiedervereinigungspolitik abzustützen“[6]. Es gab jedoch Aspekte des Lebens, um die die westdeutschen Familien ihre Verwandten in der DDR beneideten. Es ging dabei um die Sicherheit des Arbeitsplatzes, Sozialfürsorge und Gesundheitswesen – das heißt die Gebiete, auf denen das Staatsbudget der DDR am meisten verschwenderisch war (außer den Militärkosten).

---

4 A. Kaminsky, "Nieder mit den Alu-Chips“, in: L. Martens (Hrsg.), Unter dem Deckel der Diktatur. Soziale und kulturelle Aspekte des DDR-Alltags. Berlin 2003, 97.

5 Die Parole vom Jahre 1955 wird der Aktivistin Frida Hockauf zugeschrieben.

6 H. G. Hockerts, Sozialpolitische Entscheidungen im Nachkriegsdeutschland. Alliierte und deutsche Sozialversicherungspolitik 1945 bis 1957. Stuttgart 1980, 285.

Der Wirtschafts- und Sozialhistoriker Manfred G. Schmidt teilt die sozialistische Sozialfürsorge in fünf Ebenen auf: Recht auf einen Arbeitsplatz, allgemeine Sozialversicherung, Familien- und Frauenförderung, betriebliche Sozialfürsorge, und letztlich überdurchschnittliche Sozialfürsorge für politisch wichtige Bevölkerungsgruppen.[7]

Erst mit der Hälfte der sechziger Jahre wurde die Wirtschaftslage der DDR effektiv genug, um mehr Spielraum für die Schaffung einer „verbrauchenden" Sozialpolitik zu schaffen. Im Jahre 1967 wurde der Mindestlohn von 220 auf 300 Mark erhöht und der Übergang zu einer 5-Tage-Woche vollzogen.[8] Allmählich entwickelte sich die DDR zu einem entwickelten Wohlfahrtsstaat mit einem unübersichtlichen System von Ämtern, Abteilungen und Referaten, über deren Aktivitäten das Gesundheitsministerium und der Freie Deutsche Gewerkschaftsbund (nachfolgend nur FDGB) entschieden. Allerdings handelte es sich bei diesen zwei Behörden nicht um politisch selbständige Organe. Der FDGB war nichts anderes als ein verlängerter Arm der SED. Die politische Marginalität des Gesundheitsministeriums wurde dadurch gekennzeichnet, dass der Posten des Ministers langjährig von einem Politiker der Christlich-demokratischen Union (nachfolgend nur CDU) bekleidet wurde, der keinen Zugang zu den Entscheidungsprozessen im Zentralkomitee der SED oder gar im Politbüro hatte.

II. Sozialpolitik als Leitmotiv der Stabilität in der Honecker-Ära

Zusammen mit dem Regierungswechsel von Ulbricht zu Honecker änderten sich auch die Ziellinien der DDR-Sozialpolitik. Ein erstes Anzeichen davon war der Wechsel auf dem Posten des Gesundheitsministers, der in den Jahren 1958 bis 1971 von Max Sefrin[9] (CDU) bekleidet worden war. Der neue Minister wurde Ludwig Mecklinger[10] (SED), ein angesehener Fachmann auf medizinischem Gebiet. Während des VIII. Parteitages der SED im Jahre 1971 wurden neue Verbesserungen der Sozialpolitik gefordert, die sich vor allem im Gesundheitswesen widerspiegeln sollten.[11]

7 M. G. Schmidt, Grundlagen der Sozialpolitik in der Deutschen Demokratischen Republik, in: Bundesministerium für Arbeit und Sozialordnung (Hrsg.), Geschichte der Sozialpolitik in Deutschland seit 1945, Bd. 1: Grundlagen der Sozialpolitik. Baden-Baden 2001, 713; vgl. ders., Der Wohlfahrts- und Arbeiterstaat – die Sozialpolitik, in: André Steiner (Hrsg.), Überholen ohne einzuholen. Berlin 2006, 127.

8 Ders., Grundlagen (wie Anm. 7), 730.

9 Max Sefrin (1913-2000), Flugzeugführer, 1955-1958 Vorsitzender der CDU-Fraktion in der Volkskammer, 1958-1971 Minister für Gesundheitswesen

10 Ludwig Mecklinger (1919-1994), Arzt, 1964-1969 stellvertretender Minister für Gesundheitswesen, 1971-1989 Minister für Gesundheitswesen

11 M. Willing, Sozialistische Wohlfahrt: Die staatliche Sozialfürsorge in der Sowjetischen Besatzungszone und der DDR (1945-1990). Tübingen 2008, 281f.

Eine der wichtigen Umgestaltungen war die Verstaatlichung verbliebener privater und halbprivater Betriebe. Die Volkseigenen Beitriebe wurden zur Basis der Sozialpolitik – ihre Funktionen reichten vom Betriebsgesundheitswesen, Feriendienst, oder Wohnungsverwaltung bis zur Kinderkrippe oder Betriebwäscherei.[12] Das Leben der Werktätigen wurde so im Betrieb, im gemeinsamen Kollektiv, behütet und von der SED-Betriebsleitung kontrolliert. Die Verbindung mit dem Kollektiv reichte sogar bis weit nach der Pensionierung. Die Rentner durften zum Beispiel von ihren früheren Arbeitsgebern Hilfe bei Wohnungsreparaturen verlangen, was auf zwei widersprüchliche Symptome deutet: erstens auf die Solidarität des Betriebskollektivs mit den ehemaligen Mitarbeitern, zweitens auf den ständigen Mangel an Dienstleistungen wie Schornsteinfeger, Maler oder Klempner in realsozialistischen Volkswirtschaften.[13] Im Allgemeinen waren die Rentner jedoch die am stärksten benachteiligte Gruppe in der Gesellschaft, und die Wahrnehmung des realsozialistischen Staates als barmherziger Fürsorger für die pensionierten Arbeiter entsprach nicht der Wirklichkeit (Graphik 1). Die Altersrenten, die im Jahre 1970 lediglich etwa 70 % der Mindestlöhne[14] betrugen, konnten noch im Jahre 1989 höchstens 518 Mark bei einem Mann und 417 Mark bei einer Frau erreichen.[15] Die Renten durften zwar seit 1968 mit einer freiwilligen Zusatzrentenversicherung aufgestockt werden, dies bedeutete jedoch nur für jüngere Bürger, die noch genügend produktive Jahre vor sich hatten, sich ein anständiges Lebensniveau im Rentneralter sichern zu können.[16]

Jahr	Durchschnitts-bruttoeinkommen	Durchschnitts-altersrente	Differenz
1970	762	199,17	562,83
1980	1030	342,51	687,49
1988	1280	380,94	899,06

12 H. G. Hockerts, West und Ost – Vergleich der Sozialpolitik in beiden deutschen Staaten, in: Zeitschrift für Soziareform 1, 2009, 45.

13 Ebd.

14 Im Jahre 1947 wurde der Mindestlohn von 220 auf 300 Mark angehoben, vgl. M. G. Schmidt, Grundzüge der Sozialpolitik in der DDR. Bremen 1999, 18.

15 K.-P. Schwitzer, Senioren, in: G. Manz/E. Sachse/G. Winkler (Hrsg.), Sozialpolitik in der DDR: Ziele und Wirklichkeit, Berlin 2001, 339.

16 Zur freiwilligen Zusatzrentenversicherung vgl. J. Frerich/M. Frey, Handbuch der Geschichte der Sozialpolitik in Deutschland. Bd. 2: Sozialpolitik in der Deutschen Demokratischen Republik. München 1993, 338-342.

Graphik I: Vergleich des Durchschnittseinkommens und der Durchschnittsaltersrente in der DDR 1977-1988 (in Mark der DDR)[17]

Den Rentnern, die auf Erlaubnis die Verwandten in der Bundesrepublik besuchen durften, fielen oft die Preisunterschiede in beiden deutschen Staaten auf. So kostete eine Dose Ananas eine DM, in den Delikat-Geschäften in der DDR jedoch umgerechnet sieben DM - ein für den DDR-Rentner unerreichbarer Luxus.[18] Eine Rentnerin aus Gera schrieb im Jahre 1979 eine Eingabe an den Staatlichen Rundfunkausschuss, in der sie sich über die Delikat-Preise stark beklagte: „Da muss ich meine Nase auch an der Scheibe breit drücken (...). Das Leben wird im Alter aber wirklich schwer gemacht, es ist nicht wert zu leben, wenn man sich immer wie ein Wurm krümmen muss."[19] Der Grund für die schlechte Lage der DDR-Rentner kann in ihrer geringen Nützlichkeit für den Staat gesehen werden: „Die SED-Führung brauchte gesunde und leistungsfähige Arbeiter, Spezialisten und Soldaten sowie Mütter, die neue Arbeiter, Spezialisten und Soldaten gebären konnten. Rentner stellten in ihren Augen Abfallprodukte der Leistungsgesellschaft dar, die sich zudem kaum wehren konnten."[20] Es ist daher nicht verwunderlich, dass die Rentner einen auf den ersten Blick privilegierten Ausreisestatus besaßen – die pensionierten DDR-Bürger durften auf eine bestimmte Anzahl von Tagen das Land verlassen und in die Bundesrepublik reisen. Bei einem Antrag auf ständige Ausreise machte man ihnen kaum Schwierigkeiten, und zwar mit dem Kalkül: weniger Rentner, weniger Rentenauszahlung vom Staatsbudget. Unerwünschte und ausgebürgerte Künstler, Dissidenten und politische Häftlinge generell wurden der Bundesrepublik oft zur Auslieferung angeboten im Rahmen des sog. Menschenhandels. Die Bundesregierung kaufte zwischen den Jahren 1964 und 1989 insgesamt 33 755 Personen aus der DDR für die beträchtliche Summe von 3 436 900 755,13 DM frei.[21]

III. Die DDR-Gesellschaft in den 70er und 80er Jahren

Zwar reichte die durchschnittliche Rente dafür aus, um Grundnahrungsmittel zu kaufen oder um die Miete zu bezahlen, aber von Ersparnissen oder Feinkosteinkäufen kann kaum die Rede sein. Als man im Jahre 1988 in den Delikat-Geschäften die sog. Delikatbutter einführte, weckte dies in der Bevölkerung eine

17 S. Wolle, Die heile Welt der Diktatur. Alltag und Herrschaft in der DDR 1971-1989. Berlin 2009, 248; vgl. Schmidt, Grundzüge der Sozialpolitik (wie Anm. 14), 17f.

18 Wolle, Die heile Welt (wie Anm. 17), 278.

19 B. Bouvier, Die DDR – ein Sozialstaat? Sozialpolitik in der Ära Honecker. Bonn 2002, 214.

20 Wolle, Die heile Welt (wie Anm. 17), 248.

21 L. Geissel, Unterhändler der Menschlichkeit. Erinnerungen. Stuttgart 1991, 475.

Welle von Unbehagen. Eine Packung dieer Qualitätsbutter kostete 6,80 Mark, der übliche Butterpreis betrug hingegen 2,40 Mark.[22] Dieses Beispiel deutet auf die ideologisch widersinnige SED-Politik, die zu einer Zweiklassengesellschaft führte: Ein Teil der Gesellschaft, wie z.B. Rentner und gering verdienende Arbeiter konnten sich lediglich die Ware in den klassischen Kaufhallen leisten. Besser verdienende Gruppen konnten ihre Ersparnisse in den Delikat-, Exquisit- und in den Intershop-Geschäften ausgeben.[23]

Der deutliche Klassenunterschied in der proklamierten klassenlosen Gesellschaft wurde mit den Wohnbedingungen ausgeglichen: Im Gegensatz zu Arbeitern hatten Rentner, Bauern, leitende Angestellte oder Geistesschaffende lediglich um ein Drittel bessere Wohnungen.[24] So wohnten in den unzureichenden Altbauwohnungen meistens Produktionsarbeiter und in den Neubauwohnungen, die nach 1960 gebauten wurden, meist ingenieurtechnische Angestellte.[25] Die durchschnittliche Wohnungsfläche erweiterte sich bei den Neubauwohnungen mit jedem Fünfjahrplan: zum Beispiel in den Jahren 1976-1980 von 56 auf 58 Quadratmeter.[26] Im Jahre 1971 betrug die durchschnittliche Wohnfläche je DDR-Einwohner 20,6 Quadratmeter, bis 1989 erhöhte sich die Fläche auf 27,6 Quadratmeter.[27] Trotz der intensiven SED-Wohnungspolitik hatten noch 1981 nur etwa 60 % aller Wohnungen eine Innentoilette und nur 12 % ein Telefon.[28] „Die Tatsache, wie sehr die Lösung der Wohnungsfrage von Jahr zu Jahr propagandistisch herausgestellt wurde, wie mit den Statistiken und Zahlen über angeblich neue Wohnungen umgegangen, d. h., manipuliert und gemogelt wurde, ist letztlich auch ein Indiz dafür, wie wenig das Problem an sich gelöst war."[29] Die ungenügende Wohnungsmenge und ihre Ausstattung sollte mit der Mietenpolitik gemildert werden. Die im Jahre 1936 eingefrorene Mietpreisgestaltung

---

22 I. Merkel, Utopie und Bedürfnis. Die Geschichte der Konsumkultur in der DDR. Köln/Wien 1999, 277.

23 Delikat war eine im Jahre 1966 gegründete Geschäftskette für Genussmittel der DDR und später auch der westlichen Produktion. Die Preise wurden absichtlich hoch gehalten, um Ersparnisse der DDR-Bürger zum Kursieren am inneren Markt zu bringen. Mehr zu den Delikat-, Exquisit- und in den Intershop-Geschäften vgl. Vgl. A. Volze, Devisengeschäfte der DDR. Genex und Intershop, in: Deutschland Archiv. Zeitschrift für das vereinigte Deutschland 24, 1991, H. 11, 1145-1159.

24 F. Adler, Ansätze zur Rekonstruktion der Sozialstruktur des DDR-Realsozialismus, in: Berliner Journal für Soziologie 1, 1991, 161.

25 L. Mertens, „Was die Partei wusste, aber nicht sagte..." Empirische Befunde sozialer Ungleichheit in der DDR-Gesellschaft, in: ders. (Hrsg.), Soziale Ungleichheit in der DDR-Gesellschaft. Berlin 2002, 147.

26 Bouvier, Die DDR (wie Anm. 19), 84.

27 F. Urban, Berlin/DDR – neo-historisch. Geschichte aus Fertigteilen. Berlin 2007, 158.

28 Wolle, Die heile Welt (wie Anm. 17), 253.

29 Bouvier, Die DDR (wie Anm. 19), 154.

wurde von der DDR übernommen. So bezahlte man in den Großstädten für eine Wohnung mit einer Fläche von 25 Quadratmetern durchschnittlich eine Summe von 15 bis 23 Mark, in den Kleinstädten und Dörfern sogar von 6,25 bis 13,75 Mark.[30] Noch Ende 80er Jahre kostete eine kleine Altbauwohnung lediglich 30 bis 40 Mark, die größten Neubauwohnungen mit mehreren Zimmern kaum mehr als 200 Mark.[31] Im Jahre 1989 betrugen die Kosten für die Wohnung nicht mehr als 5 % des durchschnittlichen Nettoeinkommens eines Dreipersonenhaushaltes, der bei 1 600 bis 2 000 Mark lag.[32]

Gruppe	Lohn, Gehalt, Besoldung
Produktionsarbeiter in Grundprozessen	588
Ingenieurtechnische Angestellte ohne eine Leitungsform	753
Berufsoffizier – Oberst	800
Dozent an der Juristischen Hochschule des Ministeriums für Staatssicherheit	2350-2800

Graphik II: Durchschnittslöhne in ausgewählten Bereichen[33]

Interessant ist der Vergleich des Haushaltseinkommens in der DDR und in der BRD. Seit der Entstehung beider deutscher Staaten entwickelte sich der Einkommensanstieg im Westen schneller und bis 1978 hatte sich die Relation nominal halbiert. So erreichten die Haushalte im Westen 2 787 DM, demgegenüber hatte ein Haushalt im Osten nur etwa 1 430 Mark[34] zur Verfügung, im Jah-

30 Berechnet nach den Angaben von Frerich/Frey, Handbuch (wie Anm. 16), 443; vgl. A. Schildt, Wohnungspolitik, in: H. G. Hockert (Hrsg.), Drei Wege deutscher Sozialstaatlichkeit. NS-Diktatur, Bundesrepublik und DDR im Vergleich. München 1998, 180.

31 Bouvier, Die DDR (wie Anm. 19), 165; vgl. R. Grabowski, Wohnungspolitik, in: G. Manz/E. Sachse/G. Winkler (Hrsg.), Sozialpolitik in der DDR: Ziele und Wirklichkeit. Berlin 2001, 230.

32 H. F. Buck, Die Sozialpolitik der SED am Beispiel des Wohnungsbaus, in: Deutschland Archiv. Zeitschrift für das vereinigte Deutschland 26, 1993, H. 4, 518.

33 Mertens, „Was die Partei wusste" (wie Anm. 25), 130-135.

34 Auf dem freien Markt handelte man die Mark der DDR für etwa 0,2 Deutsche Mark. Intern wurde mit Richtungskoeffizienten eine Deutsche Mark 4,40 Mark gleichgesetzt, was z. B. bedeutete. Der offieizelle Kurs war jedoch stets 1:1. Eine Konversion von Mark in Deutsche Mark war jedoch kaum möglich. Vgl. N. Klüßendorf, „West" und „Ost". Zweierlei Währung als Element deutscher Zeitgeschichte (1948-1990), in: Mitteilungen der Österreichischen Numismatischen Gesellschaft 45, 2005, 123-154.

re 1989 betrug das Verhältnis sogar 4 173 DM zu 2 091 Mark.[35] Dabei ist es wichtig anzugeben, dass das Existenzminimum für eine vierköpfige Familie im Jahre 1972 auf etwa 1 000 Mark veranschlagt wurde.[36]

IV. Sozialpolitik als Ursache zunehmender Wirtschaftsprobleme

Sozialhistorikerin Annette Kaminsky zufolge hatte der Staat „seinen Bürgern eine Reihe von Erleichterungen im täglichen Leben gewährt. Polikliniken, Kulturhäuser, Kureinrichtungen und Ferienplätze waren in großer Zahl eingerichtet worden und wurden hoch subventioniert. Das Angebot der Dienstleistungen hatte sich erweitert. Ganz dem internationalen Trend folgend, wurde Freizeit als Ergänzung zur Arbeitszeit gesellschaftlich und privat hochgeschätzt“[37].

Obwohl seit der zweiten Hälfte der 70er Jahre die Sozialpolitik einen immer größeren Teil der Staatsausgaben beanspruchte und nicht adäquat der Wirtschaftseffizienz geplant wurde, verlangsamte sich die Entwicklung neuer Mittel für die Sozialfürsorge nicht. Die Entscheidung, die Linie der Einheit der Wirtschafts- und Sozialpolitik hart zu verfolgen, war zwar ökonomisch kurzsichtig, aber für das Überleben des Machtmonopols unvermeidbar. Kürzungen in der Sozialpolitik würden sofortige Unzufriedenheit und Labilität des Regimes verursachen. In dieser Hinsicht war das Sozialsystem der DDR mehr als ein Wohlfahrtsstaat, es war eine Fürsorgediktatur.[38] Diese Theorie bekräftigt auch die Feststellung des deutschen Historikers Hans Günter Hockerts, der zufolge die DDR eine illiberal-obrigkeitsstaatliche Tradition der deutschen Geschichte fortführte, indem die Partei soziale Sicherheit um den Preis der Vorenthaltung politischer Freiheit versprach.[39] Die sozialpolitische Tradition des deutschen Staates betont auch Marcel Boldorf, der die Idee des Sozialstaates seit den 1880er als eine der Säulen der Beständigkeit und einen „deutschen Erinnerungsort“ bezeichnet.[40] Man könnte noch weiter gehen, indem man den DDR-Staat als eine Diktatur mit ausgebrannter Leitkraft wahrnimmt. Die SED hatte keinen charismatischen Parteiführer, der seinem Volk eine messianische Vision vorgeben und

35 O. Schwarzer, Sozialistische Zentralplanwirtschaft in der SBZ/DDR. Ergebnisse eines ordnungspolitischen Experiments (1945-1989). Stuttgart 1999, 178f.

36 Willing, Die Sozialistische Wohlfahrt (wie Anm. 11), 287.

37 A. Kaminsky, „Mehr produzieren, gerechter verteilen, besser leben“. Konsumpolitik in der DDR, in: PolZG 27, 1999, 17.

38 Vgl. K. H. Jarausch, 1998: Realer Sozialismus als Fürsorgediktatur. Zur begrifflichen Einordnung der DDR, in: PolZG 20, 1998, 33-46.

39 Hockerts, West und Ost (wie Anm. 12), 48.

40 M. Boldorf, Die Sozialstaatlichkeit der DDR in langfristiger historischer Perspektive, in: VSWG 93, 2006, 491.

es damit in einer permanenten Mobilisierung halten könnte.[41] Deshalb versuchte sie, diese Lücke mit einer weit ausgedehnten Sozialpolitik zu füllen.

V. Gesundheitswesen

Die großen Ausgaben aus dem Staatsbudget in die Sozialsphäre können sehr wohl am Gesundheitswesen verfolgt werden. Die Parteiführung war sich der Tatsache bewusst, dass eine sich qualitativ verbessernde medizinische Fürsorge ein alltägliches Lackmuspapier für die Stimmung der Bevölkerung darstellt. Erich Honecker sagte 1971 in seiner Rede auf dem VIII. SED-Parteitag: „Das Streben nach Gesundheit, Leistungsfähigkeit und Lebensfreude bis ins hohe Alter wird immer mehr zum Bestandteil einer von der ganzen Gesellschaft getragenen, vom sozialistischen Staat geförderten und vom Bürger selbst mitgestalteten Lebensweise."[42]

Seit der Gründung der DDR folgte das Ministerium für Gesundheitswesen der DDR, dessen Aufgaben aber erst im Jahre 1960 offiziell geregelt wurden, einer Anpassungspolitik an die medizinische Versorgung in der Sowjetunion.[43] So wurden in allen Stadt- und Landkreisen Ambulatorien und Polikliniken für ambulante Versorgung eröffnet. Da es in vielen Fällen an Finanzen für eine solch gewaltige Investitionswelle mangelte, wurden die Polikliniken als erweiterte Ambulanz-Abteilungen klassischer Krankenhäuser errichtet.[44] Im Jahre 1950 gab es lediglich 184 Polikliniken, im Jahre 1970 jedoch schon 452 und im Jahre 1989 sogar 626.[45] Nur langsam schieden private Ärzte aus der Praxis aus. Noch im Jahre 1958 waren im Land von insgesamt 14 000 Ärzten 4.500 Privatärzte.[46] Wegen des Ärztemangels wurden zielstrebig freiberufliche Ärzte dazu gezwungen, ins staatlich geregelte Gesundheitswesen umzusteigen.

Die Betriebe besaßen im DDR-Gesundheitswesen eine besonders wichtige Rolle. Zu ihren Aufgaben zählten Maßnahmen zur Unfallverhütung, Arbeitshygiene, Erste-Hilfe-Leistungen, die ambulante medizinische Behandlung. In größeren Betrieben gab es Ärzte- und Schwesternsanitätsstellen und sogar Be-

41 Mehr zur Verbindung Diktator - totalitäres System vgl. S. Neumann, The Permanent Revolution: The Total State in the World at War. New York 1942, 43.

42 Frerich/ Frey, Handbuch (wie Anm. 16), 237.

43 Ebd. 208.

44 Ebd. 210.

45 L. Wagner, Polikliniken – ein gesundheitspolitisches Modell, in: S. Bollinger/F. Vilmar (Hrsg.), Die DDR war anders. Eine kritische Würdigung ihrer sozialkulturellen Einrichtungen. Berlin 2002, 229.

46 Medizinische Statistik der Hauptabteilung Heilwesen, in: Stiftung Archiv der Parteien und Massenorganisationen der DDR im Bundesarchiv, DY 30/IV 2/19/30, 113.

triebspolikliniken.[47] Trotz vieler Verbesserungen in den 50er und 60er Jahren war die Unzufriedenheit der DDR-Bürger mit dem Niveau der ärztlichen Versorgung sehr verbreitet. Es fehlte oft an Technik, aber auch an Spezialisten, da bis zum Mauerbau ca. 7 500 Ärzte die Republik verlassen hatten.[48]

Jahr	Ärzte		Zahnärzte		Apotheker	
	insgesamt	Einw. je Arzt	insgesamt	Einw. je Zahnarzt	insgesamt	Einw. je Apoth.
1970	27 255	696	7 349	2 321	2 885	5 913
1975	31 810	530	7 968	2 115	3 442	4 895
1980	33 894	494	9 709	1 724	3 542	4 716
1985	37 943	439	11 757	1 416	3 783	4 400
1989	40 143	414	12 011	1 383	3 990	4 164

Graphik III: Ärzte, Zahnärzte und Apotheker in den Jahren 1970-1989[49]

In der Graphik 3 deutet die steigende Tendenz in den Zahlen von Ärzten, Zahnärzten und Apotheker auf umfangreiche Investitionen in das Gesundheitswesen in der DDR, vor allem auf den Ärztenachwuchs hin. Wenn man z. B. die Zahl der Ärzte in der DDR mit der Zahl der Ärzte in der Bundesrepublik vergleicht, gab es im Jahre 1986 39 157 DDR-Ärzte, demgegenüber gab es 165 015 Ärzte in der BRD, das heißt, 425 Einwohner pro Arzt in der DDR[50] und 370 Einwohner pro Arzt in der BRD[51], also kein extremer Unterschied.

Der Mangel an Technik und Pharmazieerzeugnissen wurde mit der sog. Störfreimachung verbunden, d. h. mit dem Import aus den RGW-Ländern oder mit dem Kopieren dessen, was im DDR-Gesundheitswesen fehlte. Dies führte jedoch oft zur Produktion von Arzneimitteln schlechter Qualität mit gefährli-

47 J. Wasem/D. Mill/J. Wilhelm, Gesundheitswesen und Sicherung bei Krankheit und im Pflegefall, in: C. Kleßmann (Hrsg.), Geschichte der Sozialpolitik in Deutschland seit 1945. Bd. 9: 1961-1971 Deutsche Demokratische Republik. Baden-Baden 2007, 382f.

48 Ebd. 385. Vor allem in den 50er Jahren waren die Zahlen der Flüchtlinge hoch. Nur in den Jahren 1954 und 1955 verließen die DDR über 550 Ärzte. Vgl. H. Spaar, Der Einfluß personeller Verluste, insbesondere von Ärzten, auf die Gesundheitspolitik der SED und die Entwicklung des Gesundheitswesens, in: Das Gesundheitswesen der DDR – zwischen Konzept und Realität. Wissenschaftliche Arbeitstagung der Interessengemeinschaft Medizin und Gesellschaft e. V. Berlin, den 26. 11. 1994. Berlin 1995, 6.

49 Statistisches Jahrbuch der DDR, Jahrgang 1990, 374.

50 Ebd.

51 Eigene Berechnungen nach Statistisches Jahrbuch 1989 für die Bundesrepublik Deutschland. Stuttgart 1989, 43, 392.

chen Nebenwirkungen.[52] „Nur wenige Erzeugnisse der medizinischen Industrie haben Weltniveau. Auf wichtigen Gebieten besteht ein Rückstand von 5 bis 10 Jahren."[53] Aus diesem Grund erlaubte das Gesundheitsministerium den Ärzten, „Medikamente aus Westdeutschland schicken zu lassen, wenn im Rahmen der Verordnung über Geschenk- und Päckchenverkehr ein von einem Arzt in der DDR ausgestelltes Rezept dem Päckchen beiliegt."[54]

Insgesamt kann man das DDR-Gesundheitswesen als einen effektiven Organismus, dessen schnelle Modernisierung von den Grenzen der real sozialistischen Wirtschaft gedämpft wurde, bezeichnen. Sehr positiv wurden von den DDR-Bürgern die Möglichkeiten einer Heilkur in Sanatorien der DDR, der ČSSR oder der Volksrepublik Polen bewertet. So konnten im Jahre 1956 350 Patienten nach Karlsbad, Marienbad, Pistyan oder in die Hohe Tatra in der Tschechoslowakei geschickt werden. Mit der Zeit wurde die Anzahl ausreisender Patienten größer und erreichte ihr Maximum in den 70er und 80er Jahren.[55]

Bei der Beurteilung des Gesundheitswesens in der DDR ist es jedoch wichtig, auch die moralisch abschreckenden Geschäfte zu bedenken, die auf die dunkle Seite des DDR-Gesundheitswesens hindeuten. Ein moralisches Fiasko stellte für das DDR-Gesundheitswesen der Handel mit Blutkonserven dar. In den Jahren 1987 und 1988 wurden Verträge mit dem bayrischen Betrieb Humedia über die Lieferung von Blutplasma aus der DDR geschlossen.[56] Dessen Herkunft wurde verschleiert, und die DDR konnte für einen Beutel mit 250 Millilitern von Blutplasma 61 DM einnehmen. Mit der wöchentlichen Lieferung von 200 Beuteln bedeutete dies einen regelmäßigen Gewinn von über 22 200 DM für den Bereich Kommerzielle Koordinierung, der in der DDR den ganzen Handel beherrschte.[57] Den DDR-Bürgern wurde eingeredet, bei den erhöhten Blutspenden handle es sich um eine humanitäre Pflicht und eine Art Solidaritätsspende im Kampf gegen den internationalen Imperialismus. Zwar gelangten die Informationen über das Geschäft an die Öffentlichkeit, trotzdem wurden die Lieferungen bis Ende 1989 nicht unterbrochen.

52 Wasem/Mill/Wilhelm, Gesundheitswesen (wie Anm. 47), 385.

53 Ebd. 405.

54 Vorschläge zur Neuordnung der Lenkung und Leitung der Versorgung mit importierten Arzneimitteln, in: Stiftung Archiv der Parteien und Massenorganisationen der DDR im Bundesarchiv, DY 30/IV 2/19/92, 41.

55 Abschrift des Sanatoriums Marienbad in der ČSSR an die Regierung der Deutschen Demokratischen Republik, in: Stiftung Archiv der Parteien und Massenorganisationen der DDR im Bundesarchiv, DY 30/IV 2/19/51, 55.

56 Wolle, Die heile Welt (wie Anm. 17), 290f.

57 Eigene Berechnungen nach den Angaben von Wolle, Die heile Welt (wie Ann. 17), 290.

Zusammenfassung

Das Ziel der Monografie ist die Analyse der wichtigsten Themen der Sozial- und Wirtschaftsgeschichte des 20. Jahrhunderts. Die Monografie setzt sich theoretisch mit dem Problem auseinander, wie der analytische Rahmen zu definieren ist; dieser sollte helfen zu verstehen, welche Faktoren im Laufe einer konkreten historischen Entwicklung eines Sozialstaates die Hauptrolle spielen konnten. Bei der Erforschung des Sozialstaats und der sozialen Frage im Zeitalter des Nationalstaats konzentriert man sich auf die Entstehung und Entfaltung des britischen Wohlfahrtsstaates, und analysiert Beveridges Bericht und Pläne über den Nachkriegswiederaufbau Großbritanniens, die Sozialpolitik der britischen Labour Party und der Torys in den Jahren 1945-1951. Die Aufmerksamkeit wird auch dem nordischen Wohlfahrtstaat gewidmet, wobei die Entstehung des Schwedischen Modells analysiert wird. Die Analyse des tschechoslowakischen Sozialstaats konzentrierte sich auf den Vergleich Komparation von Sozialausgaben im Staatshaushalt in ausgewählten europäischen Ländern 1918-1938, die Struktur und Haupttendenzen des Tourismus in der Tschechoslowakei der Zwischenkriegszeit und die sozial- und arbeitsrechtlichen Probleme der Tschechoslowakei von Oktober 1938 bis März 1939. Ein drittes, bedeutendes Forschungsgebiet stellt die Frage des Sozialstaats in totalitären Regimes dar. Die Monografie setzt sich mit der Entstehung der zentral geleiteten Wirtschaft und der sozialen Frage in der UdSSR, ferner mit der Frage der Anfänge der kommunistischen Gestalt des Sozialstaates in der Nachkriegs-Tschechoslowakei und Problemen der Sozialpolitik in der DDR in den 70er und 80er Jahren auseinander. Außereuropäische Erfahrungen mit dem Sozialstaataufbau werden am Beispiel Japans nach dem Zweiten Weltkrieg analysiert.

Die Monografie basiert methodologisch auf der Verbindung der Wirtschafts- du Sozialgeschichte und den theoretischen Ansätzen der 1960er und 1970er Jahre, versteht die Wirtschafts- du Sozialgeschichte als eine Brücke zwischen verschiedenen methodologischen Ansätzen und in gewisser Hinsicht auch als Gegengewicht zur dominierenden politischen Geschichte. Zum Teil schlägt sich darin auch die Öffnung der Wirtschafts- du Sozialgeschichte neuen methodologischen Ansätzen gegenüber nieder, die in der historischen Anthropologie, Urbanisation, Modernisierung, institutionellen Ökonomie und Evolutionsökonomie zur Anwendung kommen.

Die oben angeführte Sicht auf den Sozialstaat als Produkt der Kräfte analogisch zum Marktumfeld bildet einen gedanklichen Rahmen, der es uns ermöglicht, systematischere Gedanken über das Phänomen des Staates zu machen, hauptsächlich über den Prozess der Determinierung seiner resultierenden „Menge“, heißt seiner Größe. Allgemein ergibt sie eine ganze Palette der möglichen

Ursachen von Änderungen in seiner Größe und deren Richtung und, nicht minder wichtig, zeigt sie uns die gegenseitige Verbundenheit dieser Gründe. Im Einzelnen kann sie auf einzelne historische Beispiele und die Erklärung der beobachteten Tendenzen angewendet werden. Den Rahmen könnte man um weitere, in der Ökonomie diskutierte Phänomene erweitern, wie z. B. um die Frage des Koordinationsversagens auf der Seite der Nachfrage und das damit zusammenhängende Problem, ob die resultierende Menge des Staates den Präferenzen der Gesellschaftsmitglieder entspricht.

Es zeigt sich, dass die Sozialpolitik des Staates keinen planmäßigen makroökonomischen Stimulierungseffekt hatte, dass sie nur auf die Erhaltung eines bestimmten Sozialfriedens (und dazu noch eher auf der politischen Ebene) gerichtet war und dass sie mit Elementen von Antikrisenwirkung (vor allem im Rahmen von Investitionsarbeiten) zwar im Zusammenhang mit der großen Wirtschaftskrise an der Wende der 20er und 30er Jahre kam, aber in einigen Ländern mit beträchtlicher Verspätung erst in dem Moment, als sie sich in erster Linie eher um die Förderung von Privatinvestitionen durch ein niedrigeres Maß an Besteuerung und Umverteilungsprozessen kümmern sollte. Der Hauptgrund, warum die Sozialausgaben keine Stabilisierungsrolle spielen konnten, ist aber anderswo zu suchen, in der zweiten Gegebenheit von Schlüsselbedeutung: die Sozialtransfer bezogen sich auf eine beschränkte Bevölkerungsgruppe – das Sozialnetz erstreckte sich primär auf Staatsangestellte, insbesondere auf Angestellte in der Staatsverwaltung, beziehungsweise auf Mitglieder des sog. Genter Systems, und erst mit den Jahren dehnte sich der Umkreis der gesetzlich definierten Bedürftigen aus – darüber hinaus in jedem Land in einem anderen Tempo. Die Sozialausgaben beruhen nicht in Transferzahlungen in den Intentionen der heutigen Fiskalwissenschaft, sondern vor allem in Renten, oder sogar in Personalausgaben in der Staatsverwaltung, beziehungsweise in den Staatsunternehmen; der Umfang von Staatsunternehmen, ihre Buchführung sowie ihre wirtschaftlichen Ergebnisse unterscheiden sich in einzelnen Ländern bedeutend.

Das Schwedische Modell wurde in den 30er Jahren erschaffen. Vor dem Hintergrund der internationalen Wirtschaftskrise in den 30er Jahren wurde das Ziel Vollbeschäftigung stark propagiert. Darüber hinaus bestand eine der Voraussetzungen des Schwedischen Modells in der Tatsache, dass Politiker allmählich eine starke Wirtschaft mit starkem und stabilem Wachstum als notwendige Basis eines Wohlfahrtsstaats begriffen. Nach dem Zweiten Weltkrieg standen die Ökonomen vor dem Problem, starkes Wachstum und Vollbeschäftigung mit niedriger Inflation sowie Forderungen nach Gleichheit mit Effizienz zu kombinieren. Die Antwort kam von den beiden Gewerkschaftsökonomen Rehn und Meidner, die ein makroökonomisches Modell formulierten, das in Teilen die Grundsätze der schwedischen Wirtschaftspolitik der Nachkriegszeit bestimmte. Mit dem Rehn-Meidner-Modell als Eckpfeiler wurde das Schwedische Modell in den 50er und 60er Jahren weiterentwickelt. In dieser Zeit erlebte Schweden das schnellste Wirtschaftswachstum und die größte soziale Umwandlung seiner Geschichte; das Schwedische Modell wurde weithin als nachahmenswert betrachtet. Ende der 60er Jahre zeichnete sich jedoch ab, dass auch dieses Modell nicht ohne Fehler war. Seit Beginn der 70er Jahre zogen das langsamere Wirtschaftswachstum sowie die sich verschlechternde Wirtschaftsleistung das Schwedische Modell in Zweifel.

Der Tourismus ist ein wichtiger Indikator für den sozialen Zustand einer Gesellschaft. Soziale Reformen und wirtschaftliche Stabilität schufen geeignete Bedingungen für einen steigenden Anteil am Tourismus. Im Bezug auf die Bevölkerungszahl wird von der Tschechoslowakei oft gesagt, sie stelle bei den Ausreisen ihrer Bürger eine Großmacht dar. Deutlich wird eine breiter werdende soziale Basis der Teilnehmer am Tourismus, und zwar nicht nur am einheimischen, sondern auch am ausgehenden. Im untersuchten Zeitraum hört der Tourismus auf, ein Privileg nur der obersten sozialen Schichten zu sein, es kommt zu einer langsamen Demokratisierung. Es muss allerdings angeführt werden, dass, gegeben durch das höhere wirtschaftliche Niveau, die Einwohner der böhmischen Länder eindeutig am stärksten vertreten sind. Die Wirtschaftskrise der 30er Jahre beeinflusste zwar die soziale Stabilität der Tschechoslowakei, bedeutete jedoch keinen rapiden Einbruch beim Tourismus. Der Rückgang der Ausreisen durch die wirtschaftliche Situation und auch durch die Reglementierungsmaßnahmen des Staates wurde durch einen wachsenden Anteil des einheimischen Tourismus aufgewogen.

Was die sozial- und arbeitsrechtlichen Probleme der Tschechoslowakei vom Oktober 1938 bis März 1939 betrifft, war der deutschen Regierung sicher bewusst, dass sie durch die Annexion der tschechoslowakischen Grenzgebiete ein hoch industrialisiertes Gebiet gewann, in dem aber meistens kleingewerbliche und exportorientierte Industrie vorherrschte. Zugleich förderte sie aus machtpolitischen Gründen keineswegs die Auswanderung von tschechoslowakischen Bürgern deutscher Zunge und deutscher Firmen ins Deutsche Reich, denn Ziel deutscher Politik war eine geschwächte, aber nicht eine sozial instabile Tschechoslowakei. Hand in Hand mit dem Diktat großer Investitionspläne bot Deutschland im Rahmen seines Vierjahresplans freie Arbeitsplätze und Aufträge für tschechoslowakische Firmen. Auf dem Gebiet der sozialen Entwicklung und auf dem Arbeitsmarkt werden zwei Etappen deutlich: Die erste Etappe ist erfüllt vom Migrationsprozess von mehr als 150 000 Flüchtlinge aus den abgetrennten Grenzgebieten ins Inland, von der Flüchtlingsfürsorge, der Regulierung der Arbeitslosigkeit usw. Eine Reihe von Industrieunternehmen lag plötzlich an der Grenze, was das Wirtschaftsleben einigermaßen komplizierte. Die zweite Etappe bildet die Beendigung der ersten Flüchtlingswelle, die Integration der Flüchtlinge, Milderung der Arbeitslosigkeit und stetiges Interesse an tschechoslowakischen/tschechischen Arbeitern seitens Deutschlands. Stufenweise verlor der tschecho-slowakische Arbeitsmarkt die Markattribute. Aus der tschechoslowakischen Perspektive bedeuteten München und die daraus folgende Ereignisse die Veränderung der ökonomischen Struktur. Die zweite Flüchtlingswelle ist mit der Liquidation der Tschecho-Slowakei verknüpft. Das Januar-Abkommen über Arbeitskräfte für Deutschland unterstrich die Erfolge der deutschen Politik einer Kombination von machtpolitischen und wirtschaftspolitischen Faktoren.

Bei der Entstehung eines modernen Sozialstaats spielten Beveridges Bericht und Pläne über den Nachkriegswiederaufbau Großbritanniens eine wichtige Rolle. William Beveridges Tätigkeit und Vermächtnis stellen im historischen Rückblick ein immer noch lebendiges und kontroverses Thema dar; für manche Fachleute sowie Laien wurde der Beveridge-Bericht die „Hauptquelle" der Bildung eines modernen Sozialstaats. Die Anhänger Beveridges sind sich, wie auch seine Gegner, im Prinzip darin einig, dass sein Bericht für das Leben der Bevölkerung Großbritanniens von großer Bedeutung war und bisher ist. Seine Kritiker, wie Corelli Barnett, behaupten in ihren Analysen insgesamt, dass Beveridge „ein sentimentaler Idealist war, dessen großzügige Vision von der Abschaffung von Armut und Arbeitslosigkeit einen Wirtschaftsverfall Großbritanniens in der Nachkriegszeit verursachte". Von der Linken können umgekehrt Stimmen vernommen werden, die behaupten, dass der angebliche Verfall des derzeitigen Sozialstaats nur durch die Rückkehr zu Beveridges ursprünglichen Vorschlägen verhindert werden kann.

Die Antwort auf die Frage, was die Labouristen beim Ausbau des Sozialstaats 1945-1949 erreicht und hingegen nicht erreicht haben, ist nicht einfach; Historiker und Ökonomen haben sie unterschiedlich beantwortet. Während die Fachleute daran, dass die Labour Party trotz zahlreicher Probleme in ihren Bemühungen, die Kriegswirtschaft in die Friedenswirtschaft zu transformieren, erfolgreich war, im Prinzip nicht zweifeln, ist das Urteil über die Verwirklichung ihres „Reform-" Wahlprogramms von 1945, besonders was den Ausbau des Sozialstaats, das heißt die Verstaatlichung einiger wichtiger Industriezweige sowie anderer Branchen, das Errichten eines nationalen Pflichtversicherungssystems und eines Sozialleistungssystems, die Entstehung des nationalen Gesundheitsdienstes, die Bemühung den Wohnungsbau zu „starten" und einen bescheidenden Versuch um eine Bildungsreform betrifft, wesentlich komplizierter. Am fundiertesten ist meines Erachtens die Feststellung, dass Attlee und seine Regierungskollegen keine Revolutionäre waren (weder im richtigen noch im übertragenen Sinne), sondern vorsichtige, rational denkende Männer, die in ihren Reformen genau so weit gegangen sind, wie sie es angesichts der Aufrechterhaltung der Stabilität im Lande für möglich hielten und wie es ihnen das Vertrauen der Öffentlichkeit ermöglichte; in vielen wichtigen Hinsichten wurden sie von eigenen ideologischen Vorurteilen und Vorstellungen beschränkt, im letzteren

Fall eher von deren Mangel. Die bereits erwähnte Bemühung der regierenden Labouristen, die Armut abzuschaffen und möglichst vielen Menschen die Möglichkeit zu geben, in die „Mittelschicht" aufzusteigen, aber nicht die „Mittelschicht" und ihre Tugenden und Werte zu vernichten, wonach sich die Parteiradikalen und weitere politische Extremisten sehnten, war somit das Maximum, was die Wähler von ihnen erwarten konnten.

Die Entwicklung der alliierten Okkupation Japans kann man in zwei Etappen teilen. Die erste Phase, deren ist dieser Beitrag gewidmet, lief in den Jahren 1945–1947 durch. Die großen und tiefen gesellschaftliche Änderungen, die Eröffnung der Grundreformen, die Bestrafung der Kriegsverbrecher und das Hinlegen der Grundlagen der demokratischen Entwicklung durch die Aufnahme der neuen Konstitution – das waren die wichtigsten Faktoren, die die Entwicklung Japans in dieser Periode beeinflussten. Die Hauptbestrebung der Amerikaner konzentrierte sich auf die wirtschaftliche Belebung in Japan. Die wirtschaftliche Hilfe der Vereinigten Staaten für Japan erreichte der Summe 4 Milliarden Dollar. Wenn wir bewerten die Okkupationspolitik in Japan in breiten Zusammenhängen, können wir mit der Ansicht, dass „die Politik der Vereinigten Staaten in Japan (...) scheint sich als der erfolgreichste Bestandteil der amerikanischen Politik in Asien nach dem Zweiten Weltkrieg", zustimmen.

Der Zeitraum von 1945 bis 1948 war für das Schicksal der Tschechoslowakei für vier Jahrzehnte im Voraus richtungweisend. Es war eine Zeit in der sich in der Welt und besonders in Mitteleuropa neue Kräfteverhältnisse etablierten. Die Arbeit befasst sich vor allem mit den inneren Faktoren, die es der kommunistischen Partei ermöglichten, die vollständige Kontrolle über die Tschechoslowakei zu erlangen und die so den Weg für die sich anschließende Sowjetisierung des Landes frei machten. Der Hauptfaden des Textes führt in die Maßnahmen auf dem Gebiet der Wirtschaft ein, insbesondere in die Enteignung des deutschen Vermögens und dessen Verstaatlichung, die eine grundlegende Veränderung der Eigentumsverhältnisse der Wirtschaft zur Folge hatte und so die Einführung einer Planwirtschaft nach sowjetischem Vorbild erleichterte. Die Machtergreifung der Kommunisten 1948 stellt daher auf wirtschaftlichem Gebiet keinen schlagartigen Wandel, sondern die logische Fortsetzung der vorangegangenen Entwicklung dar, die mit landesweiter Unterstützung bereits im Mai 1945 begonnen hatte.

Der durchgeführten Analyse folgend war die DDR ein weit ausgebauter Wohlfahrtsstaat, der im Rahmen der „Einheit der Wirtschafts- und Sozialpolitik" extrem die Möglichkeiten des Staatsbudgets extrem überforderte. Während der Ulbricht-Ära bemühte man sich noch um die „Ökonomisierung der Sozialpolitik", zu Honeckers Zeiten bekam die Sozialpolitik einen klaren Vorrang. Die neuen sozialpolitischen Regelungen waren jedoch nicht mit ökonomischen Anreizen im Einklang. „Deshalb ging das mit ihnen neben der Pazifizierung der

Bevölkerung in der Krisensituation 1970 verbundene Kalkül nicht auf, dass auf ihrer Grundlage auch die Wirtschaftsergebnisse verbessert werden könnten." Die zunehmenden sozialen Vorteile für Bürger belasteten immer mehr den DDR-Staatshaushalt, so dass dem Sozialwesen im Jahre 1988 bereits 30 % der öffentlichen Ausgaben zugewiesen waren.

Seit Mitte der siebziger Jahre wurde die generöse Sozialpolitik immer riskanter, weil der Prozess der Beschleunigung des Wachstums durch die globale Energiekrise gefährdet wurde. Die DDR war von der Ressourceneinfuhr aus der Sowjetunion abhängig, verlor allmählich die Wettbewerbsfähigkeit ihrer Produkte auf den Weltmärkten, und entwickelte eine gefährlich hohe passive Handelsbilanz, oder, in dem sozialistischen Newspeakwort - Importüberschüsse. Diese stiegen im Jahre 1978 auf 1,7 Milliarden Mark in konvertierbaren Währungen. Der fatalen wirtschaftlichen Folgen der ausgedehnten Sozialpolitik waren sich die Parteiführer sehr wohl bewusst, konnten jedoch keine systematische Korrektur durchführen. „Die Legitimation des Machtmonopols der SED war inzwischen so weitgehend auf die 'Gewährleistung sozialer Sicherheit und Geborgenheit' angewiesen, dass die SED sich gezwungen sah, daran auch um den Preis des wirtschaftlichen Niedergangs festzuhalten." Trotzdem kommt ein Teil deutscher Sozialhistoriker zu gutheißenden Schlussfolgerungen, unter ihnen Gunnar Winkler, der zumindest die DDR-Sozialpolitik als Gesamtbild trotz notwendiger Kritik überaus positiv einstuft. Die Sozialpolitik gewährte den DDR-Bürgern einen verlässigen Schutz vor materieller Veredelung, es handelte sich jedoch um „Grundversorgung auf kargem Niveau. Maß gaben ihr vor allem das Konsumniveau und der Lebensstil der Arbeiterschaft kurz vor dem Zweiten Weltkrieg". Diese Grundversorgung reichte zwar während des Wiederaufbaus der Nachkriegsjahre aus, allerdings strebten die DDR-Bürgen in den 70er und 80er Jahren immer mehr nach dem Lebensniveau der Konsumgesellschaft in der Bundesrepublik und individueller Initiative, was ihnen die sozialistische Planwirtschaft der DDR keineswegs gewährleisten konnte. In dieser Hinsicht war die Sozialpolitik nichts Weiteres als Bestechung für die Bürger, um ihre absolute Obrigkeit dem Regime gegenüber zu sichern.

Literaturverzeichnis

Archiv Ministerstva zahraničních věcí Praha [Das Archiv des Außenministeriums Prag], IV. Sektion, Karton 464.

Národní archiv Praha [Nationalarchiv Prag], fond Ministerstvo průmyslu, obchodu a živností [Fonds des Präsidiums Ministerium für Industrie, Handel und Gewerbe], Karton 2653, 2692, 2709; fond Předsednictvo ministerské rady [Fonds des Präsidiums des Ministerrates] Karton 3580.

Politisches Archiv–Außenamt Berlin, R 27821, R 100931, R 100932, R 100933, R 103836, R 101109, R 103854.

Stiftung Archiv der Parteien und Massenorganisationen der DDR im Bundesarchiv, DY 30/IV 2/19/30, DY 30/IV 2/19/51, DY 30/IV 2/19/92.

B. Abel-Smith, The Beveridge Report: Its Origins and Outcomes, in: J. Hills/J. Ditch/H. Glennerster (Eds.), Beveridge and Social Security. An International Retrospective. Oxford 1994.

B. Abel-Smith, Sex, Equality and Social Security, in: J. Lewis (Ed.), Women's Welfare and Women's Rights. London 1983.

B. Abel-Smith/K. Titmuss (Eds.), The Philosophy of Welfare. London 1987.

M. Abrams, Social Trends and Electoral Behaviour, in: British Journal of Sociology 13, 1962, No. 3.

P. Ackers/J. Payne, Before the Storm, in: Social History 27, 2002, No. 2.

P. Addison, The Road to 1945. British Politics and the Second World War. London 1975.

F. Adler, Ansätze zur Rekonstruktion der Sozialstruktur des DDR-Realsozialismus, in: Berliner Journal für Soziologie 1, 1991.

Akten zur deutschen auswärtigen Politik 1918 - 1945, Serie D (1937 – 1945), Bd. 2. Baden-Baden 1950.

J. Agate, Ego 8. London 1946.

D. H. Aldcroft, The Inter-war Economy. Britain 1919-1939. London 1970.

D. H. Aldcroft/M. J. Oliver, Trade Unions and the Economy. Aldershot 2000.

M. Aldridge, The British New Towns. London 1979.

Annuaire statistique. Paris 1923.

Annuaire statistique. Paris 1926.

Annuaire statistique. Paris 1939.

Annuario statistico Italiano. Roma 1921.

Annuario statistico Italiano. Roma 1926.

Annuario statistico Italiano. Roma 1925.

Annuario statistico Italiano. Roma 1931.

Annuario statistico Italiano. Roma 1932.

Annuario statistico Italiano. Roma 1935.

Annuario statistico Italiano. Roma 1939.

Anweisungen zum Führen von Kraftfahrzeugen im Ausland. Ohne bibliographischen Angaben.

A. Applebaum, Der Gulag. Berlin 2003.

J. Ashley, Journey Into Silence. London 1973.

W. Ashworth, The History of the British Coal Industry, Vol. 5. Oxford 1986.

A. B. Atkinson, Poverty and income inequality in Britain, in: W. Wedderburn (Ed.), Poverty, Inequality and Class, Structure. Cambridge 1974.

A. B. Atkinson u. a., National Assistance and low incomes in 1950, in: Social Policy and Administration 15, 1981, No. 1.

C. Attlee, The Labour Party in Perspective. London 1937.

J. Balchin, First New Town. Stevenage 1980.

P. Baldwin, Beveridge in the Longue Durée, in: J. Hills/J. Ditch/H. Glennerster (Eds.), Beveridge and Social Security. Oxford 1994.

P. Baldwin, The Politics of Social Solidarity. Cambridge 1990.

K. G. Banting, Poverty, Politics and Policy. London 1979.

C. Barnett, The Audit of War. London 1986.

C. Barnett, The Verdict of Peace. London 2001.

E. Barry, Nationalisation in British Politics. London 1965.

J. Bartoš, Okupované pohraničí a české obyvatelstvo [Das besetzte Grenzgebiet und die tschechische Bevölkerung]. Praha 1986.

C. F. Bastable, Veřejné finance [Öffentliche Finanzen]. Praha 1927.

F. Bastiat/M. Diem/C. Diem, Der Staat die große Fiktion. Ein Claude-Frederic-Bastiat-Brevier. Bern, 2001.

C. Beaton, The Happy Years. London 1972.

F. Beckett, Clem Attlee. London 1997.

S. H. Beer, Britain Against Itself. London 1982.

D. Behruzi, Die Sowjetunion 1917-1924. Revolution - Arbeiterdemokratie - Bürokratisierung. Köln 2001.

T. Benn, Years of Hope. London 1994.

J. Beveridge, Beveridge and his Plan. London 1954.

M. P. Beveridge, Shared Enthusiasm: The Story of Lord and Lady Beveridge/by her son Philip Beveridge Mair. Windlesham 1982.

W. H. Beveridge, Power and Influence. An Autobiography. London 1953.

T. A. Bisson, Zaibatsu Dissolution in Japan. Berkeley 1954.

H. P. Bix, Hirohito a vznik moderního Japonska [Hirohito und die Entstehung des modernen Japans]. Praha 2002.

R. Blake, The Conservatives from Peel to Churchill. London 1970.

R. Blake, The Decline of Power, 1915-1964. London 1985.

A. Blowers, London's Out-county Estates, in: Town and Country Planning 41, 1973, No. 9.

M. von Boetticher, Industrialisierungspolitik und Verteidigungskonzeption der UdSSR 1926-1930. Herausbildung des Stalinismus und „äußere Bedrohung". Düsseldorf 1979.

M. Boldorf, Die Sozialstaatlichkeit der DDR in langfristiger historischer Perspektive, in: VSWG 93, 2006.

L. I. Borodkin/P. R. Gregori/O. V. Chlevnjuk (Hrsg.), Gulag. Ekonomika prinuditelnogo truda. Moskva 2008.

B. Bouvier, Die DDR – ein Sozialstaat? Sozialpolitik in der Ära Honecker. Bonn 2002.

M. Bowley, Housing and the State 1919-1944. London 1945.

W. Bowstead, The Law Relating to Factories and Workshops: As Amended and Consolidated by the Factory and Workshop Act, 1901. With all Orders, Special Rules, and Requirements now in Force; and the Provisions of the Truck Acts, Elementary Education Acts, and Other Statutes and Regulations so far as they Affect Factories and Workshops. London 1901.

G. R. Boyer, An Economic History of the English Poor Law 1750-1850. Cambridge 1990.

A. Boyle, Montagu Norman. London 1967.

D. Brandes, Die Tschechen unter deutschem Protektorat. München/Wien 1975.

B. Brivati, Hugh Gaitskell. London 1996.

A. Briggs, The Welfare State in historical perspective, in: European Journal of Sociology 2, 1961, No. 2.

V. Brittain, Wartime Chronicle. London 1989.

S. Brooke, Problems of „Socialist Planning“, in: Historical Journal 34, 1991, No. 3.

S. Brooke, The Labour Party and the 1945 General Election, in: Contemporary British History 9, 1995, No. 1.

J. C. Brown, Poverty in Post-war Britain, in: J. Obelkevich/P. Catterall (Eds.), Understanding Post-war British Society. London 1994.

K. T. Brown, Britain and Japan. A Comparative Economic and Social History since 1900. New York 1998.

M. Bruce (Ed.), The Rise of the Welfare State. English Social Policy, 1601-1971. London 1971.

H. F. Buck, Die Sozialpolitik der SED am Beispiel des Wohnungsbaus, in: Deutschland Archiv. Zeitschrift für das vereinigte Deutschland 26, 1993, H. 3.

A. Bullock, Ernest Bevin: Foreign Secretary, 1945-1951. Oxford 1983.

A. Bullock, The Life and Times of Ernest Bevin, Vol. 2: Minister of Labour. London 1967.

N. Bullock, Plans for Post-war Housing in the UK, in: Planning Perspectives, January 1987.

N. Bullock, Re-assesing the Post-War Housing Achievement: The Impact of War-damage Repairs on the New Housing Programme in London, in: Twentieth Century British History 16, 2005, No. 3.

D. Butler, British General Elections since 1945. Oxford 1995.

D. E. Butler, The Electoral System in Britain since 1918. London 1963.

R. A. Butler, The Art of Possible: The Memoirs of Lord Butler. London 1971.

R. A. Butler, The Conservatives: A History from their Origins to 1965. London 1977.

J. Caha, Finanční právo [Finanzrecht]. Brno 1932.

A. Cairncross, The British Economy since 1945. London 1992.

A. Calder, The People's War: Britain 1939-1945. London 1969.

J. Campbell, Edward Heath: A Biography. London 1993.

J. Campbell, Nye Bevan and the Mirage of British Socialism. London 1978.

B. Caplan, The Myth of Rational Voter: Why Democracies Choose Bad Policies. Princeton 2007.

B. Cardew, The Family Doctor, in: J. Farndale (Ed.), Trends in the National Health Service. Oxford 1964.

R. Carneiro, „A Theory of the Origin of the State", in: Science 169, 1970, No. 3947.

E. H. Carr, Foundations of a Planned Economy 1926-1929, Vol. 2. London/Basingstoke 1971.

E. H. Carr, Foundations of a Planned Economy 1926-1929, Vol. 3/1. London/Basingstoke 1976.

E. H. Carr/R. W. Davies, Foundations of a Planned Economy 1926-1929, 1/1. London/Basingstoke 1969.

E. H. Carr/R. W. Davies, Foundations of a Planned Economy 1926-1929, Vol. 1/2. London/Basingstoke 1969.

F. Castles/D. Mitchell, Identifying Welfare State Regimes, in: Governance 5, 1990.

B. Chalkley, The Plan for the City Centre, in: M. Brayshay (Ed.), Post-war Plymouth. Plymouth 1983.

P. Chambers, Forward from Beveridge: the Beveridge Memorial Lecture, 1969 (given at the Senate House, University of London on 20th March 1969). London 1969.

D. Childs, Britain since 1939: Progress and Decline. London 1995.

D. Childs, Britain Since 1945. London 2005.

Coal Magazine, January 1949.

The Collected Essays, Journalism and Letters of George Orwell, Vol. 3. London 1968.

Conservative Party, The Industrial Charter. London 1947.

Conservative Party, This Is The Road. London 1950.

Conservative Political Centre, One Nation: A Tory Approach to Social Problems. London 1950.

Conservative Research Department, All the Answers. Westminster 1949.

R. W. Cooke-Taylor, The Modern Factory System. London 1891.

A. Crawley, Leap Before You Look. London 1988.

M. Ctiborová, Hlavní otázky hospodářského a sociálního vývoje v protektorátu v letech 1939-1940 ve světle protektorátního a ilegálního tisku [Hauptfragen der Wirtschafts- und Sozialentwicklung im Protektorat in den Jahren 1939-1940 in der Licht der Protektorats- und illegalen Presse]. Dipl. phil. Karls-Universität Prag 1991.

J. B. Cullingworth, Town and Country Planning in England and Wales. London 1964.

A. Cutler, Keynes, Beveridge and beyond. London 1986.

A. Cutler/B. Waine, Managing the Welfare State. Oxford 1997.

A. Cutler/K. Williams/J. Williams, Keynes, Beveridge and Beyond. London 1986.

B. V. Černý, Základy poznání cestovního ruchu [Grundlagen zum Studium des Tourismus]. Praha 1945.

H. Dalton, High Tide and After: Memoirs 1945-1960. London 1962.

Daring to Hope: The Diaries and Letters of Violet Bonham Carter, 1946-1969. London 2000.

M. J. Daunton, Charity, Self-interest and Welfare in the English Past. London 1996.

Československý statistický věstník [Tschechoslowakisches Statistisches Blatt] 9, 1928, Nr. 7-8.

R. W. Davies, The Industrialisation of Soviet Russia, Vol. 1: The socialist Offensive. The Collectivisation of Soviet Agriculture, 1929-1930. Houndmills/ Basingstoke/ Hampshire/ London 1989.

R. W. Davies, The Industrialisation of Soviet Russia, Vol. 3: The Soviet Economy in Turmoil, 1929-1930. Houndmills/ Basingstoke/ Hampshire/ London 1989.

A. Deacon, Perspectives on Welfare. Buckingham 2002.

A. Deacon/J. Bradshaw, Reserved for the Poor. Oxford 1983.

P. Deery, The Secret Batallion: Communism in Britain during the Cold War, in: Contemporary British History 13, 1999, No. 4.

W. Deist/M. Messerschmidt/H.-E. Volkmann/W. Wette, Das Deutsche Reich und der Zweite Weltkrieg, Bd. 1: Ursachen und Voraussetzungen der deutschen Kriegspolitik. Stuttgart 1979.

Department of Employment and Productivity, British Labour Statistic: Historical Abstract 1886-1968, Her Majesty's Stationery Office. London 1971.

Z. Deyl, Demografický vývoj a profesní, národnostní a sociální složení obyvatelstva [Demographische Entwicklung und profesionelle, nationale und soziale Struktur der Bevölkerung], in: V. Lacina/J. Pátek u. a., Dějiny hospodářství českých zemí od počátku industrializace do současnosti, díl 3: Období první Československé republiky a německé okupace 1918-1945 [Wirtschaftsgeschichte der böhmischen Länder vom Beginn der Industrialisierung bis zur Gegenwart, Bd. 3: Zeit der Ersten Tschechoslowakischen Republik und der deutschen Okkupation 1919-1945]. Praha 1995.

A. Digby, British Welfare Policy: Workhouse to Workfare. London 1989.

A. Digby, The Evolution of General Practice 1850-1948. Oxford 1999.

A. Digby/N. Bosanquet, Doctors and Patiens, in: Economic History Review 41, 1988, No. 1.

A. W. Dilnot/J. Kay/C. N. Morris, The Reform of Social Security. Oxford 1984.

Documents on American Foreign Relations 3. Princeton 1963.

D. Doering. Frédéric Bastiat. Potsdam 1997.

M. R. Dohan, The Economic Origins of Soviet Autarky 1927/28-1934, in: Slavic Review 35, 1976, No. 4.

A. Doležalová, Rašín, Engliš a ti druzí. Československé státní rozpočty v letech 1918-1938 [Rašín, Engliš und die Anderen. Tschechoslowakische Staatshaushalte in den Jahren 1918-1938]. Praha 2007.

A. Doležalová, Státní podniky v meziválečném Československu [Staatsunternehmen in der Tschechoslowakei zwischen der Weltkriegen], in: Historický časopis [Historische Zeitschrift]. Bratislava, in Druck.

J. D. Douglas, The Myth of the Welfare State. New Brunswick 1991.

J. Dower, War Without Mercy. London 1986.

P. Dunleavy, The Politics of Mass Housing in Britain, 1945-1975, Oxford 1981.

K. Durman, Popely ještě žhavé. Velká politika 1938-1991, díl 1: Světová válka a nukleární mír, 1938-1964 [Die noch glühenden Aschen. Die Große Politik 1938-1991, Bd. 1: Weltkrieg und nuklearer Frieden, 1938-1964]. Praha 2004.

H. Eckstein, The English Health Service. Cambridge 1958.

N. R. Eder, National Health Insurance and the Medical Profession in Britain 1913-39. London 1982.

D. Ellwood, Poor Support. New York 1988.

D. Englander, Poverty and Poor Law Reform in Britain: From Chadwick to Booth, 1834-1914. London 1998.

L. Erixon, A Swedish Economic Policy - The Theory, Application and Validity of the Rehn-Meidner Model. Stockholm 2000.

G. Esping-Andersen, The Making of a Social Democratic Welfare State, in: K. Misgeld/K. Amark (Eds.), Creating Social Democracy. University Park 1992.

G. Esping-Andersen, Politics Against Markets. Princeton 1985.

G. Esping-Andersen, The Three Worlds of Welfare Capitalism. Cambridge 1990.

A. H. Evans, The Law Relating to Factories and Workshops: Including Laundries, Docks & c., Bakehouses etc., Being the Factory and Workshop Acts 1878-1895 together with the Shop Hours Acts 1892-1896, the Truck Acts 1831 & 1887. Orders of the Secretary of State Made under the Factory Acts with Explanatory Notes and a Copious Index. London 1895.

J. Fforde, The Bank of England and the Public Policy, 1941-1958. Cambridge 1992.

S. Fielding, What Did „The People" Want?, in: Historical Journal 35, 1992, No. 3.

S. Fielding u. a., England Arise! Manchester 1995.

S. E. Finer, Adversary Politics and Electoral Reform. London 1975.

G. B. A. M. Finlayson, Citizen, State, and Social Welfare in Britain 1830-1990. Oxford 1994.

J. Fisch, Reparationen nach dem Zweiten Weltkrieg. München 1992.

D. Flath, The Japanese Economy. Oxford/New York 2005.

P. Flora/A. J. Heidenheimer (Eds.), The Development of Welfare States in Europe and in America. London 1980.

M. Francis, Economics and Ethics, in: Twentieth Century British History 6, 1995, No. 2.

M. Francis, Not Reformed Capitalism, But ... Democratic Socialism, in: H. Jones/M. Kandiah (Eds.), The Myth of Consensus. Basingtoke 1996.

D. Fraser, The Evolution of the British Welfare State. London 1985.

D. Fraser, The Evolution of the British Welfare State: A History of Social Policy since the Industrial Revolution. Basingstoke 1984.

M. Fraser, British Politics 1945-1987: Four Perspectives, in: P. Hennessy/A. Seldon (Eds.), Rulling Performance: British Governements from Attlee to Thatcher. Oxford 1989.

L. Fréderic, Japan Encyclopedia. Cambridge/London 2002.

J. Frerich/M. Frey, Handbuch der Geschichte der Sozialpolitik in Deutschland. Bd. 2: Sozialpolitik in der Deutschen Demokratischen Republik. München 1993.

K. G. Fry, A Reconsideration of the British General election of 1935 and the Electoral Revolution of 1945, in: History 76, 1991, No. 246.

V. Funk, Základy přednášek: Finanční věda se zvláštním zřetelem k československému právu finančnímu, díl 1. [Grundlage der Vorträge: Finanzwissenschaft mit speziellem Rücksicht auf Tschechoslowakischen Finanzrecht, Teil 1] Praha 1922.

J. K. Galbraith, The World Economy since the Wars. London 1994.

J. Gale, Clean Young Englishman. London 1988.

W. Gallacher, The Case for Communism. London 1949.

G. H. Gallup (Ed.), The Gallup International Public Opinion Polls: Great Britain 1937-1975, No. 1. New York 1976.

J. Gebhart, Migrace českého obyvatelstva v letech 1938-1939 [Die Migration der tschechischen Bevölkerung in den Jahren 1938-1939]. Český časopis historický [Tschechische historische Zeitschrift], 1998, H. 3.

J. Gebhart, Migrationbewegungen der tschechischen Bevölkerung in den Jahren 1938-1939: Forschungstand und offene Fragen, in: D. Brandes/E. Ivaničková/J. Pešek (Hrsg.), Erzwungene Trennung: Vertreibung und Aussiedlung in und aus der Tschechoslowakei 1918-1947. Essen 1999.

J. Gebhart/J. Kuklík, Druhá republika 1938-1939. Svár demokracie a totality v politickém, společenském a kulturním životě [Zweite Republik 1938-1939. Der Kampf der Demokratie und der Totalität im politischen, gesellschaftlichen und kulturellen Leben]. Praha/Litomyšl 2004.

L. Geissel, Unterhändler der Menschlichkeit. Erinnerungen. Stuttgart 1991.

V. George/P. Wilding, Ideology and Social Welfare. London 1985.

B. B. Gilbert, The Evolution of National Insurance in Great Britain. London 1966.

B. B. Gilbert, The Evolution of National Insurance in Great Britain: The Origins of the Welfare State. Aldershot 1993.

M. Gilbert, Quest for World Monetary Order. New York 1980.
M. Gilbert, Second World War. London 1990.
J. G. Gimpelson, NEP i sovetskaja političeskaja sistema 20-e gody. Moskva 2000.
J. G. Gimpelson, Počemu svernuli nep?, in: A. S.Senjavskij (Hrsg.), NEP: ekonomičeskije, političeskije i sociokulturnyje aspekty. Moskva 2006.
J. G. Gimpelson, Sovetskij rabočij klass 1918-1920 gg. Socialno-političeskije izmenenija. Moskva 1974.
D. Gladstone, The Twentieth-Century Welfare State. London 1999.
D. Gladstone/D. G. Green, Before Beveridge: Welfare before the Welfare State. London 1999.
E. L. Glaeser/Andrei Shleifer, „The Curley Effect: The Economics of Shaping the Electorate", in: Journal of Law, Economics, and Organization 21, 2005, No. 1.
G. A. Golc, Kultura i ekonomika Rossii za tri veka, XVIII-XX vv. Tom 1: Mentalitet, transport, informacija (prošloje, nastojaščeje, buduščeje). Novosibirsk 2002.
M. Gorsky u. a., The financial health of voluntary hospitals in interwar Britain, in: Economic History Review 55, 2002, No. 2.
P. Gosden, Education in the Second World War. London 1976.
M. Gotthelf, Außenhandelsentwicklung und Außenhandelsstrategie in der Sowjetunion. Die Entwicklung des Außenhandels der Sowjetunion mit den westlichen Industrienationen und die sowjetische Außenhandelsstrategie in den Jahren 1918-1978. Frankfurt am Main 1979.
I. Gough/T. Stark, Low incomes in the United Kingdom, in: Manchester School 36, 1968, No. 2.
M. Gowing, Britain and Atomic Energy, 1945-1952, Vol. 1. London 1974.
R. Grabowski, Wohnungspolitik, in: G. Manz/E. Sachse/G. Winkler (Hrsg.), Sozialpolitik in der DDR: Ziele und Wirklichkeit. Berlin 2001.
S. Greenwood, A War We Don't Want: Another Look at the British Labour Government's Commitment in Korea, 1950-51, in: Contemporary British History 17, 2003, No. 4.
P. R. Gregory, Economic Growth and Structural Change in Czarist Russian and the Soviet Union: a long-term comparsion, in: S. Rosefielde (Hrsg.), Economic welfare and the economics of Soviet socialism. Essays in honor of Abram Bergson. Cambridge 1981.
F. P. Habel, Eine politische Legende: Die Massenvertreibung von Tschechen aus dem Sudetengebiet 1938/1939. München 1996.
F. Haffner, Systemkonträre Beziehungen in der sowjetischen Planwirtschaft. Ein Beitrag zur Theorie der mixed ekonomy. Berlin 1978.
P. Hall, Cities of Tomorrow. Oxford 2002.
L. Hannah, Inventing Retirement. Cambridge 1986.
Hansard, No. 418, Col. 752.
Hansard, No. 422, Col. 130.
Hansard, No. 448, Col. 1703.
The Hansard Society, Parliamentary Reform 1933-1960. London 1961.
P. Hanson, The Rise and Fall of the Soviet Economy. An economic history of the USSR from 1945. London 2003.
J. Happel, Das Schicksal der Revolution: Sozialismus, Gegenrevolution und der Weg in den Stalinismus, in: H. Haumann (Hrsg.), Die Russische Revolution 1917. Köln/Weimar/Wien 2007.

P. Harrington/P. Young, The 1945 Revolution. London 1978.
J. Harris, Political Values and the Debate on State Welfare, 1940-45, in: H. L. Smith (Ed.), War and Social Change. Manchester 1986.
J. Harris, Society and state in the twentieth-century Britain, in: F. M. L. Thompson (Ed.), The Cambridge Social History of Britain, Vol. 3. Cambridge 1990.
J. Harris, William Beveridge: A Biography. Oxford 1977.
K. Harris, Attlee. London 1982.
E. Harwood, The Road to Subtopia, in: A. Saint (Ed.), London Suburbs. London 1999.
J. Hasegawa, The Reconstruction of Portsmouth in the 1940s, in: Contemporary British History 14, 2000, No. 1.
J. Hasegawa, Replanning the Blitzed City Centre. Buckingham 1992.
H. Haumann, Beginn der Planwirtschaft. Elektrifizierung, Wirtschaftsplanung und gesellschaftliche Entwicklung Sowjetrußlands 1917–1921. Düsseldorf 1974.
H. Haumann, Geschichte und Gesellschaftssystem der Sowjetunion. Eine Einführung. Köln 1977.
J. R. Hay, The Origins of the Liberal Welfare Reforms. London 1975.
D. Healey, The Time of My Life. London 1990.
P. Hennessy, Never Again. Britain 1945-51. London 2006.
P. Hennessy, Whitehall. London 2001.
P. Heumos, Flüchtlingslager, Hilfsorganisationen, Juden im Niemandsland. Zur Flüchtling- und Emigrationsproblematik in der Tschechoslowakei im Herbst 1938. Bohemia 25, 1984, H. 2.
R. Hewison, Culture and Consensus: England, Art and Politics since 1940. London 1995.
R. Hewison, In Anger. London 1988.
R. Higgs, Against Leviathan: Government Power and a Free Society. Oakland 2004.
M. Hildemeier, Die Sowjetunion 1917-1991. München 2007.
M. Hill, The Welfare State in Britain. A Political History since 1945. London 1993.
J. Hills/J. Ditch/H. Glennerster (Eds.), Beveridge and Social Security: an International Retrospective. Oxford 1994.
H. G. Hockerts, Sozialpolitische Entscheidungen im Nachkriegsdeutschland. Allieerte und deutsche Sozialversicherungspolitik 1945 bis 1957. Stuttgart 1980.
H. G. Hockerts, West und Ost – Vergleich der Sozialpolitik in beiden deutschen Staaten, in: Zeitschrift für Soziareform 1, 2009.
J. L. Hodson, The Way Things Are. London 1947.
J. D. Hoffman, The Conservative Party in Opposition, 1945-1951. London 1964.
Q. Hogg, The Case for Conservatism. London 1947.
A. Homer, Creating New Communities, in: Contemporary British History 14, 2000, No. 1.
F. Honigsbaum, Health, Happiness and Security: the Creation of the National Health Service. London 1989.
H.-H. Hoppe, Demokratie: Der Gott, der keiner ist. Leipzig 2005.
Hospodářský rok 1937 v Československé republice [Das Wirtschaftsjahr 1937 in der Tschechoslowakischen Republik], Praha.
A. Howard, Crossman, London 1990.
A. Howard, RAB: The Life of R. A. Butler. London 1987.
A. Howard, We Are the Masters Now, in: M. Sissons/P. French (Eds.), Age of Austerity. Oxford 1986.

P. Hübner, Gesellschaftliche Strukturen und Sozialpolitische Handlungsfelder, in: C. Kleßmann (Hrsg.), Geschichte der Sozialpolitik in Deutschland seit 1945. Bd. 9: 1961-1971 Deutsche Demokratische Republik. Baden-Baden 2007.
D. Hume, Essays, Moral, Political, and Literary. Indianopolis 1987.
B. L. Hutchins/A. Spencer, A History of Factory Legislation. London 1911.
R. Hyman, Praetorians and Proletarians, in: J. Fyrth (Ed.), Labour's High Noon. London 1993.
K. H. Jarausch, 1998: Realer Sozialismus als Fürsorgediktatur. Zur begrifflichen Einordnung der DDR, in: PolZG 20, 1998.
N. Jasny, Soviet Economists of the Twenties. Names to be remembered. Cambridge 1972.
N. Jasny, Soviet Industrialization 1928-1952. Chicago 1961.
V. Jeans, Factory Act Legislation: Its Industrial and Commercial Effects, Actual and Prospective Being the Cobden Prize Essay for 1891. London 1892.
K. Jech/K. Kaplan, (Hrsg.), Dekrety prezidenta republiky 1940-1945: dokumenty [Dekrete des Präsidenten der Republik 1940 - 1945: Die Dokumente]. Brno 2002.
K. Jeffreys, British Politics and Social Policy during the Second World War, in: The Historical Journal 30, 1987, No. 1.
K. Jefferys, R. A. Butler, the Board of Education and the 1944 Education Act, in: History 69, 1984, No. 227.
G. Johnston, Writing and Publishing the Cold War, in: Twentieth Century British History 12, 2002, No. 4.
B. Jones u. a., Going from Darkness to the Light, in: Llafur 7, 1996, No. 1.
H. Jones, New Conservatism?, in: B. Conekin u. a. (Eds.), Moments of Modernity. London 1999.
M. Jones, Michael Foot. London 1984.
T. Jones, A Diary with Letters 1932-1950. London 1954.
B. de Jouvenel, Problems of Socialist England. London 1949.
H. Kalt, In Stalins langem Schatten. Zur Geschichte der Sowjetunion und zum Scheitern des sowjetischen Modells. Köln 2010.
A. Kaminsky, „Mehr produzieren, gerechter verteilen, besser leben". Konsumpolitik in der DDR. In: PolZG 27, 1999.
A. Kaminsky, Nieder mit den Alu-Chips", in: L. Martens (Hrsg.), Unter dem Deckel der Diktatur. Soziale und kulturelle Aspekte des DDR-Alltags. Berlin 2003.
M. D. Kandiah, The Conservative Party and the 1945 General Election, in: Contemporary British History 9, 1995, No. 1.
A. Karger, Die Sowjetunion als Wirtschaftsmacht. Frankfurt am Main/Berlin/München 1980.
Z. Kárník, Malé dějiny československé (1867-1939) [Kleine tschechoslowakische Geschichte 1867-1939]. Praha 2008.
M. Kárný, Der "Reichsausgleich" in der deutschen Protektoratspolitik, in: U. Herbert (Hrsg.), Europa und der "Reichseinsatz". Ausländische Zivilarbeiten, Kriegsgefangenen und KZ-Häftlinge in Deutschland 1938–1945. Essen 1991.
G. F. Kennan, Memoirs, 1925–1950. Boston 1967.
P. Kennedy, Vzestup a pád velmocí. Ekonomické změny a vojenské konflikty v letech 1500-2000 [Aufstieg und Fall der Großmächte. Ökonomische Veränderungen und Militärkonflikte in den Jahren 1500-2000]. Praha 1996.
J. Kincaid, Richard Titmuss 1907-1973, in: P. Barker, (Ed.), Founders of the Welfare State. London 1984.

T. Kirstein, Sowjetische Industrialisierung - geplanter oder spontaner Prozess? Eine Strukturanalyse des wirtschaftspolitischen Entscheidungsprozesses beim Aufbau des Ural-Kuzneck-Kombinats 1918-1930. Baden-Baden 1979.

D. Klein, The People's Romance: Why People Love Government (as Much as They Do), in: The Independent Review 10, 2005, No. 1.

R. Klein, The New politics of the NHS. London 1995.

N. Klüßendorf, „West" und „Ost". Zweierlei Währung als Element deutscher Zeitgeschichte (1948-1990), in: Mitteilungen der Österreichischen Numismatischen Gesellschaft 45, 2005.

I. V. Kočetkov, Zernovoje proizvodstvo v gody nepa: dejstvitelnost i vozmožnosti, in: V. A. Vinogradov (Hrsg.), Ekonomičeskaja istorija Rossii XIX - XX vv.: sovremennyj vzgljad. Moskva 2000.

W. Korpi, The Working Class in Welfare Capitalism. London 1978.

J. Kose, Hospodářský význam cestovního ruchu [Die wirtschaftliche Bedeutung des Tourismus], in: Sbírka přednášek České národohospodářské společnosti [Sammlung von Vorträgen der Tschechischen volkswirtschaftlichen Gesellschaft], Bd. 9. Praha 1940-1941.

M. Kovář, Generální stávka ve Velké Británii v roce 1926. Příspěvek k dějinám ostrovního státu mezi dvěma světovými válkami [Der Generalstreik in Großbritannien im Jahre 1926. Ein Beitrag zur Geschichte des Inselstaates in der Zwischenkriegszeit], in: Svět historie – Historikův svět. Sborník profesoru Robertu Kvačkovi [Die Welt der Geschichte- Die Welt des Historikers. Festschrift für Professor Robert Kvaček]. Liberec 2007.

V. Král, Otázky hospodářského a sociálního vývoje v českých zemích v letech 1938-1945 [Fragen der Wirtschafts- und Sozialentwicklung in den böhmischen Ländern in den Jahren 1938-1945], Bd. 1. Praha 1957.

R. Kvaček/A. Chalupa, Československý rok 1938 [Das tschechoslowakische Jahr 1938], Praha 1988.

D. Kynaston, Austerity Britain 1945-51. London 2007.

D. Kynaston, The City of London, Vol. 3. London 1999.

S. Laing, Representation of Working-Class Life, 1957-1964. Basingtoke 1986.

O. Lancaster, Signs of the Times. London 1961.

P. Larkham, The Place of Urban Conservation in the UK Reconstruction Plans of 1942-1952, in: Planning Perspectives 18, 2003, No. 3.

J. M. Lee, The Churchill Coalition. London 1980.

J. Lees-Milne, Caves of Ice. London 1984.

J. Lees-Milne, Prophesying Peace. London 1984.

P. T. Leeson/Chris Coyne, How Do Rulers Choose? Dual Domains of Discretion in Political Decision Making, in: Journal of Economic Issues 42, 2008, No. 3.

F. M. Leventhal, Festival of Britain (1951), in: ders., Festival of Britain (1951), Bradford 1951.

F. M. Leventhal (Ed.), Twentieth-century Britain: An Encyclopedia. New York 1995.

J. Lewis, What Price Community Medicine? Brighton 1986.

Like It Was: The Diaries of Malcolm Muggeridge. London 1981.

R. Lorenz, Anfänge der bolschewistischen Industriepolitik. Köln 1965.

R. Lorenz, Sozialgeschichte der Sowjetunion I, 1917-1945. Frankfurt am Main 1981.

R. Lowe, The rediscovery of poverty and the creation of the Child Poverty Action Group, in: Contemporary British History 9, 1995, No. 3.

R. Lowe, The Second World War, Consensus, and the Foundation of the Welfare State, in: Twentieth Century British History 1, 1990, No. 2.

R. Lowe, The Welfare State in Britain since 1945. London 2005.

R. Lowe/R. Roberts, Sir Horace Wilson, 1900-1935, in: Historical Journal 30, 1987, No. 3.

B. Lund, Housing Problems and Housing Policy. Harlow 1996.

E. Lundberg, The Rise and Fall of the Swedish Model, in: Journal of Economic Literature, 1985, No. 23.

J. Macek, Uprchlíci ze pohraničí v roce 1938 [Die Flüchtlinge aus dem Grenzgebiet im Jahre 1938], in: Češi a Němci historická tabu. Tschechen und Deutsche historische Tabus. Praha 1995.

H. Macmillan, Tides of Fortune, 1945-1955. London 1969.

J. Macnicol, In search of the underclass, in: Journal of Social Policy 16, 1987, No. 3

J. Macnicol, The Movement for Family Allowances 1918-1945. London 1980.

L. Magnusson, An Economic History of Sweden. London 2000.

M. Malia, Vollstreckter Wahn. Sowjetunion 1917-1991. Stuttgart 1998.

W. Manchester, American Caesar. Douglas MacArthur, 1880–1964. Boston/Toronto 1978.

P. Mandler, New Towns for Old, in: B. Conekin u. a. (Eds.), Moments of Modernity. London 1999.

T. H. Marshall, Citizenship and Social Class. Cambridge 1950.

T. H. Marshall, Social Policy. London 1975.

A. Marwick, Britain in the Century of Total War. London 1968.

J. B. Matthews, The Law Relating to Children and Young Persons. London 1895.

M. Matthews, Class and Society in Soviet Russia. London 1972.

M. Matthews, Privilege in the Soviet Union. A Study of Elite Life-Styles under Communism. London 1978.

E. Marquit, Political and Economic Consequences of the Attempted Socialization of Agriculture in the Soviet Union, in: Nature, Society, and Thought 19, 2006, No. 4.

S. L. Mayer, MacArthur in Japan. New York 1973.

R. B. McCallum/A. Readman, The British General Election of 1945. London 1947.

G. McCulloch, Labour, the Left, and the British General Election of 1945, in: Journal of British Studies 24, 1985, No. 4.

I. McEwans, On Chesil Beach. London 2007.

R. Meidner, The Swedish Model in an Era of Mass Unemployment, in: Economic and Industrial Democracy, 1997, No. 18.

J. Melling, Housing, Social Policy and the State. London 1980.

C. Menger, Grundsätze der Volkswirtschaftslehre. Wien 1871.

I. Merkel, Utopie und Bedürfnis. Die Geschichte der Konsumkultur in der DDR. Köln/Wien 1999.

S. Merl, Die Anfänge der Kollektivierung in der Sowjetunion. Der Übergang zur staatlichen Reglementierung der Produktions- und Marktbeziehungen im Dorf (1928-1930). Wiesbaden 1985.

S. Merl, Die Revolution von oben: Industrialisierungs- und Kollektivierungspolitik, in: R. Schörken (Hrsg.), Russische Revolution und Stalinismus. Stuttgart 1987.

S. Merl, Sozialer Aufstieg im sowjetischen Kolchossystem der 30er Jahre? Über das Schicksal der bäuerlichen Parteimitglieder, Dorfsowjetvorsitzenden, Posteninhaber in Kolchosen, Mechanisatoren und Stachanowleute. Berlin 1990.

L. Mertens, „Was die Partei wusste, aber nicht sagte...“ Empirische Befunde sozialer Ungleichheit in der DDR-Gesellschaft, in: ders. (Hrsg.), Soziale Ungleichheit in der DDR-Gesellschaft. Berlin 2002.

P. M. Meyerson, Eurosclerosis. Stockholm 1985.

A. Mitchell, Election ’45. London.

B. R. Mitchell, European Historical Statistics 1750-1975. London 1981.

J. Mohan/M. Gorsky, Don’t Look Back. London 2001.

W. J. Mommsen/W. Mock (Eds.), The Emergence of the Welfare State in Britain and Germany, 1850-1950. London 1981.

R. A. Moor, Comment: Reflections on the Occupation of Japan, in: The Journal of Asian Studies 38, 1979, No. 4.

R. A. Moose, The Occupation of Japan as History. Some Recent Research, in: Monumenta Nipponica 36, 1981, No. 3.

W. T. Moran, Labor Unions in Postwar Japan, in: Far Eastern Survey 18, 1949, No. 21.

K. O. Morgan, Callaghan. Oxford 1997.

K. O. Morgan, Harold Wilson. London 1992.

K. O. Morgan, Labour in Power, 1945-1951. Oxford 1984.

K. O. Morgan, The People’s Peace. British History 1945-1989. Oxford 1990.

W. J. Morgan (Ed.), The Beveridge Plan 1942-1992: Fifty Years on. Nottingham 1994.

V. Moulis, Podivné spojenectví. K československo-sovětským politickým a hospodářským vztahům mezi dubnem 1945 a únorem 1948. [Sonderbares Bündnis. Zu den tschechoslowakisch-sowjetischen Beziehungen zwischen April 1945 und Februar 1948.] Prag 1996.

J. Musil, Česká společnost 1918-1938. Několik závěrů z mezinárodního srovnání sociálních struktur [Die tschechische Gesellschaft 1918-1938. Einige Zusammenschlüsse aus dem internationalen Vergleich sozialer Struktur], in: J. Valenta (Hrsg.), Československo 1918–1938. Osudy demokracie ve střední Evropě [Tschechoslowakei 1918-1938. Die Schicksäle Demokratie in Mitteleuropa], Bd. 2. Praha 1999.

Národní politika [Nationale Politik] 57, 1. 4. 1939.

G. D. Nash, The Great Depression and World War II: Organising America 1933-1945. New York 1979.

S. Neumann, The Permanent Revolution: The Total State in the World at War. New York 1942.

D. Neutatz, Sowjetunion, in: T. M. Bohn/D. Neutatz (Hrsg.), Studienhandbuch Östliches Europa, Bd. 2: Geschichte des Russischen Reiches und der Sowjetunion. Köln/Weimar/Wien 2002.

H. G. Nicholas, The British General Election of 1950. London 1951.

N. Nicolson (Ed.), Harold Nicolson, Diaries and Letters 1939-1945. London 1967.

H.-W. Niemann, Europäische Wirtschaftsgeschichte. Vom Mittelalter bis heute. Darmstadt 2009.

A. Nove, An Economic History of the U.S.S.R. London 1969.

A. Nove, The Soviet Economic System. London/Boston/Sydney 1978.

S. Ohe, The Socio-Political Experiment in Postwar Japan, in: Ethics 66, 1956, No. 4.

F. J. Osborn, Space Standards in Planning, in: G. and E. G McAllister (Eds.), Homes, Towns and Countryside. London 1945.

J. A. Osokina, Za fasadom „stalinskogo izobilija". Raspredelenije i rynok v snabženiji naselenija v gody industrializaciji 1927-1941. Moskva 1998.

J. M. Packard, Sons of Heaven. A Portrait of Japanese Monarchy. New York 1987.

V. Pareto, The Rise and Fall of Elites. London 2006.

S. Parsons, British „McCarthyism" and the Intellectuals, in: J. Fyrth (Ed.), Labour's Promised Land? London 1995.

J. E. Pater, The Making of the National Health Service. London 1981.

E. Pearce, Denis Healey. London 2002.

M. Pearce/G. Stewart, British Political History 1867-2001. Democracy and Decline. London/New York 2002.

H. Pelling, The Labour Governments, 1945-1951. London 1984.

H. Pelling, The 1945 General Election Reconsidered, in: Historical Journal 23, 1980, No. 2.

H. Pelling, Popular Politics and Society in Late Victorian Britain. London 1968.

H. Pelling, A Short History of the Labour Party. London 1961.

I. Persson, Generating equality in the welfare state: the Swedish experience. Oslo 1990.

C. Pierson, Beyond the Welfare State? Cambridge 1998.

P. Pierson, The New Politics of the Welfare State. Oxford 2001.

B. Pimlott, Harold Wilson. London 1992.

B. Pimlott, Hugh Dalton. London 1985.

B. Pimlott (Ed.), The Political Diary of Hugh Dalton, 1918-40, 1945-60. London 1986.

R. Pipes, Vlastnictví a svoboda [Eigentum und Freiheit]. Praha 2008.

The Political Diary of Hugh Dalton, 1918-1940, 1945-1960. London 1986.

C. Ponting, Churchill. London 1995.

M. Powell/M. Hewitt, Welfare State and Welfare Change. Buckingham 2002.

F. Prochaska, Royal Bounty: the making of the welfare monarchy. New Haven 1995.

P. Prokš, Československo na rozcestí: Marshallův plán a únor 1948 [Tschechoslowakei auf dem Kreuzweg: Marshallplan und das Februar 1948] in: Slovanský přehled [Slawische Rückschau] 2, 1993.

Protifašistický a národně osvobozenecký boj českého a slovenského lidu 1938-1945. Edice dokumentů [Der antifaschistische und Nationalbefreiungskampf der tschechischen und slowakischen Völker 1938-1945. Edition der Dokumente], Bd. 1, Teil 3, H. 2. Praha 1983.

V. Průcha, The Labour Market in Interwar Czechoslovakia, in: A. Teichová/A. Mosser/J. Pátek (Hrsg.), Der Markt im Mitteleuropa der Zwischenkriegszeit. The Market in Interwar Central Europe. Prag 1997.

V. Průcha, Sociální a profesní struktura obyvatelstva v meziválečném Československu [Soziale und professionelle Struktur der Bevölkerung in der Zwischenkriegszeit-Tschechoslowakei], in: Československo 1918–1938 [Die Tschechoslowakei 1918– 938]. Praha 1999.

V. Průcha, Sociální struktura Československa v meziválečném období [Soziale Struktur der Tschechoslowakei in der Zwischenkriegszeit], in: L. Kalinová u. a. (Hrsg.), K proměnám sociální struktury v Československu 1918–1968 [Zu den Veränderungen der Sozialstruktur in der Tschechoslowakei 1918-1968]. Praha 1991.

V. Průcha u. a., Hospodářské a sociální dějiny Československa 1918-1992 [Wirtschafts- und Sozialgeschichte der Tschechslowakei 1918-1992], Bd. 1: 1918-1945. Brno 2004.

K. Půlpán, Nástin českých a československých hospodářských dějin do roku 1990 [Ein Abriss der tschechischen und tschechoslowakischen Geschichte bis 1990]. Praha 1993.

G. Radice, Friends and Rivals. London 2002.

Z. Radvanovský, K otázce uprchlíků z pohraničí českých zemí po Mnichově 1938 [Zur Frage der Flüchtlinge aus dem Grenzgebiet der böhmischen Länder nach dem München 1938], in: ders. (Hgrs.), Historie okupovaného pohraničí 1938-1945, [Die Geschichte des besetzten Grenzgebietes 1938-1945] Bd. 2. Ústí nad Labem 1998.

J. Rákosník, Anglický chudinský zákon z roku 1834. Část I. – Krize alžbětinské chudinské péče [Das englische Armenfürsorgegesetz vom Jahr 1834. Teil I. – Die Krise des Elisabethinischen Armenfürsorgesystems], in: Historický obzor [Historischer Horizont] 18, 2007, H. 3-4.

J. Rákosník, Odvrácená tvář meziválečné prosperity. Nezaměstnanost v Československu v letech 1918-1938 [Abgewendetes Gesicht der Prosperität der Zwischenkriegszeit. Die Arbeitslosigkeit in der Tschechoslowakei in den Jahren 1918-1938]. Praha 2008.

J. Ramsden (Ed.), The Oxford Companion to Twentieth-Century British Politics. Oxford 2002.

J. Ramsden (Ed.), The Oxford Companion to Twentieth-Century British Politics. Oxford 2002.

Countess of Ranfurly (H. Llewellyn), To War with Whitaker: The Wartime Diaries of the Countess of Ranfurly, 1939-1945. London 1995.

F. D. Raška, Uprchlické tábory v Čechách a na Moravě po mnichovském diktátu [Die Flüchtlingslager in Böhmen und in Mähren nach dem Münchener Diktat], in: Soudobé dějiny [Zeitgenössische Geschichte], 2001, H. 4.

G. von Rauch, Geschichte des bolschewistischen Russland. Frankfurt am Main/Hamburg 1963.

G. von Rauch, Lenin. Rostov-na-Donu 1998.

H. Raupach, Geschichte der Sowjetwirtschaft. Reibek bei Hamburg 1964.

A. Ravetz, Housing the People, in: J. Fyrth (Ed.), Labour's Promised Land? London 1995.

A. Redgrave, The Factory & Workshop Act, 1878: With Introduction, Copious Notes, and an Elaborate Index. London 1885.

A. Redgrave, The Factory & Workshop Acts, 1878 to 1891: With Introduction, Copious Notes, and an Elaborate Index. London 1891.

R. R. Reese, Red Commanders. A Social History of the Soviet Army Officer Corps, 1918–1991. Lawrence/Kansas 2005.

E. O. Reischauer, Japan. The Story of a Nation. New York 1974.

Report of the Committee of Enquiry into the Cost of the National Health Service, Cmd. 9663, (der Bericht von Guillebaud [Guillebaud Report]), Her Majesty's Stationery Office. London 1956.

I. Richter, Political Purpose in Trade Unions. London 1973.

A. J. Robertson, The Bleak Midwinter. Manchester 1987.

D. Robinson, Solidaristic Wage Policy. Paris 1974.

B. S. Rowntree, Poverty: A Study of Town Life. London 1980.

P. Rubin, Folk Economics, in: Southern Economic Journal 70, 2003.

J. Rupnik, Kořeny českého stalinismu [Die Wurzeln des tschechischen Stalinismus], in: Acta contemporanea. K pětašedesátinám Viléma Prečana [Acta contemporanea. Zum 65. Geburtstag von Vilém Prečan]. Praha 1998.

R. Samuel, The Lost World of British Communism. London 2006.

D. Sandbrook, Never Had It so Good. A History of Britain from Suez to the Beatles. London 2006.

Sbírka zákonů a nařízení Československé republiky 1925 [Sammlung von Gesetzen und Anordnungen der Tschechoslowakei 1925], Praha 1925.

Sbírka zákonů a nařízení Československé republiky [Sammlung von Gesetzen und Anordnungen der Tschechoslowakei 1926], Praha 1926.

Sbírka zákonů a nařízení Československé republiky 1931 [Sammlung von Gesetzen und Anordnungen der Tschechoslowakei 1931]. Praha 1931.

Sbírka zákonů a nařízení Československé republiky 1932 [Sammlung von Gesetzen und Anordnungen der Tschechoslowakei 1932]. Praha 1932.

F. J. Scheu, British Labor and the Beveridge Plan. New York 1943.

M. G. Schmidt, Grundlagen der Sozialpolitik in der Deutschen Demokratischen Republik, in: Bundesministerium für Arbeit und Sozialordnung (Hrsg.), Geschichte der Sozialpolitik in Deutschland seit 1945, Bd. 1: Grundlagen der Sozialpolitik. Baden-Baden 2001.

M. G. Schmidt, Grundzüge der Sozialpolitik in der DDR. Bremen 1999.

M. G. Schmidt, Der Wohlfahrts- und Arbeiterstaat – die Sozialpolitik, in: André Steiner (Hrsg.), Überholen ohne einzuholen. Berlin 2006.

H.-H. Schröder, Arbeiterschaft, Wirtschaftsführung und Parteibürokratie während der Neuen Ökonomischen Politik. Eine Sozialgeschichte der bolschewistischen Partei 1920-1928. (Forschungen zur osteuropäischen Geschichte, Bd. 31.) Berlin 1982.

H.-H. Schröder, Industrialisierung und Parteibürokratie in der Sowjetunion. Ein sozialgeschichtlicher Versuch über die Anfangsphase des Staliniums (1928-1934). (Forschungen zur osteuropäischen Geschichte, Bd. 41.) Berlin 1988.

H. Schuler-Jung, Ökonomie und Politik in Sowjetrußland 1920-1924. Zum Prozeß der Willensbildung in der KPR(B) in den ersten Jahren der Neuen Ökonomischen Politik. Marburg 1978.

O. Schwarzer, Sozialistische Zentralplanwirtschaft in der SBZ/DDR. Ergebnisse eines ordnungspolitischen Experiments (1945-1989). Stuttgart 1999.

K.-P. Schwitzer, Senioren, in: G. Manz/E.Sachse/G. Winkler (Hrsg.), Sozialpolitik in der DDR: Ziele und Wirklichkeit, Berlin 2001.

W. J. Sebald/R. Brines, With MacArthur in Japan, New York 1965.

B. Semmel, Imperialism and Social Reform. London 1960.

R. Shepherd, Iain Macleod: A Biography. London 1994.

M. Shinwell, Lead with the Left. London 1981, 136ff; *M. Young*, Labour's Plan for Plenty. London 1947.

A. Silberman, Certain People: American Jews and Their Lives Today. New York 1985.

B. Simon, Education and the Social Order, 1940-1990. London 1991.

R. Skidelsky, John Manyard Keynes, Vol. 3. London 2000.

Z. Sládek, Bilance hospodářství první republiky [Bilanz der Wirtschaft der Ersten Republik], in: V. Lacina/J. Pátek u. a., Dějiny hospodářství [Wirtschaftsgeschichte], Praha 1995.

N. Smart, The National Government 1931-1940. Basingtoke 1999.

N. J. Smith, Poverty in England, 1601-1936. Newton Abbot 1972.

P. Smith, Disraelian Conservatism and Social Reform. London 1967.

D. Snowman, The USA: The Twentieth to Vietnam. London 1968.

K. Sommer, Hospodářský vývoj v českých zemích 1938-1945 [Wirtschaftsentwicklung in den böhmischen Ländern 1938-1945], in: V. Lacina/J. Pátek u. a., Dějiny hospodářství [Wirtschaftsgeschichte]. Praha 1995.

J. Soukup, Idea sociálního státu a cesta k jeho vzniku ve Velké Británii v letech 1939-1945 [Die Idee des Sozialstaates und der Weg zu seiner Entstehung in Großbritannien 1939-1945], in: M. Kovář/J. Soukup/S. Tumis, Vznik a vývoj britského sociálního státu ve 40.-60. letech 20. století. Příspěvek k politickým, sociálním a hospodářským dějinám Velké Británie po roce 1945 [Die Entstehung des britischen Sozialstaates und seine Entwicklung in den 40er-60er Jahren des zwanzigsten Jahrhunderts], in: Dvacáté století. Ročenka Semináře nejnovějších dějin Ústavu světových dějin Filozofické fakulty Univerzity Karlovy v Praze [Das Zwanzigste Jahrhundert. Jahrbuch des Seminars für die neueste Geschichte des Instituts für Weltgeschichte an der Philosophischen Fakultät der Karls-Universität Prag] 3. Praha 2006.

H. Spaar, Der Einfluß personeller Verluste, insbesondere von Ärzten, auf die Gesundheitspolitik der SED und die Entwicklung des Gesundheitswesens, in: Das Gesundheitswesen der DDR – zwischen Konzept und Realität. Wissenschaftliche Arbeitstagung der Interessengemeinschaft Medizin und Gesellschaft e. V. Berlin, den 26. 11. 1994. Berlin 1995.

A. G. Stachanov, Rasskaz o mojej žizni. Moskva 1937.

P. Starkey, Families and Social Workers: the of Family Service Units, 1940-1985. Liverpool 2000.

Statistical abstract for the United Kingdom. London 1933.

Statistical abstract for the United Kingdom. London 1939.

Statistická ročenka protektorátu Čechy a Morava [Statistisches Jahrbuch des Protektorats Böhmen und Mähren] 1. Praha 1941.

Statistická ročenka Republiky československé [Statistisches Jahrbuch der Tschechoslowakei] 1937. Praha 1938.

Statistická ročenka Republiky československé [Statistisches Jahrbuch der Tschechoslowakei] 1938. Praha 1939.

Statistická ročenka Republiky československé 1948 [Statistisches Jahrbuch der Tschechoslowakischen Republik 1948]. Praha 1948.

Statistický obzor [Statistische Rundschau], H. 19, 1938.

Statistický zpravodaj [Statistischer Korrespondent], 1938/39, H. 1–12; 1939, H. 1–12, 1940, H. 1–2.

Statistisches Handbuch für die Republik Österreich. Wien 1921.

Statistisches Handbuch für die Republik Österreich. Wien 1925.

Statistisches Jahrbuch der DDR, Jahrgang 1990.

Statistisches Jahresbuch für das Deutsche Reich. Berlin 1923.

Statistisches Jahresbuch für das Deutsche Reich. Berlin 1924/5.

Statistisches Jahresbuch für das Deutsche Reich. Berlin 1932.

Statistisches Jahresbuch für das Deutsche Reich. Berlin 1936.

Statistisches Jahresbuch für das Deutsche Reich. Berlin 1937.

Statistisches Jahrbuch 1989 für die Bundesrepublik Deutschland. Stuttgart 1989.

A. Steiner, Leistungen und Kosten, in: D. Hoffman/M. Schwartz (Hrsg.), Sozialstaatlichkeit in der DDR. Sozialpolitische Entwicklungen im Spannungsfeld von Diktatur und Gesellschaft 1945/49-1989. München 2005.

J. Stevenson, British Society 1914-45. London 1984.

J. Stevenson, Social Conditions in Britain Between the Wars. London 1977.
R. Story, A History of Modern Japan. Harmonsworth 1970.
J. Strachey, Why You Should Be a Socialist. London 1944.
P. Street, Arthur Bryant. London 1979.
B. Studer/B. Unfried, Der stalinistische Parteikader, Identitätsstiftende Praktiken und Diskurse in der Sowjetunion der Dreißiger Jahr. Köln/Weimar/Wien 2001.
R. G. Suny (Ed.), The Cambridge History of Russia, Vol. 3: The Twentieth century. Cambridge 2006.
L. N. Suvorovova, Mnogoukladnaja ekonomika, rynok i gosudarstvo v Rossii v 1920-e gg., in: A. S. Senjavskij (Hrsg.), NEP: ekonomičeskije, političeskije i sociokulturnyje aspekty. Moskva 2006.
E. Synek, Svět jaký je [Die Welt, wie sie ist]. Prag 1938.
J. Šíma, 1945: Českoslovenští přestěhovalci v letech 1938-1945 [Die tschechoslowakischen Übersiedelnden in den Jahren 1938-1945]. Praha 1945.
C. Taylor, What Is Human Agency, in: ders., Human Agency and Language. Cambridge 1985.
A. Teichová, Německá hospodářská politika v českých zemích v letech 1939-1945. Studie z hospodářských dějin č. 1 [Deutsche Wirtschaftspolitik in den böhmischen Ländern in den Jahren 1939-1945. Studien aus der Wirtschaftsgeschichte Nr. 1]. Praha 1998.
M. Tennant, The Law Relating to Factories and Workshops. London 1908.
P. Thane, The Foundations of the Welfare State. London 1982.
W. Thompson, British Communists in the Cold War, 1947-52, in: Contemporary British History 15, 2001, No. 3.
The Times Guide to the House of Commons 1945. London 1950.
N. Tiratsoo, Labour and the Reconstruction of the Hull, 1945-51, in: ders. (Ed.), The Attlee Years. London 1991.
J. Tomlinson, Welfare and the Economy, in: Twentieth Century British History 6, 1995, No. 2.
J. Tomlinson, Why So Austere? The British Welfare State of the 1940s, in: Journal of Social Policy 27, 1998, No. 1.
R. Toye, „The Gentlemen in Whitehall" Reconsidered, in: Labour History Review 67, 2002, No. 2.
J. H. Treble, Urban Poverty in Britain, 1830-1914. London 1979.
F. Urban, Berlin/DDR – neo-historisch. Geschichte aus Fertigteilen. Berlin 2007.
A. Volze, Devisengeschäfte der DDR. Genex und Intershop, in: Deutschland Archiv. Zeitschrift für das vereinigte Deutschland 24, 1991, H. 11.
N. Vynne/H. Blackburn, Women under the Factory Act: Part I. - Position of the Employer, Part. II - Position of the Employed. London 1903.
L. Wagner, Polikliniken – ein gesundheitspolitisches Modell, in: S. Bollinger/F. Vilmar (Hrsg.), Die DDR war anders. Eine kritische Würdigung ihrer sozialkulturellen Einrichtungen. Berlin 2002.
J. Walley, Social Security: Another British Failure? London 1972.
T. M. Walton, The Early Factory Legislation; A Study in Legislative and Administrative Evolution. Leigh-on-Sea 1948.
C. Ward, New Town, Home Town. Stevenage 1980.

J. Wasem/D. Mill/J. Wilhelm, Gesundheitswesen und Sicherung bei Krankheit und im Pflegefall, in: C. Kleßmann (Hrsg.), Geschichte der Sozialpolitik in Deutschland seit 1945. Bd. 9: 1961-1971 Deutsche Demokratische Republik. Baden-Baden 2007.

H. Wassmund, Expansion und Erstarrung. Innen- und Außenpolitik der Sowjetunion in Wechselverhältnis, in: W. Gagel (Hrsg.), Friedenssicherung und Sicherheitspolitik. Stuttgart 1985.

B. Watkin, The National Health Service. London 1978.

C. Watson, Winston Churchill: The Struggle for Survival, 1940-1965. London 1966.

B. Webb, Women and the Factory Acts. London 1896.

H. Weber, Geschichte der DDR. München 1999.

M. Weber, Politik als Beruf. Ditzingen 1992.

C. Webster, Birth of a Dream, in: G. Goodman (Ed.), The State of the Nation. London 1997.

C. Webster, The Health Services since the War, Vol. 1. London 1999.

J. Weit-Wilson, States of Welfare, in: Social Policy and Administration, 2000, No. 34.

J. Welshman, Municipal Medicine. Oxford 2000.

S. Wenzel, Plan und Wirklichkeit. Zur DDR-Ökonomie. Dokumentation und Erinnerungen. St. Katharinen 1998.

N. Werth, Cannibal Island: Death in a Siberian gulag. Princeton 2007.

When Peace Broke Out: Britain 1945. (Her Majesty's Stationery Office). London 1996.

S. White, British Labour in Soviet Russia, 1920, in: English Historical Review 109, 1994, No. 432.

N. Whiteside, Creating the Welfare State in Britain, 1945-1960, in: Journal of Social Policy 25, 1996, No. 1.

N. Whiteside, Industrial Relations and Social Welfare, 1945-79, in: Ch. Wrigley (Ed.), A History of British Industrial Relations, 1939-1979. Cheltenham 1996.

T. Wildy, The Social and Economic Propaganda of the Labour Governments of 1945-1951, in: Contemporary British History 6, 1992, No. 1.

F. Williams, A Prime Minister Remembers. London 1961.

P. M. Williams, Hugh Gaitskell. London 1979.

U. V. Williams, R. V. W. London 1964.

P. Williamson, National Crisis and National Government. Cambridge 1992.

M. Willing, Sozialistische Wohlfahrt: Die staatliche Sozialfürsorge in der Sowjetischen Besatzungszone und der DDR (1945-1990). Tübingen 2008.

A. N. Wilson, After the Victorians. The World Our Parents Knew. London 2005.

G. Winkler, Ziele und Inhalte der Sozialpolitik, in: G. Manz/E. Sachse/G. Winkler (Hrsg.), Sozialpolitik in der DDR – Ziele und Wirklichkeit. Berlin 2001.

J. Winter (Ed.), The Working Class in Modern British History. Cambridge 1983.

S. Wolle, Die heile Welt der Diktatur. Alltag und Herrschaft in der DDR 1971-1989. Berlin 2009.

G. D. N. Worswick/P. H. Ady, The British Economy 1945-1950. London 1952.

R. J. Wybrow, Britain Speaks Out, 1937-1987: A Social History as Seen through the Gallup Data. London 1989.

K. Yoshihara, Japanese Economic Development. A Short Introduction, Tokyo/Oxford/New York 1986.

A. F. Young/E. T. Ashton, British Social Work in the Nineteenth Century. London 1956.

H. P. Young, Economics of Convention, in: Journal of Economic Perspectives 10, 1996, No. 2.

E. Zaleski, Planning for Economic Growth in the Soviet Union, 1918-1932. Chapel Hill 1971.

Zprávy Národní banky Česko-Slovenské [Nachrichten der Tschecho-Slowakischen Nationalbank], Praha 1938, H. 144-146;

Zprávy národní banky Česko-Slovenské [Nachrichten der Tschecho-Slowakischen Nationalbank]. Praha 1939, H. 147, 149, 151.

Zprávy národní banky pro Čechy a Moravu v Praze (Nachrichten der Nationalbank für Böhmen und Mähren), 1939, H. 152-156.

F. Zweig, Men in the Pits. London 1948.

I. Zweiniger-Bargielowska, Austerity in Britain, Oxford 2000.

I. Zweiniger-Bargielowska, South Wales Miners' Attitudes towars Nationalisation, in: Llafur 5, 1994, No. 3.

Autoren

Doc. PhDr. Ing. Antonie Doležalová, Ph.D.
Lehrstuhl für Neue Institutionelle Ökonomie an der Fakultät für Volkswirtschaft und Öffentliche Verwaltung der Wirtschaftsuniversität in Prag

Ing. Petr Chalupecký
Lehrstuhl für Wirtschaftsgeschichte an der Fakultät für Volkswirtschaft und Öffentliche Verwaltung der Wirtschaftsuniversität in Prag

Prof. PhDr. Ivan Jakubec, CSc.
Institut für Wirtschafts- und Sozialgeschichte, Philosophische Fakultät der Karls-Universität Prag

Doc. PhDr. Martin Kovář, Ph.D.
Institut für Weltgeschichte, Philosophische Fakultät der Karls-Universität Prag

Ing. David Lipka, Ph.D.
Lehrstuhl für Neue Institutionelle Ökonomie an der Fakultät für Volkswirtschaft und Öffentliche Verwaltung der Wirtschaftsuniversität in Prag

Doc. PhDr. Ing. Aleš Skřivan ml., Ph.D.
Lehrstuhl für Wirtschaftsgeschichte an der Fakultät für Volkswirtschaft und Öffentliche Verwaltung der Wirtschaftsuniversität in Prag

PhDr. Jaromír Soukup, Ph.D.
Institut für Weltgeschichte, Philosophische Fakultät der Karls-Universität Prag

Doc. PhDr. František Stellner, Ph.D.
Lehrstuhl für Wirtschaftsgeschichte an der Fakultät für Volkswirtschaft und Öffentliche Verwaltung der Wirtschaftsuniversität in Prag

PhDr. Pavel Szobi
Lehrstuhl für Wirtschaftsgeschichte an der Fakultät für Volkswirtschaft und Öffentliche Verwaltung der Wirtschaftsuniversität in Prag

Doc. Ing. Daniel Šťastný, Ph.D.
Lehrstuhl für Ökonomie an der Fakultät für Volkswirtschaft und Öffentliche Verwaltung der Wirtschaftsuniversität in Prag

Doc. PhDr. et JUDr. Jan Štemberk, Ph.D.
Fachhochschule für Handel Prag

PhDr. Ing. Ladislav Tajovský, Ph.D.
Lehrstuhl für Wirtschaftsgeschichte an der Fakultät für Volkswirtschaft und Öffentliche Verwaltung der Wirtschaftsuniversität in Prag

Ing. Pavel Tomíček
Lehrstuhl für Wirtschaftsgeschichte an der Fakultät für Volkswirtschaft und Öffentliche Verwaltung der Wirtschaftsuniversität in Prag

PhDr. Stanislav Tumis, M.A., Ph.D.
Institut für Weltgeschichte, Philosophische Fakultät der Karls-Universität Prag